다른 **말**과 틀린 **말**

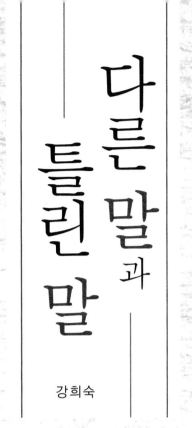

다른 말과
틀린 말

강희숙

역락

책머리에 부쳐

2012년 7월 2일부터 2016년 9월 25일까지였으니 햇수로 4년여의 기간 동안 필자는 매주 일요일 저녁이면 어김없이 컴퓨터 앞에 자리를 하였다. 필자가 재직하고 있는 대학의 구성원들에게 편지를 보내기 위해서였다.

작업을 마친 뒤 얼마 안 있으면 여기저기서 '읽음 확인'이라는 메일이 날아들었다. 강제된 글 읽기를 피하지 않고, 컴퓨터 저편에서 따뜻한 응답을 해 주시는 분들에게서 날아온 수백 통의 메일들. 때로는 컴퓨터 앞에서 졸다가 자정이 넘은 시각에 편지를 띄우는 일도 없지 않았지만, 그 시각에도 깨어 있는 이들이 있어 응답을 해 주었으니 결코 외로운 작업이 아니었다.

'우리말 편지'라는 이름으로 시작한 작업이 4년여의 시간을 지나오면서 첫 2년간의 작업의 결과를 『우리말 편지』라는 책으로 간행을 하고 난 뒤, 필자는 다시 2년 정도의 시간을 같은 일에 매달렸다. '우리말 편지 Ⅱ', 이번에는 '다른 말과 틀린 말'이라는 부제를 달고서였다.

이상이 『다른 말과 틀린 말』이라는 제목의 책의 내력이라면 내력인 셈이다. '다른 말'에서는 둘 이상의 우리말 단어들이 그 의미와 기능에 어떠한 차이를 보이는지를 조명하였고, '틀린 말'에서는 정확하게 바로잡아야 할 단어나 표현을 살피는 데 관심을 두었다.

애초에는 우리말에 대한 대학 구성원들의 이해를 깊게 하려는 뜻에서 시작한 일이었지만, 사실은 필자 자신에게 더 많은 도움이 되었다고 해야 솔직한 말일 것이다. 때로는 사전의 정의를 낱낱이 뒤지고, 적절한 예문을 찾는 동안 우리말에 대한 필자의 식견을 넓히는 데 더할 나위 없이 큰 도움이 돼 주었던 것이다.

어쨌든 얄팍한 것이나마 우리말에 대한 글을 매개로 한 소통의 시간이 주는 즐거움이 적지 않아서 이 일을 언제까지고 계속할 수도 있으리라는 생각도 없지 않았다. 그러나 2년을 단위로 하는 매듭을 다시 한번 지어야 하는 게 아닐까 하는 욕심이 슬그머니 고개를 들던 터, 도서출판 역락 이대현 사장님의 흔쾌한 응답은 필자로 하여금 책의 간행을 서두를 수 있도록 해 주었다. 권분옥 편집장님의 따뜻한 조언과 정성어린 편집이 아니었더라면 이 책이 세상으로 나오는 일은 힘들고 더디었을 것이다. 이 자리를 빌려 감사와 고마움을 전한다.

끝으로, 맨 처음이 그랬듯이 마지막 순간에도 잊을 수 없었던 것은 다른 무엇보다도 대학 구성원들이었음을 고백하지 않으면 안 될 것 같다. 다음의 편지가 그 일단을 말하여 주는 것이다.

어제오늘, '마지막 편지'라는 저의 말에 많은 구성원들께서 아쉬움과 격려와 응원의 말씀을 아낌없이 보내주셨습니다. 당연히 한 분 한 분께 답을 드리는 것이 도리이지만 용기를 내어 고마움에 대한 답을 한꺼번에 담아 보냅니다.

많은 시간을 두고 고민을 한 것은 아니었지만, 문득 제게 '한 시간의 산책'이 필요할지도 모르겠다는 생각이 들었습니다. 이제 와 다시 생각해 보니 때는 바야흐로 가을이고, 그리하여 산책하기에 딱 좋은 계절이어서 그랬던 것이 아닐까 합니다.

열 시간의 고민보다
한 시간의 산책이
필요할 때가 있습니다.

책장을 덮듯 하던 일을 덮고
그 자리를 벗어나는 것이
필요합니다.

잠시 잊고 가볍게 산책을
다녀오는 동안
우리가 덮어 두었던 것들은
제 스스로 발효를 하고
있을지도 모르니까요.

내려놓는 것도 알아야
언덕 너머의
삶을 만날 수 있습니다.

　이 한 편의 시가 말하여 주고 있듯이, 제게 허락된 '한 시간의 산책'은, 그
동안 아등바등 붙들고 있던 것들을 잠시 '내려놓는 것은' 언덕 너머의 삶을
만날 수 있는 기회가 되지 않을까 기대해 봅니다.
　지금 당장은 아무 것도 약속할 수가 없지만, 혹여 언덕 너머에서 돌아와
야 할 길을 찾을 수 있다면, 우리들의 모국어인 한국어를 통한 정겨운 대
화의 장을 다시 한번 마련할 수 있도록 하겠습니다. 아무쪼록 구성원 여러
분께 늘 좋은 일들만 일어날 수 있기를 바라오며 감사의 말씀을 이만 줄
입니다.

　결국 필자에게 필요했던 것은 시간의 매듭이라기보다는 한 시간의 산책
이었음을 부인하기 어려운 듯싶다. 그러한 산책을 통해 오래 묵어 깊은 맛
이 나는 김장김치처럼 스스로를 발효시킬 것. 이것이 자신과 구성원들에
대한 단단한 약속이었음을 잊지 않으려 한다.

　　　　　　　　　　　　　　　2016년 한 해가 저물어가는 때,
　　　　　　　　　　　　　　　무등산 아래서 필자 씀.

차례

'다르다'와 '틀리다'

서로 달라요!!
다르다 ↔ 같다
틀리다 ↔ 맞다

주말 오후, 담양 고서에 즐비하게 자리한 포도농장에 들렀습니다. 단맛과 향내가 뛰어난 캠벨을 비롯하여 알이 유난히 큰 거봉, 에메랄드 빛 청포도 등등 포도는 그 이름만큼이나 크기며 색깔, 맛이 천차만별이었지요

그런데 거봉과 비슷하면서도 빛깔이 약간 다른 포도송이를 가리키며, "이것도 거봉하고 같아요?" 하고 물으니 주인이 "두 개가 서로 맛이 틀려요."라고 답을 하는 것이었습니다. 그 순간 마음이 조금 불편해졌습니다. "서로 달라요"라고 해야 하는 상황에서 '틀려요'를 사용하는 국어 화자(話者)와 또 다시 마주친 탓이었습니다.

'다르다'와 '틀리다', 이 두 단어에 관한 한, 맞게 쓰는 사람들보다 틀리게 쓰는 사람들이 더 자주 눈에 띄는 듯하니 '두 단어의 의미를 서로 바꿔 줘야 하나?'라는 생각까지 들 정도가 되었습니다. 그러나 다음에서 보듯이 '다르다'와 '틀리다'는 품사며 의미가 서로 다른 별개의 단어입니다.

단어	품사	의미 및 용례
다르다	형용사	1. 비교가 되는 두 대상이 서로 같지 아니하다. 예 좀 다르게 살아도 괜찮아. 2. 보통의 것보다 두드러진 데가 있다. 예 역시 우리 대학은 달라.
틀리다	동사	1. 셈이나 사실 따위가 그르게 되거나 어긋나다. 예 문제까지 알려 줬는데도 답을 틀리다니 이해할 수가 없구나. 2. 바라거나 하려는 일이 순조롭게 되지 못하다. 예 오늘 이 일을 마치기는 틀린 것 같다. 3. 마음이나 행동 따위가 올바르지 못하고 비뚤어지다. 예 그는 사람이 틀렸어.

　요컨대, '다르다'와 '틀리다'가 보이는 이러한 의미 차이에 대한 이해와 함께 '다르다'는 주로 '같다'와, '틀리다'는 '맞다'와 반의 관계(反意關係)라는 것을 기억한다면, 두 단어를 구별하여 사용하는 데 큰 어려움은 없으리라 생각합니다.

'맞히다'와 '맞추다'

대학 새내기 시절, 과 동기들과 가장 많은 시간을 함께했던 것이 바로 지리산 등반이었습니다. 첫 번째 등반이 노고단에서 지리산 정상인 천왕봉까지 25.5km를 걷는 종주 등반이었는데, 변변한 신발이나 옷도 없이 그 일을 해낼 수 있었던 것은 순전히 겁이라고는 없었던 스무 살 나이 때문이었노라고 할 수 있을 것입니다. 그러나 사실은 거기에 한 가지를 더해야 합니다. 그 험하고 긴 여정 속에서 그림자처럼 따라붙던 것이 한 가지 있었으니 그것은 바로 수수께끼였습니다.

별 가운데 가장 슬픈 별은?
진짜로 문제투성이인 것은?
사람이 먹을 수 있는 제비는?

정확하게 말하자면 이러한 수수께끼는 난센스 퀴즈 같은 것이었는데, 누군가가 '알아맞혀 보라'는 뜻에서 내놓은 문제에 대한 답을 찾느라 생각에 골몰한 표정을 짓거나, '이별', '시험지', '수제비' 등등의 답이 나올 때마다 소리 내어 웃는 동안 퉁퉁 부은 종아리와 발가락의 통증도 말끔히 잊을 수가 있었으니, 지리산 종주의 일등공신은 아무래도 수수께끼였다고 할 수 있을 듯합니다.

문제는 국어 화자들 가운데는 수수께끼를 꺼내놓고서 '알아맞춰 보라'고 종용하는(?) 분들이 적지 않다는 것입니다. 결론부터 말씀드리면, 우리말에 '알아맞추다'라는 단어는 없습니다. 따라서 이러한 오류를 줄이기 위해서는 '맞히다'와 '맞추다'의 의미와 용법을 분명히 하는 것이 좋다고 할 수 있는바, 우선 '맞히다'의 의미를 제시하면 다음과 같습니다.

1. 문제에 대한 답을 틀리지 않게 하다.
   예 수수께끼에 대한 답을 정확하게 맞히면 상품을 드립니다.
2. 자연 현상에 따라 내리는 눈, 비 따위의 닿음을 받게 하다.
   예 우산을 갖고 가지 않아서 아이를 비를 맞히고 말았다.
3. 어떤 좋지 아니한 일을 당하게 하다.
   예 그렇게 착한 여자에게 바람을 맞히다니 용서할 수 없다.
4. 침, 주사 따위로 치료를 받게 하다.
   예 꼬마들에게는 주사를 맞히기가 힘들다.
5. 쏘거나 던지거나 한 물체가 어떤 물체에 닿게 하다.
   예 그 소년은 나이가 어림에도 불구하고 과녁에 정확히 화살을 맞혔다.

'맞히다'의 이러한 의미 가운데 '맞추다'로 씀으로써 틀리기 쉬운 사례가 <1. 문제에 대한 답을 틀리지 않게 하다.>나 <5. 쏘거나 던지거나 한 물체가 어떤 물체에 닿게 하다.>의 의미로 쓰이는 경우라고 할 수 있습니다. 그러나 다음에서 보듯이 '맞추다'는 '맞히다'와 전혀 다른 의미로 쓰이는 것이 특징입니다.

1. 서로 떨어져 있는 부분을 제자리에 맞게 대어 붙이다.
   예 그는 부러진 네 가닥의 뼈를 잡고 그것을 맞추기 시작했다.
2. 둘 이상의 일정한 대상들을 나란히 놓고 비교하여 살피다.
   예 시험이 끝나면 아이들은 서로 답을 맞추어 보느라고 정신이 없었다.
3. 서로 어긋남이 없이 조화를 이루다.
   예 아내는 집 안에 있는 물건들의 색깔을 서로 잘 어울리게 맞추고 싶어
   했다.
4. 어떤 기준이나 정도에 어긋나지 아니하게 하다.
   예 그는 대학 선택을 점수보다는 자신의 적성에 맞추기로 했다
5. 어떤 기준에 틀리거나 어긋남이 없이 조정하다.
   예 카메라의 초점을 아내에게 맞추었다.

'기쁘다'와 '즐겁다'

공자와 그의 유가(儒家) 사상을 가장 잘 담고 있는 책이라고 할 수 있는 『논어』의 '학이(學而)' 편 첫 머리는 다음과 같이 군자가 취해야 할 세 가지 즐거움, 곧 '군자삼락(君子三樂)'이라고 하는 공자의 생활 철학을 보여주는 것으로 시작되고 있습니다.

(1) 學而時習之 不亦悅乎.
(배우고 때때로 그것을 익히면 매우 기쁘지 않겠는가?)
有朋自遠方來 不亦樂乎.
(벗이 있어 먼 곳으로부터 찾아왔다면 매우 즐겁지 않겠는가?)
人不知而不慍 不亦君子乎.
(사람들이 알아주지 않는다고 하더라도 성내지 않는다면 매우 군자다운 것이 아니겠는가?)

공자는 이상적 인간형으로서의 군자(君子)를 소인(小人)과 대별해 가면서, 이(利)보다는 의(義)를 추구하며, 사리(邪理)를 분별할 줄 아는 지혜를 가지고

16

평화롭고 즐거운 삶을 살아가려는 꿈을 가지고 있었습니다. 따라서 그의 '군자삼락'은 배우고 익히는 기쁨과 뜻 맞는 벗들과 어울리는 즐거움, 외부적인 시선이나 인정에 연연해하지 않고 자족하는 삶을 살아가려는 생활철학을 잘 보여주고 있다고 할 것입니다.

흥미로운 것은 '군자삼락' 가운데 첫 번째는 '배우고 익히는 기쁨'을, 두 번째는 '벗들과 어울리는 즐거움'에 대하여 이야기함으로써 우리로 하여금 '기쁜 일'과 '즐거운 일'의 차이가 무엇인지를 생각하게 하는 계기가 되고 있다는 것입니다. 사실 '기쁘다'와 '즐겁다'의 의미는 상당히 미묘해서 그 차이가 무엇인가를 파악하기가 쉽지 않다고 할 수 있습니다. ≪표준국어대사전≫만 하더라도 다음에서 보듯 언뜻 보아서는 별다른 차이가 없이 쓰이는 것처럼 정의하고 있을 정도입니다.

단어	의미
기쁘다	욕구가 충족되어 마음이 흐뭇하고 흡족하다.
즐겁다	마음에 거슬림이 없이 흐뭇하고 기쁘다.

그렇다면 '기쁘다'와 '즐겁다'는 실제로 어떠한 의미 차이가 있을까요? 이러한 문제를 해결하기 위해서는 두 단어의 용례에 대한 면밀한 검토가 선행되어야 합니다. 다음을 보기로 하시지요.

(2) ㄱ. 시험에 합격한 것이 기뻐서 잠이 오지 않는다.
    ㄴ. 2년 만에 가족을 만나 뛸 듯이 기뻐하는 애완견 화제!
    ㄷ. 어려운 시대 여건 속에서도 이런 영화가 상영될 수 있다는 것이 정말 기뻤습니다.

(3) ㄱ. 광화문에 가면 하루가 즐겁다.
ㄴ. 이번 여름휴가는 즐겁게 보내셨는지요?
ㄷ. 가수 이효리는 자신의 블로그를 통해 '촬영차 간 베를린에서 즐거운 한때'라는 제목의 글과 함께 여러 장의 사진을 게재했다.

이러한 예들을 살펴보면, '기쁘다'는 주로 심리적이고 정신적인 성격을 띠는 것으로 마음속에서 순간적으로 이루어지는 폭발적 감정과 관련되어 있다고 한다면, '즐겁다'는 외적인 경험이나 자극과 관련되면서, 순간적이 아니라 비교적 지속적으로 일어나는 은근한 감정이라고 할 수 있습니다. 그리하여 (2)의 자리에는 '*즐겁다'보다는 '기쁘다'가, (3)의 자리에는 '*기쁘다'보다 '즐겁다'가 쓰이는 것이 훨씬 자연스러우며, 따라서 두 단어 간에 의미 차이가 분명히 존재하고 있다고 하겠지요. 이와 같은 의미 차이를 다시 공자의 '군자삼락'에 비추어 보면, 배우고 익히는 학문의 기쁨은 순간적으로 이루어지는 격렬한 감정의 희열과 관련이 있다고 한다면, 마음에 맞는 벗들과 어울리는 즐거움은 비교적 지속적으로 이루어지는 은근한 감정과 관련되는 것이라고 할 것입니다.

'깃들다'와 '깃들이다'

"새 중의 왕은 봉황이요, 꽃 중의 왕은 모란이요, 백수의 왕은 호랑이다."라는 말이 있습니다. 그러나 '모란'과 '호랑이'라면 몰라도 모든 새의 우두머리로 여겨지고 있는 봉황은 정작은 상상 속의 새여서 이 세상에 존재하지 않습니다. 그럼에도 불구하고 문자학의 고전 가운데 하나인 ≪설문해자(說文解字)≫에서만 하더라도 "앞부분은 기러기, 뒤는 기린, 뱀의 목, 물고기의 꼬리, 황새의 이마, 원앙새의 깃, 용의 무늬, 호랑이의 등, 제비의 턱, 닭의 부리를 가졌으며, 오색(五色)을 갖추고 있다."라고 기록하고 있습니다. 중국을 위시하여 우리나라와 같은 동양의 세계관 안에서 봉황은 그 생태가 매우 구체적으로 제시되기도 하고, 특히 왕과 왕실 관련 문화의 원형을 이루는 경우도 적지 않았으니, 인간의 상상력이 빚어낼 수 있는 산물이란 참으로 무궁무진하다고 할 것입니다.

상상 속의 새 봉황의 여러 가지 속성들 가운데 우리에게 비교적 익숙한 것으로는 "오동나무가 아니면 내려앉지 않고, 대나무 열매가 아니면 먹지 않는다."라는 것을 들 수 있습니다. 봉황이 자기 관리에 매우 철저하여 그만큼 고결함을 자랑하는 존재였음을 잘 말하여 준다고 할 수 있겠지요

'오동나무가 아니면 내려앉지 않는' 봉황의 속성에 대한 또 다른 우리말 표현으로는 "오동나무가 아니면 깃들이지 않는다."는 말이 쓰일 수 있습니다. 문제는 여기에서 쓰인 '깃들이다'가 흔히 '깃들다'와 혼동되어 쓰이는

경우가 적지 않다는 것입니다.

> (1) ㄱ. 앞쪽에는 봉황이 *깃들어 산다는 봉서루(鳳捿樓)를 세우고, 뒤쪽에는 봉황을 맞이한다는 영봉루(迎鳳樓)라 이름 지었다.
> ㄴ. 도심 숲은 건강을 지키는 복지의 원천이자 그 자체로 사람과 하나의 문화다. 그리고 그 속에는 생명이 *깃들어 산다.

언뜻 보기에 아무런 문제가 없는 것처럼 보이는 위 문장들에서 밑줄 친 단어 '*깃들어'는 '깃들이어' 또는 '깃들여'로 써야 올바른 말입니다. 이러한 언어적 사실은 우리말에는 '깃들다'가 '깃들이다'가 서로 다른 의미를 지닌 별개의 단어에 속한다는 것을 시사합니다. 그렇다면 '깃들다'가 '깃들이다'는 어떠한 의미 차이가 있을까요? 다음은 ≪표준국어대사전≫에서 제시하고 있는 두 단어의 의미와 용례입니다.

단어	의미	용례
깃들다	1) 아늑하게 서려 들다.	• 어둠이 깃든 방 안 • 거리에는 어느새 황혼이 깃들었다.
	2) 감정, 생각, 노력 따위가 어리거나 스미다.	• 그의 얼굴에는 미소가 깃들어 있었다. • 건전한 정신은 건전한 육체에 깃든다.
깃들이다	1) 주로 조류가 보금자리를 만들어 그 속에 들어 살다.	• 공중에 나는 새도 깃들일 곳이 있다. • 이 고장에는 새가 깃들일 나무가 없다.
	2) 사람이나 건물 따위가 어디에 살거나 그곳에 자리 잡다.	• 이 마을에는 김씨 성의 사람들만 몇 대째 깃들여 산다. • 우리 명산에는 곳곳에 사찰이 깃들여 있다.

이러한 의미와 용례를 자세히 보면, '깃들다'는 주로 어떠한 기운이나 추상적인 것이 스며들어 있음을 의미하는 반면, '깃들이다'는 새나 사람 혹은 건물 등이 일정한 장소에 자리를 잡고 살거나 위치해 있다는 구체적인 의미를 지니고 있다고 할 수 있습니다. 따라서 '깃들다'와 '깃들이다'를 그 의미 영역에 따라 엄밀하게 구별해서 써야 할 필요가 있음을 잘 알 수 있습니다.

이와 같은 언어적 사실 외에 다시 상상의 새 봉황에 대해 좀 더 말할 것 같으면, ≪순자(荀子)≫ '애공편(哀公篇)'에서 "임금의 정치가 삶을 사랑하고 죽임을 미워하면 봉이 나무에 줄지어 나타난다."라고 한 것도 빼놓을 수 없을 듯합니다. 무릇 삶을 사랑하는 어진 정치가 실현될 때에는 상상만 하던 것이 현실로 이루어질 수도 있음을 의미하는바, 우리의 정치가 가야 할 길이 바로 그런 것이 아닐까 합니다.

'늘이다'와 '늘리다'

억새로 유명한 전남 장흥의 천관산 아래에 있는 작은 산골 마을 오산에는 굳이 명절이 아니어도 엿을 고는 달큼한 내음이 천지를 진동하는 날이 많습니다. 마을의 할머니들이 닷새마다 한 번씩 열리는 읍내의 장에 내다 팔 엿을 고기 때문이지요.

"꼬두밥 쪄서, 식혜물 짜고, 나무 때서, 가마솥에 졸이고……", 오산 마을의 엿 만들기 공정입니다. 이러한 과정을 거쳐 갈색의 물엿에 해당하는 조청이 탄생하기도 하고, 그 다음 계속해서 가마솥에 졸이는 과정을 거쳐 검붉은 빛깔의 단단한 엿이 만들어지기도 하니, 이를 가리켜 '갱엿'이라고 합니다.

흥미로운 사실은 같은 전라도 안에서도 지역에 따라 엿을 만드는 방법에 차이가 있어, 담양의 창평에서는 예로부터 '갱엿'이 아닌 '흰엿'을 주로 만들어 나라님께 진상하는 일까지 했다는 것입니다. 그렇다면 '갱엿'과 '흰엿'의 차이는 무엇일까요?

'갱엿'은 검붉은 빛깔을 띤다고 했으니, 흰색 빛을 띠는 '흰엿'하고는 우선 그 빛깔에서 차이가 있습니다. 또한 두 엿은 맛에서도 상당한 차이가 있습니다. '갱엿'은 엿물을 계속해서 졸이다가 흐르지 않을 정도로 걸쭉해지면, 그것을 차게 식혀 단단하게 굳도록 해서 만든다고 한다면, '흰엿'은 걸쭉해진 엿물이 굳기 전에 일명 '엿 새기기' 혹은 '바람 쐬기'를 한 후 손가락 굵기로 길게 '늘여서' 만듭니다. 그 결과 '갱엿'은 입안에 넣고 오래오래 녹여서 먹어야 하는 단단하면서 끈적이는 맛을 가지고 있다면, 그리하여 가끔은 이가 빠지지는 않을까 걱정하면서 먹어야 한다면, '흰엿'은 그 맛이 상당히 부드럽고 바삭해서 한 입 깨물면 아자작 하는 경쾌한 소리를 내는 것이 특징이지요.

문제는 '흰엿'을 만드는 과정에서 이루어지는 '엿가락 늘이기' 작업이 결코 만만한 작업이 아니어서 오늘날 엿을 만들겠다고 나서는 젊은이들을 만나기가 쉽지 않다는 것입니다. 게다가 '엿가락 늘이기'를 '*엿가락 늘리기'라고 잘못 쓰는 국어 화자들도 적지 않은 것 같으니 엿을 고는 일은 여러 모로 어려운 일인 듯합니다. 우선 다음 예들을 보기로 하시지요.

(1) ㄱ. 모차렐라 치즈는 숙성 과정 없이, 만들어진 고체 덩어리를 뜨거운 물에 넣어서 밀가루 반죽하듯이 또는 엿가락 *늘리듯이 스트레칭을 해서 만든 치즈입니다.
ㄴ. 고소득층 자녀, 건강보험 지원받는 키 *늘리기 진료 독식.
ㄷ. 드라이버 비거리 *늘리는 연습법 부탁합니다.

위의 예에서 쓰인 '*늘리듯이, *늘리기, *늘리는'은 '늘리다'의 활용형들로서 맥락상 모두 잘못 쓰인 활용형들입니다. 즉, 이러한 맥락에서는 '늘이다'의 활용형인 '늘이듯이, 늘이기, 늘이는'을 각각 써야 올바른 활용형이 되는 것이지요. 이러한 사례는 우리말 동사 '늘이다'와 '늘리다'가 맥락에 따라 구별해서 써야 하는 단어라는 것을 잘 말하여 준다고 할 수 있습니다. 그렇다면 두 단어는 어떠한 의미를 차이를 가지고 있을까요? 다음은 ≪표준국어대사전≫에 제시된 두 단어의 의미입니다.

단어	의미	용례
늘이다	1) 본디보다 더 길게 하다.	• 고무줄을 늘이다. • 바짓단을 늘이다. • 엿가락을 늘이다.
	2) 선 따위를 연장하여 계속 긋다.	• 선분 ㄱㄴ을 늘이면 다른 선분과 만나게 된다.
늘리다	물체의 넓이, 부피 따위를 본디보다 커지게 하다.	• 주차장의 규모를 늘리다. • 우리는 넓은 평수로 늘려 이사했다.

이러한 의미와 용례에 따르면, '늘이다'는 주로 '길이'와 관련되는 단어라고 한다면, '늘리다'는 '넓이'나 '부피'와 관련이 있습니다. 그러므로 두 단어의 구별은 1차적으로 이러한 기본적 의미 차이를 바탕으로 하면 큰 문제는 없다고 할 수 있습니다. 다만, '늘리다'는 위의 표에 제시한 기본 의미 외에, '수'나 '시간', '분량' '세력', '능력', '살림' 등을 더 늘게 하는 것과 관련이 있으니, 이에 대해서도 눈여겨보시는 것이 좋을 듯합니다. 다음이 그 예들입니다.

(2) ㄱ. 윗몸일으키기 횟수 늘리는 방법은 없나요?
    ㄴ. 시험 시간을 10분 정도 늘려야 합니다.
    ㄷ. 적군은 세력을 늘린 후 다시 침범하였다.
    ㄹ. 실력을 좀 더 늘려서 다음에 다시 도전해 보렴.
    ㅁ. 그 집은 알뜰한 며느리가 들어오더니 금세 재산을 늘려 부자가 되었다.

'조리다'와 '졸이다'

우리 한국인의 가장 전형적인 식생활은 고기나 생선, 해조류, 채소 등을 재료로 끓인 '고깃국, 생선국, 미역국, 콩나물국' 등등 갖가지 이름의 국을 밥에 곁들여 먹는 것이라고 할 수 있습니다. 흥미로운 사실은 '국물이 시원하다'거나 '국물이 끝내줘요'와 같은 표현이 암시하듯, 국의 맛을 좌우하는 것은 아무래도 '건더기'보다는 '국물'인 듯하다는 것입니다. 이러한 이유에서인지 한국 음식의 명칭은 음식의 주재료인 건더기와 국물 양의 비율에 의해 결정되는 경우가 많습니다. '국' 혹은 '탕'이란 건더기보다는 국물이 훨씬 많은 것을 가리키며, '찌개'는 건더기와 국물이 비슷한 것을, '조림'은 국물이 거의 없이 건더기만을 바짝 끓여서 만든 음식을 가리키는 것이지요.

가을이 깊어 가는 이맘때라면, 호박덩굴에 마지막으로 남은 청둥호박이나 땅속 깊은 곳으로 뿌리를 내리며 제법 튼실해진 몸매를 자랑하는 무에 갈치나 고등어를 넣고 조리는 '갈치조림' 혹은 '고등어조림'이 제격일 듯합니다. 이러한 음식명에서 쓰인 '조림'은 동사 '조리다'에서 파생된 말로, "고기나 생선, 채소 따위를 양념하여 국물이 거의 없게 바짝 끓이다."라는 뜻을 지니고 있습니다.

문제는 '조리다'와 형태가 다르면서도 비슷한 의미로 쓰이는 단어로 '졸이다'가 있어, 두 단어를 각각 상황에 맞게 구분하여 써야 한다는 것입니다. 우선 다음 예를 보기로 하시지요.

(1) ㄱ. 쇠고기를 데쳐 낸 가다랑어 육수에 간장·설탕·맛술·물엿을 넣은 다음 감자를 넣고 익을 때까지 조렸다.
ㄴ. 그는 간장 양념을 해서 무와 함께 조려 낸 고등어를 가장 좋아했다.
(2) ㄱ. 엿을 너무 많이 졸였다 싶으면 타지 않게 잘 저어가면서 마무리하는 게 좋습니다.
ㄴ. 브라운 루(brown roux)를 볶은 팬에 설렁탕 두 국자를 부어 갈색으로 말라붙을 때까지 졸였다.

이러한 문장을 통해 알 수 있듯이, '조리다'와 '졸이다'의 의미 차이를 파악하는 것은 쉽지 않은 일인 듯합니다. 그렇다면 두 단어는 어떠한 차이를 가지고 있을까요?

결론부터 말씀드리면, '조리다'와 '졸이다'는 음식의 국물이 줄어든다는 점에서 비슷한 의미를 지니고 있긴 하지만, '조리다'는 양념의 맛이 재료에 푹 스며들도록 국물이 거의 없을 정도로 바짝 끓여내는 것을 이르는 반면, '졸이다'는 단순히 찌개나 국의 국물을 줄게 하는 것을 이르는 말입니다. 따라서 '생선을 ~'의 경우는 '조리다'와 어울려 쓰이는 것이 적합하며, '국물을 ~'의 경우는 '졸이다'와 어울려 쓰이는 것이 적합하다고 할 수 있습니다.

'조리다'와 '졸이다'의 의미 차이는 '졸이다'의 형성 과정을 통해 볼 때

좀 더 분명해집니다. '졸이다'는 "찌개, 국, 한약 따위의 물이 증발하여 분량이 적어지다."라는 뜻을 지닌 '졸다'의 사동형이기 때문입니다.

한편, '졸이다'는 '졸다'의 사동형으로서가 아니라, 별개의 의미를 지닌 동사로서 "마음'이나 '가슴' 따위와 함께 쓰여 속을 태우다시피 초조해하다."라는 의미로 쓰이기도 합니다. 다음이 그 예입니다.

(3) ㄱ. 이날 류 감독은 마지막까지 마음을 졸였다.
ㄴ. 앉으락누우락 일어서서 거닐어 보다가, 발랑 나동그라져 보다가, 바작바작 애를 졸이며 간신히 그 낮을 보내고 말았다. ≪현진건, 무영탑≫

'돋우다'와 '돋구다'

잘 아는 얘기이지만 우리의 전라도, 특히 남도에서는 음식의 깊은 맛을 가리켜 '게미'라고 합니다. 이 '게미'는 주로 '게미가 있다'나 '게미가 없다'는 표현으로 쓰이는데, '게미'라는 단어를 우리의 표준어 사전에서 찾을 수가 없는 것을 보면, 전라도에서만 쓰이는 방언 어휘임에 틀림이 없는 듯합니다.

전라도 방언 어휘 '게미'가 고유어 계열에 속하는지 아니면 한자어에서 비롯된 것인지 그 정체를 파악하기 쉽지 않은 일이지만, '게미 있는 음식'의 정체는 어느 정도 확인이 되어 있는 것으로 보입니다. 일반적으로 '게미 있는 음식'이란 처음 맛보았을 때는 별로인 것 같다가도, 먹을수록 또는 은근히 맛이 있어서 좀처럼 손을 떼기가 어려운 것을 두고 말하는 경우가 많다고 할 수 있는바, 절대로 빼놓을 수 없는 것으로 '묵은지'를 들 수 있기 때문이지요.

남도인들에게 '묵은지'란 없어서는 안 될 단어이자 음식임에 틀림이 없습니다. 그도 그럴 것이 '삼합'만 하더라도, 코가 얼얼할 정도로 잘 삭힌 홍어에 삶은 돼지고기, 그리고 '게미 있는 묵은지'가 있어야 비로소 제대로 된 '삼합'이라고 할 수 있기 때문이지요. 문제는 '묵은지'를 두고, '우리의 입맛을 *돋구어 주는 한국의 대표음식'이라는 표현이 자주 쓰이고 있다는 것입니다. 그러나 여기에서 쓰인 '*돋구어'는 '돋우어'를 잘못 쓴 것이라는 점에서 한번쯤 점검을 필요로 합니다. 따라서 이번 편지에서는 우리말 '돋우다'와 '돋구다'를 구별하는 데 관심을 두기로 하겠습니다.

우선, '돋우다'는 '돋구다'와 달리 그 의미 영역이 상당히 광범위하다는 특징이 있습니다. 다음은 ≪표준국어대사전≫에서 제시하고 있는 '돋우다'의 의미와 그 용례입니다.

1. 위로 끌어 올려 도드라지거나 높아지게 하다.
   예 동생은 발끝을 돋우어 창밖을 내다보았다.
2. 밑을 괴거나 쌓아 올려 도드라지거나 높아지게 하다.
   예 친구는 방석을 여러 장 겹쳐 자리를 돋운 다음 그 위에 앉았다.
3. 감정이나 기색 따위가 생겨나게 하다.
   예 신명을 돋우다/화를 돋우다/호기심을 돋우다/신경을 돋우다
4. 정도를 더 높이다.
   예 나무 사이로 세차게 흐르는 달빛이 더욱 적막을 돋우었다.
5. 입맛이 돋게 하다.
   예 싱그러운 봄나물이 입맛을 돋우었다.
6. 가래를 목구멍에서 떨어져 나오게 하다.
   예 누워 있던 종복은 코로 들이키며 목의 가래를 돋우었다.

여기에서 보듯이, '돋우다'는 대략 여섯 가지 정도의 의미가 있습니다. 이러한 의미 가운데 우리의 입맛과 관련되는 것은 '5. 입맛이 돋게 하다.'입니다. 따라서 앞에서 예로 든 '우리의 입맛을 *돋구어 주는 한국의 대표음식'에서의 '*돋구어'는 '돋우어'로 적어야 올바른 표기이며, 다음에 제시

한 예들 역시 마찬가지입니다.

(1) ㄱ. 강원도의 감자떡 등 1백여 종의 전통음식이 입맛을 *돋구었다.
ㄴ. '밥상의 신'에서 지역별 냉면이 소개돼 더운 여름 시청자들의 입맛을
   *돋구었다.

위의 예에서 쓰인 '*돋구었다'는 둘 다 '입맛이 돋게 하다'의 의미를 갖고 있으므로, '돋우었다'로 써야 올바른 표기입니다. 그렇다면, '돋우다'와 대립되는 '돋구다'는 어떤 의미를 가지고 있을까요? '돋구다'는 그 의미가 비교적 단순해서 '안경의 도수 따위를 더 높게 하다.'는 한 가지 의미만 갖고 있음이 특징입니다. 다음이 그 예입니다.

(2) ㄱ. 요즘 들어 시력이 나빠져서 안경의 도수를 돋구었다.
ㄴ. 안경이 잘 보이지 않아서 안경 도수를 더 돋구었다.

'비치다'와 '비추다'

　서리가 내리는 절기, 곧 상강(霜降)을 지난 뒤이니 가을은 이제 마지막 절정의 순간을 보내고 있는 듯합니다. 우리의 교정만 하더라도 가로수인 벗나무에서부터 시작된 단풍이 운동장 주변의 느티나무며 플라타너스, 은행나무의 잎들을 형형색색으로 물들이고 있지요.

　무릇 모든 물상(物像)을 제대로 볼 수 있으려면 다양한 근원의 '빛'이 있어야 합니다. 따라서 혹은 붉은 빛으로, 혹은 노란 빛으로 곱게 단장한 나뭇잎들을 두 눈으로 볼 수 있기 위해서는 다른 무엇보다도 한낮의 태양빛이, 저녁이라면 달빛과 별빛이 또는 가로등의 불빛이 있어야 한다고 할 수 있습니다.

　'빛'이란 본디 태양이나 고온의 물질에서 발하는 것이지만, 스스로 빛을 발하지 못하는 달이나 별에서 비쳐 오는 '빛' 또한 넓은 의미의 '빛'이라고 할 수 있습니다. 따라서 우리말에서는 우주에 존재하는 모든 물체를 비롯하여 지상의 물질들이 '빛'이 나서 환하게 되는 것을 가리키는 말로 '비치다'라는 동사를 사용하고 있습니다. 다음은 우리의 문학 작품에서 사용된 '비치다'의 용례입니다.

(1) ㄱ. 사랑의 앞뜰에는 햇빛이 화사하게 비치고 있었다. ≪박경리, 토지≫
ㄴ. 밖엔 눈이 소리도 없이 소용돌이치고 거리의 집집에선 점점이 붉고
따스한 빛이 창문으로 비치고 있었다. ≪김인배, 방울뱀≫

문제는 '비치다'와 유사한 우리말 동사로 '비추다'가 있어서 두 단어를
정확히 구별하여 쓰는 데 상당한 어려움이 따른다는 것입니다. 우선 다음
예문들을 보기로 하시지요.

(2) ㄱ. 난로에서 새어 나오는 불빛이 마루를 비추고 어둠이 짙게 서린 뜰에
는 늦은 눈이 내리고 있었다. ≪한수산, 유민≫
ㄴ. 조금 좋지 못하던 일기는 홀연히 개어서 서창을 비추는 저녁 빛은 두
사람의 마음을 명랑하게 하였다. ≪한용운, 흑풍≫

(1), (2)의 문장들을 통해 짐작할 수 있듯이, '비치다'와 '비추다'가 쓰일
수 있는 의미 맥락 또는 문법적 조건은 서로 차이가 있습니다. 우선 두 단
어의 차이를 사전에 제시된 의미를 통해 파악해 보기로 하겠습니다.

(3) ㄱ. 비치다 : 빛이 나서 환하게 되다.
ㄴ. 비추다 : 빛을 내는 대상이 다른 대상에 빛을 보내어 밝게 하다.

이와 같은 사전의 정의를 바탕으로 할 때, '비치다'는 어떠한 물체 혹은
물질이 빛이 나서 환하게 되는 것을, '비추다'는 그러한 물체나 물질이 다

른 대상에 빛을 보내어 밝게 하는 것을 가리킨다고 할 수 있습니다. 두 단어의 의미 차이는 이들 단어가 분포하는 문법적 조건에도 차이를 야기하고 있습니다. 즉, '비치다'는 '~이 ~하다'라는 환경에서 자동사로 쓰이는 반면, '비추다'는 '~이 ~을 ~하다'라는 조건에서 목적어를 필요로 하는 타동사로 쓰이고 있다는 것입니다. 따라서 (2)의 문장만 놓고 볼 때, '비추다'는 '불빛이 마루를 비추다', '저녁 빛이 서창을 비추다'와 같은 환경에서 쓰임으로써 (1)의 '비치다'와 구별된다고 할 수 있습니다.

물론 '비치다'와 '비추다'는 (1), (2)에서 확인한 기본 의미 외에 다음과 같은 별도의 의미가 있습니다. 결국 두 단어 모두 다의어(多義語)라는 특징을 가지고 있는바, 마음이 여유로운 날 차근차근 새겨 보아 주시는 것이 어떨까 합니다.

단어	의미
비치다	1. 빛을 받아 모양이 나타나 보이다. 예 번쩍이는 번갯불에 그의 늠름한 모습이 비치었다. 2. 물체의 그림자나 영상이 나타나 보이다. 예 창문에 사람 그림자가 비쳤다. 3. 뜻이나 마음이 밖으로 드러나 보이다. 예 그의 눈에 언뜻 난감해하는 기색이 비쳤다. 4. 투명하거나 얇은 것을 통하여 드러나 보이다. 예 이 쓸쓸한 집에 어울리지 않을 만큼 화려하고 속이 비치는 분홍빛 여자 속옷이 커다란 남향 창문 옆에 걸려 있었다. ≪안정효, 하얀 전쟁≫ 5. 사람 몸속의 피가 몸 밖으로 나오는 상태가 되다. 예 가래에 피가 비치다.

단어	의미
비추다	1. 빛을 받게 하거나 빛이 통하게 하다. 예 햇빛에 필름을 비추어 보았다. 2. 빛을 반사하는 물체에 어떤 물체의 모습이 나타나게 하다. 예 거울에 얼굴을 비추어 보았다. 3. 어떤 것과 관련하여 견주어 보다. 예 상식에 비추어 생각해 보면 네 행동은 지나친 감이 있다.

'붙이다'와 '부치다'

청마 유치환의 시 <행복>에는 이른바 아날로그 시대 우체국의 모습이 잘 그려져 있습니다. 다음과 같은 대목이 바로 그것이지요

> 오늘도 나는 에메랄드 빛 하늘이 환히 내다뵈는
> 우체국 창문 앞에 와서 너에게 편지를 쓴다
> 행길을 향한 문으로 숱한 사람들이
> 제각기 한 가지씩 생각에 족한 얼굴로 와선
> 총총히 우표를 사고 전봇지를 받고
> 먼 고향으로 또는 그리운 사람께로
> 슬프고도 즐겁고 다정한 사연들을 보내나니

종이도 봉투도 우표도 필요 없이 언제 어디서든 손 안의 전화기만 가지고서도 필요한 사연들을 얼마든지 날려 보낼 수 있는 디지털 시대의 편지 보내기와 사뭇 다른 모습으로 다가오는 아날로그 시대 우체국의 모습은 우리로 하여금 지나간 날들은 정녕 아름다웠노라고 추억하게 해 주는 듯합니다. 이즈음처럼 은행잎이 노랗게 물들어가는 계절에는 더더욱 그러할 수 있겠지요

어쨌든 아날로그 시대의 편지 쓰기는 정성 들여 쓴 편지를 봉투에 넣고 주소를 쓰고 우표를 '붙인' 뒤 '부치는' 작업으로 요약될 수 있을 것입니다.

이와 같은 작업의 과정에는 '붙이다'와 '부치다'라는 별개의 의미를 지닌 단어의 구별도 수반된다고 할 수 있습니다. 그렇다면 '붙이다'와 '부치다'는 어떠한 의미 차이가 있을까요?

우선, '붙이다'는 '붙다'의 사동형으로 "맞닿아 떨어지지 아니하게 하다."라는 기본 의미가 있습니다. 다음이 그 예입니다.

(1) ㄱ. 봉투에 우표를 붙인 후에 부치도록 하세요.
ㄴ. 그분은 메모지를 벽에 덕지덕지 붙이는 습관이 있습니다.
ㄷ. 난로가 교실 한복판에 있어서 꽤 긴 연통은 이미 그 친구 덕에 온몸이 만신창이로 반창고를 붙이고 있었다. ≪박완서, 오만과 몽상≫

'붙이다'가 일정한 대상이 서로 맞닿아 떨어지지 않도록 만든다는 의미가 있다면, '부치다'는 "편지나 물건 따위를 일정한 수단이나 방법을 써서 상대에게로 보내다."라는 의미를 기본으로 하고 있습니다. 다음 예들을 보기로 하시지요.

(2) ㄱ. 편지를 부치러 우체국에 갈 때마다 먼 길을 돌아가야만 했다.
ㄴ. 그날 나는 아들에게 학비와 용돈을 부치고 돌아오는 길이었다.
ㄷ. 이번에 서울 올라가면 그 돈은 즉시 우편으로 부쳐 드리리다. ≪홍성원, 무사와 악사≫

이와 같이 '붙이다'와 '부치다'는 전혀 다른 기본 의미가 있음이 특징입니다. 문제는 두 단어가 기본 의미 외에 매우 다양한 의미를 지닌 다의어로 쓰이고 있다는 것입니다. 가장 전형적인 사례 몇 가지를 다음에 제시하는바, 상황에 맞게 구별하여 사용하려는 노력을 계속하실 수 있기를 기대해 봅니다.

단어	의미
붙이다	1. 불이 옮아 타기 시작하게 하다. 　예 성냥불을 초 끝에 붙이고 만수향을 피웠다. ≪한승원, 해일≫ 2. 조건, 이유, 구실 따위가 따르게 하다. 　예 이런저런 구실을 붙이고 이곳저곳 머뭇거리다가 왜 신징으로 돌아왔을까. ≪박경리, 토지≫ 3. 본문에 주석을 달다 　예 인용을 하면 반드시 그곳에 각주를 붙여야 한다. 4. 신체의 일부분을 어느 곳에 대다. 　예 아랫방의 들창만 열어 놓고 장지문을 닫아건 숙희는 차가운 방바닥에 등을 붙이고 누워 있다. ≪박경리, 토지≫ 5. 말을 걸거나 치근대며 가까이 다가서다. 　예 옆 사람에게 농담을 붙일 틈도 전혀 없이 바쁜 나날들이었다. 6. 기대나 희망을 걸다. 　예 이제 우리는 다 늙었으니 한창 커 가는 아이들에게 희망을 붙이고 사는 것이 큰 낙이다./
부치다	1. 어떤 문제를 다른 곳이나 다른 기회로 넘기어 맡기다. 　예 사법부는 인권 침해 책임자를 재판에 부쳐 처벌하였다. 2. 어떤 일을 거론하거나 문제 삼지 아니하는 상태에 있게 하다. 　예 세상에 떠도는 얘기 같은 것 불문에 부치겠다 그러던가요? ≪박경리, 토지≫ 3. 원고를 인쇄에 넘기다. 　예 접수된 원고를 편집하여 인쇄에 부쳤다. 4. 마음이나 정 따위를 다른 것에 의지하여 대신 나타내다. 　예 논개는 길게 한숨을 뿜은 뒤에 진주 망한 한을 시에 부쳐 바람

에 날린다. ≪박종화, 임진왜란≫

5. 먹고 자는 일을 제집이 아닌 다른 곳에서 하다.

　예　밥은 주인집에다 부처 먹기로 교섭했다. ≪최정희, 인간사≫

6. 어떤 행사나 특별한 날에 즈음하여 어떤 의견을 나타내다. 주로 글의 제목이나 부제(副題)에 많이 사용.

　예　한글날에 부처/젊은 세대에 부치는 서(書).

'고맙다'와 '감사하다'

　우리말의 주요 어종(語種)인 고유어와 한자어 중에는 간혹 높임의 정도에 차이를 보이는 단어쌍이 있습니다. '나이 : 연세(年歲)', '이 : 치아(齒牙)', '이름 : 성함(姓銜)', '집 : 댁(宅)'이 그러한 예입니다. 우리들의 마음속에 고유어 '나이, 집, 이름, 이'에 비해 한자어 '연세, 치아, 성함, 댁' 등이 높임의 정도가 높거나 점잖다는 의식이 자리 잡고 있기 때문이라고 할 수 있습니다.

　고유어에 비해 한자어가 더 높은 말이라는 의식은 '고맙다'와 '감사하다'는 말에도 확대 적용되어 고유어인 '고맙다'에 비해 한자어가 포함된 '감사(感謝)하다'가 더 높은 말이라는 생각을 갖고 있는 분들이 적지 않은 듯합니다. 그러나 '고맙다'와 '감사하다'는 어종만 다를 뿐 높임의 등급에는 차이가 없는 말입니다. 예를 들어 다음과 같은 글에서 쓰인 '고맙습니다'와 '감사합니다'는 아무런 차이가 없이 비슷한 의미로 쓰일 수 있다는 것이지요

(1) 일러스트와 이야기로 행복에 대해 풀어가는 감성 에세이 ≪고맙습니다 감사합니다≫. 첫 저서 ≪FORGET ME NOT≫ 이후 발표하지 않았던 그림과 저자만의 생각으로 풀어간 감성적인 글을 엮었다. 저자는 모두가 알고 있지만 쉽게 잊고 사는 일상적인 것들의 소중함을 다시금 되짚어 보게 한다.

문제는 '고맙다'와 '감사하다'가 의미상으로는 큰 차이가 없는 유의어의 범주에 속하면서도 품사 범주나 문법적 특징에서는 상당한 차이를 보인다는 것입니다. 우선 이 두 단어는 품사 범주가 다릅니다. 즉, '고맙다'는 형용사에 속하지만, '감사하다'는 형용사와 동사 두 가지로 쓰인다는 것이지요. 따라서 '고맙다'는 그 자체로서는 명령형이나 청유형으로 쓰일 수 없지만 '감사하다'는 그러한 활용이 가능한 것이 특징입니다.

'고맙다'와 '감사하다'의 문법적 차이로는 우리말 상대높임법의 등급과 관련되는 제약의 차이를 들 수 있습니다. 먼저 다음 예들을 먼저 보기로 하시지요.

(2) ㄱ. 모두들 한결같은 마음으로 축하해 주셔서 고맙습니다.
ㄴ. 먼저 전화해 주어 고마워요.
ㄷ. 아무도 찾지 않는 나를 찾아주어 고맙소
ㄹ. 나는 무엇보다 자네의 그 따뜻한 배려가 고맙네.
ㅁ. 엄마라고 불러줘서 고마워.
ㅂ. 말만이라도 고맙다.

주지하는 바와 같이, 우리말 상대높임법은 모두 6등급의 체계를 보이는데 위 예문에서 확인할 수 있듯이 '고맙다'는 모든 등급에서 쓸 수 있는 말이라는 특징이 있습니다. 따라서 '고맙다'는 상위자인 윗사람들에게는 물론 아랫사람들에게도 쓸 수 있는 말이라고 할 수 있지요.

그러나 '감사하다'는 '고맙다'와는 대조적으로 6등급의 높임법 체계 가운데 4등급만 가능하다는 특징이 있습니다. 다음이 그 예입니다.

(3) ㄱ. 매 시간 즐겁고 유익한 강의 감사합니다.

　　ㄴ. '감사해요'를 주제로 좋은 사행시 없을까요?

　　ㄷ. 초록별 지구에서 그대와 함께한 이 기쁨, 거듭 감사하오

　　ㄹ. 우리 책이 여러 모로 쓸모가 있다니 감사하네.

　위 문장들을 보면, '감사하다'는 4등급의 체계만을 가지고 있습니다. 다시 말해, '감사하다'는 반말이나 아주낮춤의 해라체와는 결합하지 않는 제약이 있다는 것입니다. 따라서 윗사람은 아랫사람에게 "도와줘서 *감사해."라든지, "도와줘서 *감사하다."라는 말 대신 "도와줘서 고마워."라든지, "도와줘서 고맙다."는 말을 쓰는 것이 더 적절하다고 할 수 있습니다.

　한 가지만 첨언하자면 (2ㄱ)에서 쓰인 '감사합니다'의 경우, '감사드립니다'로 쓸 수 있다는 것 또한 새롭게 인식해야 할 언어적 사실이라는 것입니다. 이전에는 불필요한 공대라 하여 '감사합니다'만 표준 화법으로 삼아 오다가 2011년에 확정된 새로운 표준 화법에서는 '감사드립니다'가 높임을 더욱 분명히 드러낼 수 있다고 보았기 때문입니다. 결과적으로 '감사드립니다'는 '감사합니다'보다 좀 더 정중한 표현이라는 것을 기억하시면 좋을 듯합니다.

'좇다'와 '쫓다'

칠정(七情), 곧 일곱 가지 정서라고 하였으니 인간의 본성이 사물을 접하면서 표현되는 자연적인 감정에는 '희로애락(喜怒哀樂)'을 비롯하여 '사랑(愛)', '미움(惡)', '욕심(欲)' 등 다양한 감정이 존재합니다. 이를 긍정적인 것과 부정적인 것 두 가지로 나눠보면, '기쁨(喜)'과 '즐거움(樂)', '사랑(愛)'의 감정은 전자에, '노여움(怒)'과 '슬픔(哀)', '미움(惡)', '욕심(欲)' 등의 감정은 후자에 속합니다.

흥미로운 사실은 인간의 기억이란 것이 일정한 경향성이 있어 일곱 가지 정서 가운데 부정적 성격을 띠는 것들은 가능한 한 지워버리고, 기쁨(喜)과 즐거움(樂), 사랑(愛)의 감정 등 긍정적 요소들만 남겨두려는 성향을 갖고 있다는 것입니다. 이른바 '무드셀라 증후군'이라는 이름으로 불리는 이러한 성향 때문에 우리는 '그때가 정말 좋았어.'라든지 '추억은 아름다운 것.'이라는 생각을 하면서 오늘과 내일을 살아가게 되는 것이라고 할 수 있습니다.

지나간 일들 가운데는 우리를 배반한 삶에 대하여 진저리를 치며 노여워하거나 큰 슬픔에 빠져 있던 순간도 없지 않았을 것임에도 불구하고, 가능한 한 그러한 순간은 지워버리고 즐겁고 행복했던 순간들에 생각을 더 자주 멈춤으로써 지나간 시간들은 꽤 괜찮은 것으로, 뭔가 근사하고 멋진 것으로 탈바꿈할 수 있게 되는 것이라고 할 수 있는바, 무드셀라 증후군의 발현에는 인간의 사고 또는 생각이 주로 무엇을 '좇느냐'와 관련이 있다고 할 수 있을 것입니다.

문제는 '좇느냐'와 같은 활용형에서 쓰인 우리말 동사 '좇다'와 형태적 유사성이 있긴 하지만 그 의미는 전혀 다른 '쫓다'가 혼동되어 쓰이는 경우가 적지 않다는 것입니다. 우선 다음 예들을 보기로 하시지요.

---

(1) ㄱ. 태영은 다시 자기의 생각을 좇고 있는 눈빛이 되었다. ≪이병주, 지리산≫
   ㄴ. 준구는 손으로 책장을 넘기면서도 머리로는 이십 대 여인의 영상을 좇느라고 거의 눈을 감고 있었다. ≪이영치, 흐린 날 황아에서≫
(2) ㄱ. 어머니는 아들을 쫓아 방에 들어갔다.
   ㄴ. 사냥꾼과 몰이꾼들은 눈 위에 방울방울 번진 핏자국을 따라 노루를 쫓았다. ≪이청준, 병신과 머저리≫

위 문장들을 통해 알 수 있듯이, 우리말에서는 '좇다'와 '쫓다'가 각각 별개의 의미를 지닌 동사로 쓰이고 있습니다. 즉, (1)에서는 '좇다'가 "생각을 하나하나 더듬어 가다."라는 의미로, (2)에서는 '쫓다'가 "어떤 대상을 잡거나 만나기 위하여 뒤를 급히 따르다."라는 의미로 쓰이고 있는 것이지요.

물론 '좇다'와 '쫓다'의 의미는 단순하지 않아서 (1), (2)에 쓰인 의미 외에도 다음과 같은 의미가 있음이 특징입니다.

단어	의미
좇다	1. 목표, 이상, 행복 따위를 추구하다. 　예 태초부터 사람은 살기 편한 것을 좇게 마련이오 2. 남의 말이나 뜻을 따르다.

	예 장군께서 그렇게 말씀하시니 그대로 좇겠습니다. 《홍효민, 신라 통일》 3. 규칙이나 관습 따위를 지켜서 그대로 하다. 예 그러나 그런 관례를 좇고 있을 계제가 못 되었다. 《하근찬, 야호》 4. 눈여겨보거나 눈길을 보내다. 예 시선은 서편 하늘로 멀어지는 까마귀 떼를 좇고 있었다. 《김원일, 어둠의 축제》 5. 남의 이론 따위를 따르다. 예 스승의 학설을 좇다.
쫓다	1. 어떤 자리에서 떠나도록 몰다. 예 마른풀을 거둬다 크게 모깃불을 피워 밤늦게까지 모기를 쫓았다. 《송기숙, 자랏골의 비가》 2. 밀려드는 졸음이나 잡념 따위를 물리치다. 예 혀를 깨물기도 하고 팔뚝을 꼬집기도 하면서 잠을 쫓았다. 《한승원, 해일》

이러한 사전의 의미를 토대로 할 때 '좇다'는 주로 정신이나 사상 등 추상적이나 관념적인 것을 추구하는 것과 관련이 있다고 한다면, '쫓다'는 구체적 행동이나 물리적 공간의 이동과 관련하여 쓰는 것이 일반적입니다. 따라서 '좇다' 대신 '쫓다'를 쓰고 있는 다음과 같은 사례는 명백한 오류라고 할 수 있는바, 그 의미에 따라 두 단어를 구별하여 쓰려고 노력해야 할 것입니다.

(3) ㄱ. 모두가 유행을 *쫓아가고 국내 음악 시장이 하나의 음악 스타일에만 치우치는 그런 현상을 방지하기 위해서라도 에이브라더 같은 색깔 있는 뮤지션들에게 힘을 실어주어야 한다고 본다.

ㄴ. 안 봐도 꼬질꼬질한 손가락을 지나 얼굴을 보니 뻘겋게 충혈된 눈이 재빠르게 무언가를 *쫓고 있었다.

'떨다'와 '털다'

　　살다 보면 간절히 원하는 바를 일확천금하듯 한순간에 얻을 수 있는 경우도 없지 않겠지만, 차근차근 절차를 밟아가며 순리에 따라 원하는 것을 얻어야 하는 경우가 더 많습니다. 가을날, 참깨를 터는 일 역시 그러한 경우에 해당한다고 할 수 있는데, 이를 잘 보여주는 시가 바로 김준태 시인의 <참깨를 털면서>입니다.

　　　　한번을 내리쳐도 셀 수 없이
　　　　솨아솨아 쏟아지는 무수한 흰 알갱이들
　　　　도시에서 십년을 가차이 살아본 나로선
　　　　기가 막히게 신나는 일인지라
　　　　휘파람을 불어가며 몇 다발이고 연이어 털어댄다.

　　　　사람도 아무 곳에나 한번만 기분 좋게 내리치면
　　　　참깨처럼 솨아솨아 쏟아지는 것들이
　　　　얼마든지 있을 거라고 생각하며 정신없이 털다가

<아가, 모가지까지 털어져선 안 되나라>
할머니의 가엾어 하는 꾸중을 듣기도 했다.

이 시에서는 아직 삶의 경륜이 짧은 손자는 한꺼번에 참깨를 '털려고' 모가지까지 '털어질' 정도로 힘껏 내리치는 반면, 할머니는 슬슬 막대기질을 함으로써 차곡차곡 참깨를 '털고 있는' 모습을 발견하게 됩니다. 시인은 우리에게 대조적인 삶의 태도를 보이는 손자와 할머니의 모습을 통하여 인생의 열매는 순리에 따라, 인내와 기다림 속에서 얻는 것이 가장 바람직하다는 것을 말하고자 한 것이 아닐까 합니다.

문제는 위 시에서는 잘 드러나지 않는 한 가지 언어적 사실로, 참깨의 수확과 관련되는 우리말 동사에는 '털다'와 '떨다'가 있어 이를 각각 구별해서 쓰지 않으면 안 된다는 것입니다. 우선 '털다'와 '떨다'에 대한 사전의 정의를 보기로 하시지요

털다	떨다
달려 있는 것, 붙어 있는 것 따위가 떨어지게 흔들거나 치거나 하다.	달려 있거나 붙어 있는 것을 쳐서 떼어 내다.

위의 정의를 보면 '털다'는 어떤 대상을 '흔들거나 치는 데' 초점이 놓여 있다고 한다면, '떨다'는 그 대상에 붙어 있는 것을 '쳐서 떼어 내는 데' 초점이 있다고 할 수 있습니다. 따라서 참깨의 수확과 관련하여 두 단어를 구별해 보자면, 참깨의 줄기(대)를 털어 참깨(열매)를 떨어내는 것이 참깨를 수확하는 과정이라고 할 수 있습니다. 이러한 구분은 밤이나 대추의 수확에도 그대로 적용되는바, 다음 예에서 쓰인 '털다'와 '떨다'가 그러한 언어적 사실을 잘 말하여 주고 있습니다.

(1) ㄱ. 두 내외가 한참 밤나무를 털어봐야 한 주머니도 못 채웁니다.
　ㄴ. 밤나무를 심어 밤을 떨어 먹으려면 최소한 5년이라는 세월이 흘러야
　　합니다.
(2) ㄱ. 온 가족이 모여 대추나무를 떨다 보니 즐거움이 넘쳤다.
　ㄴ. 이웃집 대추를 떨다 잡힌 도둑들도 있다는군요.

　이러한 사례를 토대로 하면, 무릇 가을걷이란 '밤나무를 털어 밤을 떨고', '대추나무를 털어 대추를 떠는' 작업이라고 할 수 있을 듯합니다. '털다'와 '떨다'의 이와 같은 용법을 좀 더 분명하게 이해하기 위해서는 어떤 대상 A에 붙어 있는 B를 구별할 필요가 있는바, 결과적으로 'A를 털어 B를 떨어내다'와 같은 구문이 가능합니다. 따라서 만일 옷에 먼지가 묻어 있다면 '옷을 털어 먼지를 떨어야' 하는 것도 그러한 원리와 일맥상통한다고 할 것입니다.

　그렇다면 먼지나 담뱃재를 떨어내는 도구는 무엇이라고 해야 할까요? 문제의 답은 '먼지'나 '담뱃재'의 속성에 달려 있습니다. 이들은 모두 B의 속성을 갖고 있으니 '*먼지털이'나 '*재털이'가 아닌 '먼지떨이'와 '재떨이'가 되어야 합니다.

'등산(登山)', '등반(登攀)', '등정(登頂)'

12월의 첫 날입니다. 어느덧 한 해의 마지막 달이 시작된 가운데 계절은 어느새 늦가을에서 초겨울로 바뀌었습니다. 동네의 카페들에서는 벌써부터 찬란히 빛나는 크리스마스트리들을 장식해 놓았으니, 12월이면 바라고 기대하는 것이 적지 않은 듯합니다. 아이들은 무엇보다도 반짝이는 코를 한 사슴 루돌프가 무거운 선물 주머니를 등에 멘 산타 할아버지를 태우고 짜안 하고 나타날 크리스마스를 기다릴 것이고, 첫눈이 오는 날 멋진 랑데부를 계획하고 있는 젊은 연인들이라면 어서 빨리 눈이 내려주기를 기다리고 있겠지요. 비단 12월의 일만은 아니지만 우리 대학 교수님들의 동아리 가운데 하나인 교수 산우회 회원들께서는 매월 첫째 주 토요일에 있는 산행을 또한 즐겁고 설레는 기분으로 기다리고 계시리라 생각합니다.

지난 11월에 이루어진 정기총회의 자료에 따르면, 교수 산우회는 1997년 11월, 스물두 명의 교수님들이 무등산 등반을 함께한 것으로 시작되어 햇수로는 17년째, 등반으로는 204회의 기록을 남긴 것으로 집계되었습니다. 204회의 등반 기록 가운데 단연 우위를 차지한 것은 무등산으로 무려 59회의 등반이 이루어졌다고 하니, 17년의 기간 동안 연간 3회 이상의 무등산 등반이 이루어졌다고 할 수 있었지요.

　문제는 다음과 같은 기록이었습니다. 17년간의 발자취를 통계를 통해 들여다볼 수 있는 흥미로운 자료이었음에도 불구하고, 다음 글에서 두 번 쓰인 '등정'에 대해서는 뭔가 석연찮은 구석이 없지 않았다는 것이지요.

　(1) 2014년 10월 현재 총 96개, 산 204회 등정하였으며, 그중에서 무등산이 59회로 가장 많았으며, 그 뒤로 지리산 7회 등이 뒤를 이었다. 96개 산 중에서 24회 이상 간 산은 24개 산이었으며, 나머지 72개 산은 1회씩 등정하였다.

　여기에서 쓰인 '등정'이란 "정상에 오르다."라는 의미를 지닌 단어입니다. 따라서 '204회 등정'이 모두 정상에 오른 기록을 토대로 하고 있는 것이라면 아무런 문제가 없지만, 혹시라도 그렇지 않았다고 한다면, '등정' 대신 좀 더 사실에 가까운 적확한 단어로 대체할 필요가 있습니다.

　주지하는 바와 같이, '산에 오르다'는 뜻을 지닌 우리말 단어로는 '등산(登山)', '등반(登攀)', '등정(登頂)' 등 세 개의 단어가 쓰이는 것이 일반적입니다. 그러나 이 세 개의 단어가 쓰일 수 있는 상황 맥락에는 상당한 차이가 있습니다. 우선 다음 예들을 보기로 하시지요.

　(2) ㄱ. 삶의 질이 사회적 이슈로 대두되고 건강과 레저에 국민적 관심이 쏠리면서 '등산 인구 천만 시대의 도래'라는 표현을 심심찮게 접하게 됩니다.
　　　ㄴ. 암벽 등반은 항상 나에게 도전이다. 때로는 무서울 때도 있지만 가능하다면 난 암벽 틈 사이에 내 손가락을 집어넣을 것이다.

　이러한 문장들에서 쓰인 단어들 가운데 (1ㄱ)의 '등산(登山)'은 주로 가볍
게 산을 오를 때 쓰는 말입니다. '등산 인구 천만 시대' 운운과 관련하여
볼 때도 주로 건강 삼아 뒷산 정도를 가볍게 오를 때 쓰는 말이라고 할 수
있습니다. 그러나 (1ㄴ)의 '등반(登攀)'은 그 대상과 목적 면에서 '등산(登山)'
과 차이를 보입니다. 사전의 정의만 하더라도 '등반(登攀)'은 "험한 산이나
높은 곳의 정상에 이르기 위하여 오름."이라는 뜻으로 쓰이는 말이니 가벼
운 등산은 아닌 것이고, 그 목적 또한 정상에 이르기 위한 것이라고 할 수
있다는 것이지요.

　그렇다면 '등반(登攀)'과 '등정(登頂)'은 어떤 차이가 있을까요? '등반(登攀)'
은 정상에 이르기 위하여 산을 오른다는 뜻을 가지고 있으므로 산 정상에
올랐을 때는 물론 정상에 오르지 못했을 때도 쓸 수도 있는 반면, '등정(登
頂)'은 산 정상에 올랐을 때만 쓸 수 있다는 것이 차이점입니다.

　이상의 언어적 사실을 토대로 할 때 우리의 교수 산우회가 지난 17년간
해낸 멋진 발자취는 아무래도 '204회의 *등정'이라는 표현보다는 '204회의
등반'으로 바로잡는 것이 더 적절하다고 할 수 있을 듯합니다. 때로는 사
나운 비바람과 눈보라가 정상으로 향하는 발걸음을 멈추게 하였던 적도
없지 않았으리라는 짐작 때문입니다. 물론 모든 산행에서 단 한 분이라도
정상에 올라가서 내려오는 일을 쉬지 않았다면 그 발자취는 당연히 '204회
의 등정'으로 기록되어야 하는 것이 당연한 일, 이번 주말에 있게 될 올해
의 마지막 등반에서는 그러한 사실을 분명히 해 두는 것도 나쁘지 않으리
라 생각합니다.

'빌리다'와 '빌다'

이 자리를 빌려?
이 자리를 빌어?

살아오는 동안 우리들의 의식 속에 선명하게 각인되어 있는 말들 가운데 하나로 "긴 시간 끝까지 함께해 주신 내외빈 여러분께 이 자리를 *빌어 심심한 감사의 말씀을 드리는 바입니다."라는 교장선생님의 마지막 인사말을 빼놓을 수가 없을 것입니다. 왜 감사의 말씀은 심심해야만 하는 것인지 이해하기가 쉽지 않은 가운데서도 이 문장은 많은 이들의 기억 속에 잊지 못할 추억처럼 자리하고 있지 않을까 합니다.

문제는 예의 문장 속에는 두 가지 잘못된 표현이 있다는 점입니다. '*내외빈'이라는 표현과 '*빌어'라는 표현이 바로 그것입니다.

우선 '*내외빈'이라는 말은 '내빈'으로 바꿔 써야 올바른 말입니다. '내빈(來賓)'이란 말 그대로 "어떠한 모임에 공식적으로 초대를 받고 온 손님."을 의미하기 때문이지요. 그러나 '내빈(來賓)'을 '*내빈(內賓)'으로 잘못 해석한 결과 '*내빈(內賓)'과 '외빈(外賓)'을 합하여 '*내외빈'이 가능할 것으로 봄으로써 '*내외빈'이라는 오류가 생겨난 듯합니다. 물론 "외부나 외국에서 온 귀한 손님."이라는 뜻으로 '외빈(外賓)'을 사용할 수는 있으니, '내빈(來

賓’ 혹은 ‘외빈(外賓)’이라는 단어를 독자적으로 사용하는 경우는 올바른 우리말입니다.

한편, ‘이 자리를 *빌어’와 같은 표현에 자주 등장하는 ‘*빌어’는 ‘빌려’라고 써야 올바른 말입니다. 그 이유는 “어떤 일을 하기 위해 주어진 기회를 이용하다.”라는 의미를 지닌 우리말 단어의 기본형은 ‘*빌다’가 아니라 ‘빌리다’이기 때문입니다. 그럼에도 불구하고 많은 국어 사용자들이, 심지어는 언론에서조차 ‘빌리다’를 써야 할 자리에 ‘*빌다’를 잘못 쓰는 사례가 적지 않은데 다음이 그 예입니다.

> (1) ㄱ. 박 대통령은 이 자리를 *빌어 자연스럽게 경제 활성화와 민생 안정
> 법안의 정기국회 기간 내 통과를 주문하고 공무원 연금 개혁안의 조
> 속한 처리에도 힘써 줄 것을 당부할 것으로 보인다.
> ㄴ. 금융 전문가들의 말을 *빌면 그는 ‘고도 금융(Haute Banque)’ 전문가다.
> ㄷ. 그의 말을 *빌자면 이제 가능한 성장은 ‘상대적 성장’뿐이다.

이러한 문장들에서 쓰인 ‘*빌어, *빌면, *빌자면’은 각각 ‘빌려, 빌리면, 빌리자면’으로 써야 올바른 활용형입니다. 이러한 언어적 사실을 통해 짐작할 수 있듯이, ‘빌리다’와 ‘빌다’는 각기 다른 의미 범주를 갖고 있는 단어들이라고 할 수 있는바, 두 단어의 사전 의미를 비교하면 다음과 같습니다.

	의미
빌리다	1. 남의 물건이나 돈 따위를 나중에 도로 돌려주거나 대가를 갚기로 하고 얼마 동안 쓰다. 例 친구에게 돈을 빌리려고 했지만 말이 차마 입 밖으로 나오지 않았다.

	2. 남의 도움을 받거나 사람이나 물건 따위를 믿고 기대다.
	예 머리는 빌릴 수 있으나 건강은 빌릴 수 없다.
	3. 일정한 형식이나 이론, 또는 남의 말이나 글 따위를 취하여 따르다.
	예 신문에서는 이 사건을 고위 관리들의 말을 빌려 보도했다.
	4. 어떤 일을 하기 위해 기회를 이용하다.
	예 이 자리를 빌려 감사의 말씀을 드립니다.
빌다	1. 바라는 바를 이루게 하여 달라고 신이나 사람, 사물 따위에 간청하다.
	예 그럼 건강하게 개학 후 뵐 수 있도록 빌겠습니다.
	2. 잘못을 용서하여 달라고 호소하다.
	예 그는 여자 친구에게 자기를 용서해 주기를 빌었다.
	3. 생각한 대로 이루어지길 바라다.
	예 그들의 앞날에 더 큰 영광이 있기를 빌어 마지않는다.

이러한 사전의 정의를 통해 알 수 있는 바와 같이, '빌다'는 주로 간청을 하거나 호소를 하는 경우 또는 어떤 일이 이루어지길 바라는 경우에 쓰는 단어입니다. 따라서 (1)의 예문에서와 같은 맥락에서는 '빌다'를 쓸 수 없음이 특징입니다.

그렇다면 (1)과 같은 오류가 빈번하게 나타나는 이유는 무엇일까요? 이는 1988년에 개정된 현행 <표준어 규정> 이전에는 '빌리다'의 의미 가운데 일부를 '빌다'가 담당했던 데서 비롯된 것이라고 할 수 있습니다. 즉, '빌리다'의 의미 가운데 "3. 일정한 형식이나 이론, 또는 남의 말이나 글 따위를 취하여 따르다."와 "4. 어떤 일을 하기 위해 기회를 이용하다."의 의미를 종래에는 '빌다'가 담당했던바, 오늘날에 이르러서도 그러한 기억이 계속적으로 작용한 결과 (1) 같은 오류가 생긴 것이지요. 그러나 현행 <표준어 규정>에서는 (1)과 같은 맥락에서 더 이상 '*빌다'를 사용하지 않고 '빌리다'로 하여금 그러한 의미를 담당하도록 규정하고 있으니, 이러한 언어적 사실을 잘 기억하셨으면 합니다.

'사달'과 '사단'

요 며칠 세간의 눈과 귀를 집중시켰던 이른바 '땅콩 회항' 사건을 두고 여러 가지 진실 공방이 이어지는 가운데 대한한공이라는 기업은 물론 국가의 이미지까지 추락하는 것이 아닌지 염려하는 목소리들이 적지 않은 듯합니다. 사건의 단초는 결국 '금수저'를 입에 물고 태어났다는 이유만으로 심심찮게 불거져 온 재벌 2·3세들의 일탈에서 비롯된 것이라고 할 수 있다는 점에서 국민들의 공분은 쉽게 수그러들지 않을 것으로 보입니다. 한진가의 경우만 하더라도 지난 10여 년간 사건의 장본인인 조현아 대한항공 부사장을 비롯한 3남매가 그룹 내에서 경영권 승계를 전제로 영향력을 키워 오는 과정에서 벌어진 '사달'이라고 하니, 이번 사건은 능력이 아니라 세습에 따른 경영이 이루어졌을 때 기업의 가치가 너무나도 쉽게 훼손될 수도 있음을 다시 한번 생생하게 보여준 사례라고 할 것입니다.

문제는 가히 천문학적인 숫자의 피해로 귀결될 수도 있는 '땅콩 회항' 사건을 '사달이 난 것'이 아니라 '*사단이 난 것'으로 본다면, 여기에도 그냥 지나칠 수 없는 오류가 존재한다는 것입니다. 이러한 말이 뜻하는 바가 무엇인지를 알기 위해서는 먼저 다음 문장들을 점검할 필요가 있습니다.

(1) ㄱ. 퍼스트클래스에 앉은 조현아 부사장에게 한 승무원이 땅콩을 봉지채로 주면서 *사단이 났다.

ㄴ. 한화는 8회 2사 만루에서 추가 득점을 올리지 못했고, 9회 결국 *사단이 나고 말았다.

ㄷ. 롯데 선수단과 프런트의 반목이 극에 달해 결국은 *사단이 나고 말았다.

결론부터 말씀드리면 위 문장에서 쓰인 '*사단'은 모두 '사달'을 잘못쓴 것입니다. 이와 같은 언어적 사실은 우리의 보편적 상식을 뒤엎는 것이라는 점에서 당황스럽기까지 할 수도 있는데, 이러한 문제를 해결하기 위해서는 '사달'과 '사단'을 분명하게 구별하는 일부터 해야 할 듯합니다. 다음은 두 단어의 사전 의미입니다.

단어	의미
사달	사고나 탈.
사단 (事端)	사건의 단서. 또는 일의 실마리. 예 지섭으로서는 문화제의 성격과 관련하여 행사의 주제나 종류 따위를 윤곽 지어 놓는 일과 그 사단을 구하는 작업이 우선 중요했다. ≪이청준, 춤추는 사제≫

이러한 사전의 정의를 통해 확인할 수 있는 바와 같이, '사달'과 '사단'은 그 의미가 전혀 다른 단어입니다. 즉, '사달'은 "사고나 탈."을, '사단'은 "사건의 단서. 또는 일의 실마리."를 의미한다는 것입니다. 물론 '사달'은

순우리말, 곧 고유어인 반면, '사단'은 '事端'을 어원으로 하는 한자어라는 것도 빼놓을 수 없는 차이라고 할 수 있습니다. 요컨대 사고나 탈이 난 것을 가리켜 말할 때는 '*사단'이 아니라 '사달'이 난 것으로 써야 한다는 것을 기억하셨으면 합니다.

'싸이다'와 '쌓이다'

　대한민국 검찰은 일명 '찌라시' 사태를 두고 "문건의 내용은 사실이 아니며, 언론사로 이 문건을 유출한 사람은 숨진 최 모 경위이다."라는 퍼즐 맞추기 결론을 내림으로써 다시 한번 권력의 시녀 역할에 충실한 모습을 보여주었습니다. 이른바 비선 실세의 국정 농단 사건이라는 사안의 심각성에 비추어 볼 때, 철저히 사건의 진상을 규명하는 것이 진정한 검찰의 역할이라고 할 수 있음에도 불구하고, 국민의 기대와는 거리가 먼 부끄러운 자화상을 또 다시 선보인 것이지요.

　정권의 출발 단계에서부터 대통령 주변이 특정 인맥 위주로 '둘러싸이다' 보니 견제와 균형을 잃고 일방 독주로 흐를 수 있다는 우려가 적지 않았던 것에 이어, 비선 실세의 국정 농단 사건까지 터진 것에 대한 국민의 실망감은 적지 않아서 어제 이루어진 박근혜 대통령의 국정 지지도가 사상 최저치를 경신하였다고 하니, 부끄러운 자화상이 비단 검찰만의 것은 아닌 듯합니다. 이 모든 사태의 원인은 결국 특정 인맥 혹은 소수의 편중 인사에 기댄 소통 미흡에 있다고 볼 수 있는바, 대통령은 자신을 '둘러싸고' 있거나 '에워싸고' 있는 막후의 파워 그룹들이 벌이고 있는 치열한 암투를 더 이상 모르는 체해서는 안 되리라 생각합니다.

문제는 대통령 주변을 '둘러싸고' 있거나 '에워싸고' 있는 인맥과 관련하여 '*둘러쌓이다'나 '*에워쌓이다'와 같은 오류를 보이는 국어 화자들이 적지 않다는 것입니다. 다음이 그 전형적인 사례들입니다.

(1) ㄱ. 대통령 주변이 특정 인맥 위주로 *둘러쌓이다 보니 견제와 균형을 잃고 일방 독주로 흐를 수 있다는 우려가 높다.
  ㄴ. 많은 인파에 *에워쌓이다 보니 유세를 마친다 하더라도 지지자들과 악수를 해가며 인파를 뚫고 가는 것이 여간 힘든 일이 아닐 수 없습니다.

위의 사례들은 모두 일반인이 아니라 글 쓰는 일을 업으로 하는 기자들에 의해 작성된 기사문이라는 사실에 비추어 보면, '둘러싸이다'나 '에워싸이다'의 의미를 정확히 알고 쓰는 일이 쉽지 않은 일인 것으로 보입니다. 이러한 문제를 해결하기 위해서는 우리말 동사 '싸이다'와 '쌓이다'의 의미를 명확히 구분하는 일이 선행되어야 하는바, 먼저 두 단어의 의미와 용례를 제시하면 다음과 같습니다.

단어	의미
싸이다	1. 물건을 안에 넣고 보이지 않게 씌워 가려지거나 둘러 말리어지다. 　예 그녀는 고운 포장지에 싸인 조그만 물건을 불쑥 내밀었다. 　　　나는 신문지로 싸여 있는 것이 무엇인지 무척 궁금했다. 2. 어떤 물체의 주위가 가리어지거나 막히다. 　예 일본은 사면이 바다로 싸인 섬나라이다. 3. 헤어나지 못할 만큼 어떤 분위기나 상황에 뒤덮이다.

	예 수심에 싸인 그의 표정은 한없이 어둡기만 하였다. 4. 사람들과 함께 잘 어울리다. 예 요새 들어 아이는 동네 아이들과 싸여 노느라 얼굴 보기가 어렵다.
쌓이다	1. 여러 개의 물건이 겹겹이 포개어 얹히어 놓이다. 예 발밑에는 옷이 한 무더기 쌓여 있었다. 2. 물건이 차곡차곡 포개어 얹혀서 구조물을 이루다. 예 쉬지 않고 벽돌을 올리자, 담은 점점 높이 쌓여 갔다. 3. 밑바탕을 닦아서 든든하게 마련되다. 예 학문의 기초가 쌓임에 따라 그는 공부하는 데 점점 재미를 느꼈다. 4. 경험, 기술, 업적, 지식 따위를 거듭 익혀 많이 이루어지다. 예 수양이 쌓인 만큼 이해의 폭도 넓어졌다. 5. 재산, 명예 또는 불명예, 신뢰 또는 불신 따위가 많이 생기다. 예 그 둘 사이에는 나날이 신뢰가 쌓여 갔다. 6. 해야 할 일이나 걱정, 피로 따위가 한꺼번에 많이 겹치다. 예 남편의 눈꺼풀 위에 피로가 덮개를 이루듯 쌓여 있다.

이와 같은 사전의 의미를 통해서 알 수 있듯이, '싸이다'와 '쌓이다'는 각기 다른, 상당히 다양한 의미가 있음이 특징입니다. 그렇다면 '둘러싸이다'를 구성하는 어휘소인 '싸이다'는 어떠한 의미를 가지고 있을까요? 그야 물론 "어떤 물체의 주위가 가리어지거나 막히다."라는 의미를 갖고 있음을 쉽게 짐작할 수 있으리라 생각합니다.

결론적으로 권력의 주변을 감싸고 있는 인맥의 양상과 관련하여 '둘러싸이다'나 '에워싸이다'는 단어는 쓸 수 있지만, '*둘러쌓이다' 또는 '*에워쌓이다'라는 단어는 쓸 수 없음이 특징입니다. 다만, 요즘처럼 한겨울도 되기 전에 자꾸만 눈이 내리는 때라면 흰 눈이 '쌓이어' "겹겹이 포개어 얹히어 놓이고 있는 때."라고 할 수 있으니, 이와 같은 언어적 사실을 잘 기억하셨으면 합니다.

'딴죽'과 '딴지'

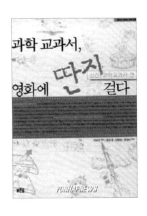

지난 12월 15일, 국립국어원에서는 <2014년 표준어 추가 사정안>이라는 이름으로 모두 13개의 어휘를 새로운 표준어로 인정하였습니다. 이와 같은 작업은 실제 언어생활에서 사용 빈도가 높고 표준어로 인정해야 한다는 요구가 높은 것들을 선별한 것으로, 1999년 ≪표준국어대사전≫ 간행 이후, 2011년 '짜장면, 맨날, 눈꼬리' 등 39개 항목을 추가로 사정한 데 이은 두 번째 작업의 결과입니다.

그렇다면 두 번째로 이루어진 사정 작업의 내용은 무엇일까요? 이는 크게 두 가지 부류로 구분할 수 있습니다. 현재 표준어와 같은 뜻으로 널리 쓰이는 말을 복수 표준어로 인정한 것이 그 하나이고, 다른 하나는 현재의 표준어와는 뜻이나 어감이 달라 별도의 표준어로 인정한 것이 다른 하나입니다. 이를 하나의 표로 정리하면 다음과 같습니다.

구분	추가된 표준어	현재 표준어	비고
복수 표준어로	구안와사 굽신(거리다)	구안괘사 굽실(거리다)	=안면신경마비 '굽신대다, 굽신하다, 굽신굽신,

인정 (5개)	눈두덩이	눈두덩	굽신굽신하다' 등도 포함.
	삐지다	삐치다	
	초장초	작장초	=괭이밥
별도의 표준어로 인정 (8개)	개기다	개개다	
	꼬시다	꾀다	
	놀잇감	장난감	
	딴지	딴죽	
	사그라들다	사그라지다	
	섬찟	섬뜩	'섬찟하다, 섬찟섬찟, 섬찟섬찟
	속앓이	속병	하다' 등도 포함.
	허접하다	허접스럽다	

이상의 어휘들 가운데 복수 표준어로 인정된 5개의 어휘는 새로이 표준
어의 지위를 얻은 셈이니 현재의 표준어와 자유롭게 바꿔 쓸 수 있는 것들
입니다. 그러나 별도의 표준어로 인정된 8개의 어휘는 그 뜻이나 어감이
현재의 표준어와 차이가 있는 것이니만큼 구체적인 의미나 어감에 맞게
하나를 선택적으로 사용해야 한다는 것이 특징입니다. '딴죽'과 '딴지'의
경우, 두 단어는 다음과 같은 차이를 보이므로 문맥에 따라 적절한 어휘를
선택해야 한다는 것이지요.

단어	의미
딴죽	1. 씨름이나 택견에서, 발로 상대편의 다리를 옆으로 치거나 끌어당겨 넘어뜨리는 기술. 2. 이미 동의하거나 약속한 일에 대하여 딴전을 부림을 비유적으로 이 르는 말.
딴지	((주로 '걸다, 놓다'와 함께 쓰여)) 일이 순순히 진행되지 못하도록 훼방을 놓거나 어기대는 것.

이와 같은 사전의 의미를 토대로 할 때 애초에 씨름이나 태견 같은 운동에서 발로 상대편을 넘어뜨리는 기술이라는 의미를 가지고 있던 '딴죽'은 이미 동의하거나 약속한 일에 대해 딴전을 부린다는 비유적 의미도 갖고 있는 것과는 달리, '딴지'는 주로 훼방을 놓거나 어기대는 것을 의미합니다. 구체적인 용례를 한두 가지 제시하면 다음과 같습니다.

> (1) ㄱ. 정부·재계 현대차 파업에만 '딴죽'
> 　　ㄴ. 약속해 놓고 이제 와서 딴죽을 치면 어떻게 하니?
> (2) ㄱ. 과학 교과서, 영화에 딴지 걸다.
> 　　ㄴ. 정상, 자연 등 보편성과 절대성이라는 인식에 '딴지'를 걸며 뒤집고 꼬아 본다.

'소망/바람'과 '염원'

다시 받는다
서설처럼 차고 빛부신
희망의 백지 한 장
누구나 공평하게 새로 받는다
이 순백의 반듯한 여백 위에
무엇이든 시작하면 잘될 것 같아
가슴 설레는 시험지 한 장
절대로 여벌은 없다
나는 또 무엇부터 적을까?

<새해를 향하여>라는 제목의 시의 첫머리에서 시인 임영조는 새해를 맞이한 설렘을 이와 같이 노래하였습니다. 그의 시가 노래하듯, 우리는 새로운 해를 맞아 서설처럼 차고 눈부신 희망의 백지를 한 장, 누구든 공평하게 다시 받은 셈이 되었습니다. 그리하여 절대로 여벌이 없는 이 시험지 한 장에 삼백하고도 예순다섯 날에 거는 기대를 때로는 '소망' 혹은 '바람'이라는 이름으로, 또 때로는 '염원'이라는 이름으로 적어 넣으셨으리라 생각합니다.

흥미로운 것은 "무엇인가를 간절히 원하고 기대하다."라는 의미를 지니고 있는 '소망'과 '바람', '염원'과 같은 우리말 단어의 쓰임과 관련해서는 몇 가지 특기할 만한 언어적 사실이 있다는 것입니다. 우선 이러한 단어들

의 용례를 제시하면 다음과 같습니다.

> (1) ㄱ. 100년 전 산타에게 보낸 편지…소녀의 간절한 바람은?
>   ㄴ. 수정같이 밝고 투명한 햇살이 쏟아지는 새해 새 아침을 나도 시인처
>   럼 소망을 가득 담아 힘차게 외쳐본다.
> (2) ㄱ. 참주인인 독자 여러분의 염원들을 모아 새 눈으로, 새 입으로, 새 발
>   걸음으로 새 아침을 열어갈 것이다.
>   ㄴ. 임진각 제야 행사는 지난 1999년 시작해 올해로 15회째를 맞고 있으
>   며, 서울 보신각 타종식과 달리 분단의 현장 DMZ에서 평화를 염원하
>   는 상징적 새해맞이 행사로 정착했다.

이와 같은 문장들에서 쓰인 '소망' '바람', '염원'의 쓰임을 자세히 살펴
보면, (1)의 '소망' 혹은 '바람'과 (2)의 '염원'은 그 맥락에서 차이를 보입니
다. 즉 '소망'이나 '바람'은 주로 구체적이거나 물질적인 일, 개인적으로 바
라고 원하는 일에 쓰이는 반면, '염원'은 추상적이거나 관념적인 일, 개인
보다는 어떠한 집단 혹은 국민이나 민족 전체가 원하는 일에 쓰이는 경우
가 많다는 것이지요. 따라서 다음 예에서 보듯, 구체적이거나 물질적인 일,
개인적인 일에 '염원'을 사용하면 뭔가 어색하거나 적절치 않습니다.

> (3) ㄱ. 그는 "선수들에게 믿고 맡겨 주면 팀이 승격할 수 있도록 온 힘을 다
>   하겠다."며 구단의 존속을 간절히 바랐다./*염원하였다.
>   ㄴ. 필자는 21세기를 맞으면서 한국이 가야 할 길로, 더 이상 대학원이나
>   박사 공부를 위해서 유학 가지 않아도 좋은 사회를 소망하였다./*염
>   원하였다.

이와 같은 언어적 사실 외에 (1ㄱ)의 '바람'이나 (3ㄱ)의 '바랐다'와 관련하여 또 한 가지 언급할 만한 것은 '바람', '바랐다'를 '*바램'이나 '*바랬다'로 적으면 안 된다는 것입니다. 다음이 그 예입니다.

(4) ㄱ. 기탁한 성금은 관내 어려운 이웃들이 따뜻한 연말을 보낼 수 있었으며 하는 *바램으로 직원들이 십시일반 모금하여 마련한 것이다.
　　ㄴ. 이 사무국장은 "아이들을 위한 많은 꿈을 꾸지만 지역사회의 지원과 후원자분들의 관심이 없이는 모두가 불가능한 일이다."라며 지역사회의 관심과 마음을 더 모아주길 *바랬다.

위 문장에서 쓰인 '*바램'과 '*바랬다'는 각각 '바람'과 '바랐다'를 잘못쓴 것입니다. 이러한 단어들은 동사 '바라다'를 기본형으로 하여 만들어진 것들이기 때문입니다. 따라서 "무엇인가를 간절히 원하고 기대하다."라는 의미로는 '*바램'이나 '*바랬다' 등을 쓸 수 없다는 것을 분명하게 알아 두시길 바랍니다.

'덮이다'와 '덥히다'

눈 내리는 겨울이 되면 가만가만 불러보고 싶은 우리의 대중가요로 이문세의 <광화문 연가>를 떠올리는 분들이 적지 않으리라 생각합니다. 세월의 저편을 더듬어 보면 사랑하는 사람과 덕수궁 돌담길을 지나 언덕 밑 정동길에 있는 조그마한 교회당을 바라보며 한없이 따스한 소망 하나를 품어보기도 했던 젊은 날을 간직하고 있는 이들이 적지 않기 때문이겠지요.

문제는 '*눈 덮힌 조그만 교회당'입니다. 노랫말처럼 이제는 많은 것들이 세월을 따라 변한 결과, 그곳에 서 있던 조그마한 교회당도 흔적도 없이 사라지고 말았듯이 우리말 동사에 '*덮히다'라는 단어는 없기 때문이지요.

쉽게 짐작할 수 있듯이 '*눈 덮힌 조그만 교회당'은 '눈 덮인 조그만 교회당'으로 바로잡아야 하는데, 이와 같은 오류가 <광화문 연가>에만 등장하는 것은 아닌 것을 보면, '덮이다'를 '*덮히다'로 잘못 사용하는 오류가 상당히 보편적인 듯합니다. 다음이 그 전형적인 사례들입니다.

(1) ㄱ. 세종대왕함 뒤로 보이는 독도가 새해 첫 눈으로 *덮혀 있다.
ㄴ. 2일 오전 인천시 옹진군 백령도가 하얗게 눈에 *덮혀 있다.
ㄷ. 1월 7일(현지 시간) 기온이 섭씨 영하 12도까지 떨어진 러시아 남부 스타브로폴에서 사람들이 카잔 성당으로 이어진 눈 *덮힌 계단을 내려가고 있다.

ㄹ. 얼굴을 검게 칠한 흰색 위장복의 특전사 대원들, 눈 *덮힌 산비탈을 미끄러져 내려옵니다.

위 사례들은 모두 아직도 따끈따끈한 기운이 남이 있을 법한 올해 2015년의 신문 기사들입니다. 각각 '덮여'와 '덮인'으로 써야 할 문맥에서 이와 같이 전문직 기자들조차 오류를 보이는 사례가 적지 않은 것을 보면, '덮이다'를 '*덮히다'로 잘못 인식하는 일이 비일비재한 듯합니다. 그러나 우리말에 '*덮히다'라는 형태는 없으므로, 일단은 올바른 형태인 '덮이다'의 의미를 정확히 파악해야 한다고 생각되는바, ≪표준국어대사전≫에 제시된 '덮이다'의 의미는 대략 다음과 같습니다.

의미	용례
1. 물건 따위가 드러나거나 보이지 않도록 넓은 천 따위가 얹혀서 쓰이다.	밥상은 예쁜 상보로 덮여 있었다.
2. 그릇 같은 것의 아가리가 뚜껑 따위로 막아지다.	비가 와서 급히 옥상에 가 보니 항아리는 이미 널빤지로 덮여 있었다.
3. 일정한 범위나 공간이 빈틈없이 휩싸이다.	앞에 보이는 산은 검은 구름에 완전히 덮여서 그 형체가 잘 보이지 않았다.
4. 어떤 사실이나 내용 따위가 따져 드러나지 않고 그대로 두거나 숨겨지다.	그는 과거의 부끄러운 행적이 최근의 선행에 덮이기를 내심 바라고 있었다.
5. 펼쳐져 있는 책 따위가 닫히다.	바람이 불자 펼쳐져 있던 책이 저절로 덮였다.

여기에서 보듯이, 우리말 동사 '덮이다'는 다섯 가지 정도의 의미를 지니며 이들은 모두 동사 '덮다'의 피동형이라는 특징을 지니고 있습니다. 그

렇다면, 이와 같은 의미 특성을 지니는 '덮이다'를 (1)에서처럼 '*덮히다'로 잘못 쓰는 오류가 빈번하게 나타나는 것은 무엇 때문일까요? 추측이긴 하지만, '덮이다'와 형태와 의미는 다르면서 발음은 동일한 '덥히다'와의 혼동 때문이 아닐까 합니다.

　주지하다시피 '덥히다'는 형용사 '덥다'의 사동형으로서 "몸에 느끼는 기운을 뜨겁게 하거나 사물의 온도를 높게 하다."라는 정도의 의미를 지니고 있습니다. '덮이다'와 '덥히다'의 이와 같은 의미와 형태의 차이에도 불구하고 발음은 둘 다 [더피다]인 셈이니 '덮이다'를 잘못 '*덮히다'로 인지하는 것, 바로 이것이 오류의 원인이라고 할 것입니다. 아무튼 서로 구별해서 써야 할 우리말 동사에 '덮이다'와 '덥히다'가 있으며, 이를 '*덮히다'로 인지하거나 쓰는 것은 잘못된 것임을 잘 알아 두셨으면 합니다.

'마음먹다'와 '결심하다'

기억을 더듬어 보면 묵은해와 새해가 갈리던 지난 12월 31일 자정, 33번의 제야의 종소리가 울려 퍼지던 바로 그 순간에 우리는 '올해는 좀 달라져야지.'라는 생각을 하며 여러 가지 계획들을 세웠었습니다. 그러나 내일이면 청양의 해 운운하며 새로운 해를 맞이하게 된 기쁨을 노래한 지 벌써 열아흐레이니, 지금쯤 '모든 것이 작심삼일이었구나.'라는 것을 인정할 수밖에 없는 때가 되었는지도 모릅니다.

'작심(作心)'이란 말 그대로 마음을 단단히 먹는 것이니. '작심삼일'이란 마음에 품은 계획이 사흘을 넘기지 못한다는 것으로 결심이 단단하지 못하고 흐지부지되는 것을 말합니다. 어쩌면 우리는 처음부터 '작심삼일'의 순간이 오리라는 것을 모르지 않았지만, 몇 가지에 대해서는 '굳게 마음을 먹고', 또 몇 가지에 대해서는 '큰 결심을 하며' 새해의 계획을 세웠으리라 생각합니다.

흥미로운 사실은 어떤 일에 대해 '마음을 먹는 것'과 '결심을 하는 것'은 비슷하면서도 정작은 상당한 차이가 있는 말이라는 것입니다. 이와 같은 차이는 우리말 동사 '마음먹다'와 '결심하다'의 차이를 통해 파악할 수 있습니다. 우선 다음 문장을 보기로 하시지요.

(1) ㄱ. 유경미 아나운서는 자신의 이미지 쇄신을 위해 새해부터는 술을 자제하기로 마음먹었다.
ㄴ. 세 사람은 즉석에서 은신골로 가기로 마음먹고 대충 계획을 세우곤 집으로 돌아왔다.
(2) ㄱ. 강남은 데뷔 초 미소년 이미지였던 자신의 영상을 보며 관리의 필요성을 느껴 변심을 결심했다.
ㄴ. 16일 방송된 MBC '나 혼자 산다' 88회에서는 전현무가 코골이 치료를 결심하는 장면이 그려졌다.

언뜻 보면 큰 차이가 없는 것처럼 보이지만 (1)에서 쓰인 '마음먹다'는 소소한 일상적 행위를 하거나(1ㄱ) 기분에 따라 가볍게 생각해서 금방 행동에 옮길 수 있는 일(1ㄴ)에 어울립니다. 이와는 달리, (2)의 '결심하다'는 오랜 생각이나 노력, 시간을 요하는 일에 쓰는 것이 더 적절합니다. 물론 '마음먹다'와 '결심하다'는 서로 바꾸어 쓸 수 있는 경우도 있긴 하지만, '결심하다'는 '마음먹다'에 비해 한층 더 단호한 의지가 수반되어 있으며, 일반적으로 실현하기 힘들거나 실천이 어렵고 긴 시간을 필요로 하는 경향이 있습니다. 따라서 '마음먹다'는 일반적으로 가볍게 해보는 일에, '결심하다'는 해 내기가 쉽지 않은 일에 쓰는 것이 더 적절하다고 할 수 있습니다.

한편, '마음먹다'와 '결심하다'는 구문론적으로도 차이를 보이는 것이 특징입니다. 즉, (1)의 예문에서 보듯이 '마음먹다'는 '~하기로'나, 다음 문장들에서처럼 '굳게, 단단히, 모질게' 등과 같은 부사 뒤에 주로 분포하는 경향이 있습니다.

(3) ㄱ. 사실 당분간 오지 않으려고 굳게 마음먹었습니다만 뜻대로 되지 않더 군요.

ㄴ. 평소에 눈물이 많아서 울지 않으려고 단단히 마음먹고 녹화에 임했는데 역시나 눈물이 너무 많이 나서 참느라 혼났다.

ㄷ. 금연은 대부분 작심삼일(作心三日)로 끝나는 경우가 많은 것 같다. 모처럼 모질게 마음먹고 달려들어 봤지만 불발하고 마는 것은 담배가 지닌 중독성 때문이다.

이와 같이 '마음먹다'가 주로 부사 뒤에 쓰이는 것과 달리, '결심하다'는 주로 '~을 결심하다'의 형식으로 목적어 뒤에서 쓰이는 것이 일반적입니다. '변심을 결심하다', '치료를 결심하다'와 같은 (2)의 문장이 그 예라고 할 수 있지요.

끝으로 한 가지를 덧붙이자면, '마음먹다'는 '마음을 먹다'라는 동사구에서 비롯된 것이긴 하지만, 하나의 단어로 어휘화된 것입니다. 따라서 다음 예들에서 보듯이 '마음먹다'를 '*마음 먹다'로 띄어 쓰면 안 되는 것이 특징입니다.

(4) ㄱ. 그는 자신을 보고서도 모르냐며 독하게 *마음 먹고 소매치기 일을 뚝 끊어버리라고 신신당부했다.

ㄴ. 모질게 *마음 먹고 이겨냈지만, 그는 결국 아이들의 강압에 의해 맞는 아이에서 때리는 아이가 되고 말았다.

'연(간)'과 '년(간)'

국제노동기구(ILO)는 지난 20일, ≪세계 고용과 사회 전망-트렌드 2015≫라는 이름의 보고서를 통해 "세계 경제가 새로운 저성장 시기에 들어서 앞으로 몇 년간 실업률이 계속 증가할 것이며 결국 소득 불균형과 여러 사회 소요가 발생할 것으로 전망된다."라고 밝혔습니다. 계속되는 경기 불황과 날로 심각해져 가는 청년 실업의 문제가 단순히 국가 차원의 문제가 아니라 세계 경제가 직면하고 있는 저성장의 문제일 수 있다는 사실 앞에서 좀 아뜩하였습니다. 우리의 젊은이들이 처해 있는 취업난의 돌파구가 이 세상 어느 곳에도 없는 것처럼 보이는 데 대한 불안감 때문이었습니다.

어쨌든 이러한 걱정이 없지 않은 가운데 '우리말 편지'의 필자로서 주목할 수밖에 없었던 것은 '앞으로 몇 년간'이었습니다. 한자어 '年間'의 표기와 관련하여, 두음 법칙과 무관한 '년간'을 두음 법칙이 적용되어야 하는 '연간'과 구별해야 한다는 생각이 들었기 때문이지요. 우선 다음 문장들을 보기로 하시지요.

(1) ㄱ. 연간 보고서란 연간 매출 결과 등을 정리하여 상부에 보고하기 위해 작성하는 문서를 말한다.

　　ㄴ. 25일 기아차에 따르면 연간 120대 이상 판매한 99명은 '기아 스타(KIA STAR)', 180대 이상 판매한 18명은 '기아 슈퍼스타(KIA SUPER STAR)', 전국 상위 판매 순위 10명에게는 '기아 판매왕' 상이 수여됐다.

(2) 서울중앙지검 형사7부는 현역병 입대를 피하기 위해 수년간 정신병을 앓고 있는 것처럼 거짓 행세를 해 현역 입영 대상자에서 제외된 혐의로 김 씨를 불구속 기소했다고 밝혔다.

(3) ㄱ. 예스 24 관계자는 "주문 폭주로 서버가 다운됐다."며 "사이트가 다운된 건 최근 몇 년간 처음 있는 일."이라고 전했다.

　　ㄴ. 지난 시즌이 끝난 뒤 데뷔 첫 FA 자격을 얻은 안지만은 삼성과 4년간 총액 65억 원에 계약을 체결했다.

위 문장들을 보면, (1)에서는 한자어 '年間'이 '연간'으로 표기된 반면, (2)와 (3)에서는 '연간'이 아닌 '년간'으로 표기되었음을 알 수 있습니다. 그렇다면, 이와 같은 차이는 과연 무엇 때문일까요? 이는 현행 <한글 맞춤법> 규정과 관련이 있습니다. 즉, <한글 맞춤법> 제10항에서는 "한자음 '녀, 뇨, 뉴, 니'가 단어 첫머리에 올 적에는, 두음 법칙에 따라 '여, 요, 유, 이'로 적되, '냥(兩), 냥쭝(兩-), 년(年)' 등과 같은 의존 명사의 경우 두음 법칙이 적용되지 않는다."라고 규정하고 있는 것이지요. 이러한 규정을 위 문장들에 적용해 보면 (1)의 '연간'은 자립 명사이면서 어두에 쓰였으므로 두음 법칙이 적용된 반면, (2)의 '년간'은 비어두 위치에서, (3)에서는 '년간'이 의존 명사로 쓰였으므로, 두음 법칙이 적용되지 않았다는 것을 확인할 수 있습니다.

문제는 많은 국어 화자들이 (1)과 같이 두음 법칙이 적용되어야 하는 경우에도 '연간'이 아닌 '*년간'을 쓰고 있다는 것입니다. 다음이 그 사례들입니다.

(3) ㄱ. 에너지 진단을 받으면 가구당 *년간 25,500원의 전기 사용료 절감 효과가 있는 것으로 나타났다.
ㄴ. 온라인 형의 경우 *년간 1,500건 이상의 피드백 성과 목표치를, 오프라인 형의 경우는 *년간 300건을 성과 목표치로 제안함.

이러한 오류와 비슷한 유형의 오류로는 '年, 年度, 年次' 등의 한자어가 의존 명사가 아닌 자립 명사로서 어두에 쓰인 경우에 각각 '연, 연도, 연차'가 아닌 '*년, *년도, *년차'로 표기하는 것입니다. 다음 예를 좀 더 보기로 하시지요.

(4) ㄱ. 2월 중 *년 1회의 집중 캠프로서 기초 글쓰기 능력의 단기 교정을 목적으로 운영할 예정입니다.
ㄴ. 졸업 *년도가 어떻게 되시는지요?
ㄷ. 예비비 항목 가운데 일부는 *년차 보고서 및 중간보고서 작성에 할애되어야 합니다.

요컨대, '年間'을 비롯하여, '年, 年度, 年次' 등의 한자어는 (2)의 사례에서처럼 두음 법칙이 적용되지 않는 비어두 위치에 쓰이거나, (3)의 경우처럼 의존 명사로 쓰이지 않는 한, '연간, 연, 연도, 연차'로 써야 올바른 표기입니다. 특히 (4ㄴ)의 '*졸업 년도'의 경우, '졸업 연도'로 표기해야 옳으며, 따라서 '입학 연도, 출판 연도, 간행 연도, 회계 연도'의 경우 등도 마찬가지임을 잘 기억하셨으면 합니다.

'어떡하다'와 '어떻다'

　　기성 가요제의 저변이 넓지 않았던 시절, 신선한 노래와 얼굴들을 잇달아 배출함으로써 건강한 대학문화의 산실이 되어 왔던 MBC 대학가요제가 처음으로 막을 연 것은 1977년이었습니다. 1970년대 말이니, 이른바 베이비붐 세대가 20대의 청춘을 구가하던 시절, 그 시기의 문화는 청바지와 통기타, 생맥주, 장발, 미니스커트로 대변되어 왔습니다. 여기에 한 가지를 더하자면 바로 대학가요제일 것입니다. 경제적 팽창에도 불구하고 독재 정권에 의한 문화적 억압이 극심하였던 만큼 문화적 분출구로서 대학가요제의 인기는 가히 폭발적이었다고 할 수 있었던 것이지요

　　1977년 9월 3일, 문화체육관에서 열린 제1회 대학가요제는 '모래와 조약돌'이라는 의미를 지닌 서울대학교 보컬그룹 샌드페블즈가 <나 어떡해>라는 곡으로 대상을 받으면서 등장하였습니다. 그 이후 대학가요제는 젊은 이들의 폭넓은 사랑을 받으며 노사연·배철수·신해철·심수봉·유열·이정석·조하문 등 수많은 스타들의 등용문이 되었으며, 대학가는 물론 중·고교생을 비롯한 일반인들에게도 <밀려오는 파도소리에>, <돌고 돌아가

는 길>, <그때 그 사람>, <해야>, <참새와 허수아비> 등의 수많은 히트 곡들을 안겨주었습니다.

그러나 시대의 변화는 대학가요제에 대한 기대에도 영향을 미침으로써 베이비붐 세대 혹은 7080 세대의 꿈이요 희망이었던 대학가요제가 아쉽게 도 지난 2012년 제36회의 무대를 끝으로 막을 내렸습니다. 아쉬움을 한 가 지만 더 얘기하자면 많은 국어 화자들이 <나 어떡해>에 쓰인 '어떡하다' 와 '어떻다'를 구별하지 못하고 있는 것으로 보인다는 것입니다. 우선 다음 예들을 보기로 하시지요

> (1) ㄱ. 나 어떡해 너 갑자기 가버리면/나 어떡해 너를 잃고 살아갈까?
> ㄴ. 종대는 3년 동안 그가 말했던 대로 고향이 아닌 정읍에서 어떡하든 살아 보려고 바동거렸다. ≪최인호, 지구인≫
> (2) ㄱ. 네 의견은 어떤지 모르겠지만 난 그렇게 생각해.
> ㄴ. 자기가 그만치 잘못을 뉘우치니까 그만 용서하여 주시면 어떻겠습 니까?

이러한 문장들에서 쓰인 '어떡하다'와 '어떻다'는 밀접한 관련이 있습니 다. 그도 그럴 것이 (1)에서 쓰인 '어떡하다'는 '어떻게 하다'가 줄어든 말 이니 (2)에서 쓰인 '어떻다'에서 비롯된 말이라고 할 수 있다는 것이지요 따라서 (1)의 용례는 다음과 같이 바꿔 쓸 수 있음이 특징입니다.

> (1) ㄱ'. 나 어떻게 해 너 갑자기 가버리면/나 어떻게 해 너를 잃고 살아갈까?
> ㄴ'. 종대는 3년 동안 그가 말했던 대로 고향이 아닌 정읍에서 어떻게 하 든 살아 보려고 바동거렸다. ≪최인호, 지구인≫

이와 같은 언어적 사실에 비추어 볼 때 우리는 '어떡하다'는 '어떻게 하다'로 복원이 가능한 맥락에서 쓰인다고 할 수 있습니다. 몇 가지 사례를 좀 더 들면 다음과 같습니다.

(3) ㄱ. 어떡하다/어떻게 하다 집 짓는 것이 서로 간에 이렇게 고통스러운 일이 되어 버렸을까?
   ㄴ. 북측 상봉자 김태운(81) 할머니 동생 김사분(75) 할머니는 언니가 도착 전부터 눈물을 흘리면서 "우리는 64년 만에 만났는데 이렇게 이별 이래, 어떡하면/어떻게 하면 좋아"하면서 흐느꼈다.

한편, (2)에서 쓰인 '어떻다'는 '어떠하다'가 줄어든 말로서, 모음 어미나 종결어미 '-네' 앞에서는 탈락하는 것이 특징입니다. 다음을 보기로 하시지요.

(4) ㄱ. 다수당의 대표가 총리가 돼 행정부를 총괄하니 당정 관계가 어떠니/어떠하니, 대통령과 국무총리의 관계가 어떠니/어떠하니 하는 말이 나올 수 없다.
   ㄴ. 관계대명사 who가 목적격으로 사용될 때는 어떨/어떠할 때인가요?

이러한 문장들에서 쓰인 '어떠니'와 '어떨'은 각각 '어떠하니'와 '어떠할'이 줄어든 말입니다. 주의해야 할 것은 (4ㄱ)과 같은 맥락에서 '*어떻니'는 쓰일 수 없다는 것입니다. '어떻다'의 어간 말음 /ㅎ/가 모음 어미 '-으니' 앞에서 탈락한 결과 '어떠니'가 쓰인 것이기 때문입니다. 결과적으로 우리말에서 '*어떻니'라는 활용형은 쓰이지 않는바, 이와 같은 언어적 사실 또한 눈여겨 볼만한 것임을 잘 알아 두셨으면 합니다.

'도긴개긴'과 '*도찐개찐'

우리나라 코미디 프로그램 중 최장수 프로그램을 들라 하면 누구든 <개그 콘서트>, 줄임말로 <개콘>을 떠올리는 데 주저하지 않으리라 생각합니다. 1999년 9월 4일에 첫 방송이 이루어졌으니, 햇수로 무려 17년 동안 <개콘>은 매주 일요일 밤 보통사람들로 하여금 팽팽하기만 했던 긴장의 끈들을 풀어 놓고 마음껏 웃어도 좋은 시간을 제공해 왔습니다.

유쾌한 웃음과 함께 <개콘>이 우리에게 남긴 것은 많은 유행어들입니다. '느낌 아니까!'를 비롯하여 '고객님, 많이 놀라셨죠?', '하지 마시옵소서!', '명치를 빡, 끝!', '아이고, 의미 없다' 등등의 대사들이 유행어가 되어 사람들의 마음을 쉴 새 없이 노크하고 있다고 해도 틀린 말이 아니겠지요 근래 들어서는 '*도찐개찐'이라는 말이 2음보의 운율까지 갖추고 시청자들의 눈과 귀를 사로잡고 있는데, 이는 도토리 키 재기의 상황을 유쾌하게 보여주는 코너의 이름에서 비롯된 것입니다.

문제는 '*도찐개찐'이 정확한 표준어가 아니라는 것입니다. 그렇다면, 표준어는 무엇일까요? 바로 '도긴개긴'입니다.

‘도긴개긴’이라는 단어의 원래 뜻이 무엇인가를 알기 위해서는 우리의 전통 민속놀이인 윷놀이에 대한 지식이 약간 필요합니다. 주지하는 바와 같이, 윷놀이는 정월의 마을 축제로서 남녀노소 누구나 신명나게 할 수 있는 놀이라는 특징을 가지고 있는데, 윷 패는 4개의 윷을 던져서 엎어지고 젖혀진 상황에 따라 ‘도·개·걸·윷·모’로 결정됩니다. 윷 3개가 엎어지고 1개가 젖혀진 것을 ‘도’라 하여 한 밭을 가고, 2개가 엎어지고 2개가 젖혀진 것은 ‘개’라 하여 두 밭을 가며, 1개가 엎어지고 3개가 젖혀진 것은 ‘걸’이라 하여 세 밭을 갑니다. 또한 4개가 모두 젖혀진 것은 ‘윷’이라 하여 네 밭을 가고, 4개가 모두 엎어진 것은 ‘모’라 하여 다섯 밭을 가지요.

윷 패에 따라 밭 수를 계산하는 근거는 동물의 걸음걸이에서 찾는 것이 특징입니다. ‘도’는 돼지, ‘개’는 개, ‘걸’은 양, ‘윷’은 소, ‘모’는 말을 상징하는 것이지요. ‘도긴개긴’은 바로 이러한 밭 수와 관련이 있습니다. 이를 이해하기 위해서는 먼저 ‘긴’의 개념을 알아야 하는데 《표준국어대사전》에 따르면 ‘긴’은 “자신의 말로 남의 말을 쫓아 잡을 수 있는 거리.”를 의미합니다. ‘긴’의 개념을 이해하셨다면 이제는 ‘도긴개긴’의 차례일 터, 위에서 설명한 바와 같이, 윷패에서 ‘도’는 한 밭을, ‘개’는 두 밭을 가게 되니 그 차이가 별로 없다는 뜻으로 ‘도긴개긴’은 결국 ‘오십보백보’ 혹은 ‘거기서 거기’ 정도의 의미를 지니게 됩니다.

그렇다면 ‘도긴개긴’이 <개콘>에서 ‘*도찐개찐’으로 잘못 사용되고 있는 까닭은 무엇일까요? 이는 국어 방언들이 수행한 음성 변화(sound change)와 관련이 있습니다. 즉, ‘도긴개긴’과 ‘*도찐개찐’을 대조해 보면, 두 단어 간의 차이는 ‘긴’과 ‘찐’에 의한 것임을 금방 알 수 있는데, 이는 다음과 같은 두 가지 음성 변화의 결과라고 할 수 있는 것이지요.

(1) 긴>진('ㄱ' 구개음화)
(2) 진>찐(어두경음화)

　　결국, <개콘>의 작가는 대세에 영향을 주지 않는 사소한 차이를 가리키는 말로 표준어형 '도긴개긴'이 아닌 방언형 '도찐개찐'을 활용하여 "저렴한 전셋집과 허니버터칩은 '도찐개찐'이다. 구하기가 힘들어서다!"와 같은 개그를 통해 뭇 사람들의 불편한 심기를 그럴듯하게 대변하고 있습니다. 다음과 같은 문장에서 쓰인 '도긴개긴' 또한 그와 같은 의도를 잘 표현해 주는 사례입니다.

(3) ㄱ. 라면이 설익었다며 기내에서 행패를 부린 포스코의 '라면 상무'나 땅콩 서비스를 문제 삼아 비행기를 탑승구로 돌리게 한 '땅콩 회항' 사건의 장본인 조현아 전 대한항공 부사장이나 도긴개긴이다.

　　ㄴ. 모자란 사람을 넘치는 자리에 앉히려는 쪽이나 준다고 염치없이 덥석 받으려는 쪽이나 도긴개긴이다.

'쇠어'와 '쇄'

바야흐로 내일모레가 설날이니 요 며칠 새 우리들의 화두는 당연히 '설을 쇠는 일'인 듯합니다. 민족 최대의 명절인 만큼 고향을 방문하여 조상들께 차례를 지내는 일에서부터 가까운 친지들과 어른들께 세배를 드리는 일 등등이 우리를 기다리고 있기 때문이라고 할 수 있겠지요.

'쇠다'라는 우리말 동사는 "명절을 비롯하여 생일이나 기념일 같은 날을 맞이하여 지내다."라는 뜻을 가지고 있습니다. 구체적으로는 다음과 같은 방식으로 활용되는 단어이지요.

(1) ㄱ. 해마다 설을 쇠고 나면 둘 또는 세 명씩 조를 짠 듯한 여인들이 몰려 오곤 했었다.
　　ㄴ. 하지만 이후 불어 닥친 매서운 추위는 아직 설도 쇠지 않았음을 일깨워 줬다.
(2) ㄱ. 자네 덕에 생일을 잘 쇠어서/쇄서 고맙네./
　　ㄴ. 쇤네는 설을 쇠었으니/쇘으니 스물이옵고 대불이 놈은 열일곱이옵니다. ≪문순태, 타오르는 강≫

(1)은 어간 '쇠-'가 자음으로 시작하는 어미 '-고'나 '-지'와 결합한 것이고, (2)는 '쇠-'가 모음 '-어'로 시작하는 어미 '-어서'나 '-었-'과 결합

한 것이라는 차이를 가지고 있습니다. 이러한 활용형들 가운데 (2)의 '쇠어서', '쇠었으니'는 우리말에서 나타나는 이른바 준말 형성 규칙에 의해서 '쇄서', '쇘으니'로 줄어들 수 있는데, 이러한 유형의 준말 형성은 '-어서'나 '-었-'뿐만 아니라 '-어'로 시작하는 모든 어미들과의 결합에서 공통으로 적용되는 것이 특징입니다.

(3) ㄱ. 설은 나가서 쇠어도/쇄도 보름은 집에서 쇠어야/쇄야 한다.
　　ㄴ. 우리나라에서 설 명절은 고조선 시기부터 크게 쇠어/쇄 오던 명절이다.
　　ㄷ. 지난 6일 오후 7시쯤 정보계장이 인사하러 와서 이야기를 나누다 "추석 잘 쇠어라/쇄라."며 봉투를 놓고 간 것이 문제였다.

흥미로운 사실은 (2)와 (3)의 예에서와 같은 준말 형성 규칙은 '쇠-'뿐만 아니라 동일한 음절 구조로 이루어진 어간들, 곧 '괴-', '되-', '뵈-', '쐬-', '죄-', '쬐-' 등에도 똑같이 적용된다는 것입니다. 다음이 그 예들입니다.

(4) ㄱ. 가지를 늘어뜨리고 서 있는 품이 한 그루 한 그루의 나무가 흡사히 괴어/괘 놓은 차례탑과 같다. ≪정비석, 비석과 금강산의 대화≫
　　ㄴ. 통조림에는 내용물의 품종, 제조 공장 및 제조 연월일 등을 뚜껑 중앙에 표시하도록 되어/돼 있다.
　　ㄷ. 조금 이따 뵈어요/봬요.
　　ㄹ. 나는 선실로 들어갈 생각도 없이 으스름한 갑판 위에 찬 바람을 쐬어/쐐 가며 웅숭그리고 섰었다. ≪염상섭, 만세전≫
　　ㅁ. 일본의 5만 군사는 남원성을 겹겹이 둘러싸고 바짝바짝 죄어/좨 왔다. ≪문순태, 피아골≫
　　ㅂ. 해수욕장에서 햇볕을 너무 많이 쬐어/쫴 피부에 화상을 입었다.

문제는 이러한 준말 형성 규칙에 대한 이해가 부족한 경우, 오류를 범하기 쉽다는 것입니다. 다음이 그 예입니다.

(5) ㄱ. 설은 나가서 *쇠도 보름은 집에서 *쇠야 한다.
　　ㄴ. 통조림에는 내용물의 품종, 제조 공장 및 제조 연월일 등을 뚜껑 중앙
　　　에 표시하도록 *되 있다.
　　ㄷ. 조금 이따 *뵈요.

요컨대, 이러한 활용형들은 '쇠어도, 쇠어야, 되어, 뵈어요'를 본말로 하며, 올바른 준말형은 '쇄도, 쇄야, 돼, 봬요'가 되어야 합니다. 이들은 모두 '-어'로 시작하는 어미와 결합하는 경우에만 사용될 수 있는 준말형들로서 만일 '-어'로 시작하지 않는 경우에 준말을 만들거나 '*쇄어도, *쇄어야, *돼어, *봬어요' 등의 경우처럼 준말이 형성된 뒤에 또 다시 '-어' 계열의 어미를 결합하게 되면 모두 다 잘못된 활용형들인 셈입니다. 특히 "조금 이따 *뵈요"의 '*뵈요'는 가장 자주 범하는 오류라고 할 수 있으니, 이번 설날 떡국 한 그릇을 맛있게 드신 후에는 영영 잊어 버리셔도 좋을 듯합니다.

'홑화살괄호'와 '겹화살괄호'

설날 아침, 우리가 '첨세병(添歲餠)'이라는 이름의 흰 떡국을 먹음으로써 한 살의 나이를 더하고 있을 때, 태양의 둘레를 따라 부단한 정진을 계속하고 있던 지구의 절기(節氣)는 어느덧 눈이 비로 변하고 얼음이 녹아 물이 되는 날인 우수(雨水)에 접어들었습니다. 입춘(立春)과 경칩(驚蟄) 사이의 절기이니 바야흐로 계절은 두꺼운 옷을 벗듯 겨울을 벗고 봄을 향하여 부지런히 발걸음을 옮기고 있다고 해도 틀린 말이 아닐 것입니다. 계절의 변화란 아침에 해가 떠서 저녁이면 지는 것처럼 범상한 일이지만, 겨울이 가고 봄이 오는 것만큼은 늘 가슴을 설레게 하는 일이어서 모두들 나뭇가지에 움이 트고 꽃망울이 부풀고 따스한 기운이 대지를 감싸게 될 날을 손꼽아 기다리고 있으리라 믿습니다.

새로운 변화는 해가 바뀌는 순간에도 적지 않았습니다. 1988년에 개정된 바 있는 <한글 맞춤법>의 '부록' 안에 자리 잡고 있던 '문장 부호'가 26년 만에 새 옷을 입고 올해 1월 1일부터 시행된 것도 그 가운데 하나입니다. 1988년 당시의 '문장 부호'가 원고지 중심의 전통적인 글쓰기 환경에 맞추어 제정되었던 것이어서 현재와 같은 컴퓨터와 인터넷 중심의 환경에서는 맞지 않는 것도 없지 않았던 데다가 새로운 환경에서 널리 쓰이게 된 '문장 부호'들이 적지 않은 데서 비롯된 개정 및 시행이었습니다.

종전의 '문장 부호' 규정은 24종(가로쓰기 20종, 세로쓰기 4종) 66항목인 반면, 새로운 규정은 가로쓰기만 24종 94 항목(신설 47항목, 삭제 19항목)이어서 상당히 많은 항목의 신설이 이루어졌다고 할 수 있습니다. 주요 변경 사항을 정리한 결과는 다음과 같습니다.

변경 사항	종전 규정	설명
가로쓰기로 통합(24종)	세로쓰기 부호 별도 규정 (가로쓰기 20종, 세로쓰기 4종)	세로쓰기 부호인 '고리점(。)'과 '모점(、)'은 개정안에서 제외. '낫표(「 」, 『 』)'는 가로쓰기 부호로 용법을 수정하여 유지하고 '화살괄호(〈 〉, 《 》)'를 추가.
문장부호 명칭 정리	'.'는 '온점' ','는 '반점'	부호 '.'와 ','를 각각 '마침표'와 '쉼표'라 하고 기존의 '온점'과 '반점'이라는 용어도 쓸 수 있도록 함.
	'〈 〉, 《 》' 명칭 및 용법 불분명	부호 '〈 〉, 《 》'를 각각 '홑화살괄호'와 '겹화살괄호'로 명명하고 각각의 용법 규정.
부호 선택의 폭 확대	줄임표는 '……'만	컴퓨터 입력을 고려하여 아래에 여섯 점(......)을 찍거나 세 점(…, ...)만 찍는 것도 가능하도록 함.
	가운뎃점, 낫표, 화살괄호 사용 불편	가운뎃점 대신 마침표(.)나 쉼표(,)도 쓸 수 있는 경우 확대. '낫표(「 」, 『 』)'나 '화살괄호(〈 〉, 《 》)' 대신 따옴표도 쓸 수 있도록 함.
항목 수 증가 (66개→94개)	항목 수 66개	소괄호 관련 항목은 3개에서 6개로, 줄임표 관련 항목은 2개에서 7개로 늘어나는 등 전체적으로 28개 증가.

이상에서 보듯이, 지난해 12월 5일에 고시되어 올 1월 1일부터 시행하기

로 한 '문장부호'의 개정 내용은 상당히 여러 가지인 셈입니다. 개정 내용 가운데 눈여겨 볼만한 것으로는 종전에는 제대로 된 명칭이 없었던 부호 '< >, ≪ ≫'를 각각 '홑화살괄호'와 '겹화살괄호'로 명명하고 그 용법을 새롭게 규정한 것을 들 수 있습니다. 그렇다면 이러한 부호의 용법은 무엇일까요? 구체적인 용법 및 용례를 제시하면 다음과 같습니다.

부호	용법	용례	비고
홑화살괄호 (〈 〉)	소제목, 그림이나 노래와 같은 예술작품의 제목, 상호, 법률, 규정 등을 나타낼 때.	〈한강〉은 사진집 ≪아름다운 땅≫에 실린 작품이다.	'홑낫표(「 」)'나 '작은따옴표(' ')' 로 대체 가능.
겹화살괄호 (≪ ≫)	책의 제목이나 신문 이름 표시.	≪한성순보≫는 우리나라 최초의 근대 신문이다.	'겹낫표(『 』)'나 '큰따옴표(" ")' 로 대체 가능.

이와 같은 언어적 사실 외에 '문장 부호'의 용법에 대한 변화는 특기할 만한 사항이 적지 않은 듯합니다. 이에 대해서는 이어지는 편지들에서 좀 더 다루기로 하겠습니다.

'3.1절'과 '3·1절'

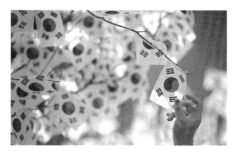

기미년 삼월 일일 정오
터지자 밀물 같은 대한독립만세
태극기 곳곳마다 삼천만이 하나로
이 날은 우리의 의요 생명이요 교훈이다
한강물 다시 흐르고 백두산 높았다
선열하 이 나라를 보소서
동포야 이 날을 길이 빛내자

주지하는 바와 같이 이 가사는 바로 오늘 불렀던 '삼일절' 가사입니다. 듣기만 하여도 가슴이 뜨거워지는 것을 보면, 우리의 마음속에 아직도 조국이니 동포니 하는 이름의 따뜻한 혈구들이 활발하게 살아 움직이고 있는 게 아닐까 합니다. 당시에 이루어진 조선총독부의 공식 집계에 따르면, '3.1 운동'은 조선인 106만 명이 참가하여 진압 과정에서 553명이 사망,

12,000명이 체포되었던 엄청난 사건이었으니, '삼일절'은 우리의 가슴을 뜨겁게 데우는 데 전혀 부족함이 없는 날이라고 할 것입니다. 그도 그럴 것이 어디까지나 평화적으로, 칼과 창이 아닌 태극기를 손에 들고 "朝鮮(조선)의 獨立國(독립국)임과 朝鮮人(조선인)의 自主民(자주민)임을 宣言(선언)"하였던 민족 운동이었으니 영원히 기억해야 할 뜻 깊은 역사적 사건이라고 할 수 있겠지요.

흥미로운 언어적 사실은 아라비아 숫자로 '삼일절'을 표기하고자 할 때 지난해까지는 가운뎃점을 사용하여 '3·1절'이라고 표기하는 것이 원칙이었으나, 문장 부호의 개정이 이루어진 올해 1월 1일부터는 '3.1절'로 표기하는 것이 원칙으로 자리를 잡았다는 것입니다. 다음 예들을 보기로 하시지요.

(1) ㄱ. 박근혜 대통령이 1일 오전 서울 종로구 세종문화회관에서 열린 제96주년 3.1절 기념식에서 기념사를 하고 있다.
ㄴ. 제96주년 3.1절인 1일, 만세운동 재현 행사가 경북 포항시 북구 송라면 대전리 3.1의거 기념관 앞에 열린 가운데 이강덕 포항시장, 이병석 새누리당(포항북)의원과 시민 등 300여 명이 대한독립만세 삼창을 외치고 있다.

위와 같은 언론 보도를 통해 알 수 있듯이, 이제 '3.1절'을 비롯한 국경일 또는 국가 기념일의 표기는 '가운뎃점' 아닌 '마침표'로 표기하는 것이 원칙이어서, 컴퓨터 자판에 없는 특수문자를 찾아 입력해야 하는 불편을 감수하지 않아도 됩니다. 그러나 이러한 문장 부호법의 개정에서 놓쳐서는 안 될 사실 가운데 하나는 기존의 '3·1절'은 원칙은 아니되 허용이 가능한 표기법으로 자리를 잡았다는 것입니다.

새로운 문장 부호법에서는 컴퓨터와 인터넷 중심의 환경에서 편리하게 사용할 수 있는 표기법을 원칙으로 하면서도 기존의 표기 방식을 허용하거나, 기존 표기 방식 외에도 일상적으로 널리 사용되어 온 표기법을 예외적으로 인정하는 경우가 적지 않습니다. 다음은 그러한 사례를 하나의 표로 정리한 것입니다.

원칙	허용	비고
3.1 운동	3 · 1 운동	
금 · 은 · 동메달	금, 은, 동메달	
나폴레옹은 "내 사전에 불가능은 없다."라고 하였다.	나폴레옹은 "내 사전에 불가능은 없다"라고 하였다.	
3. 2.~3. 8.이 3월 첫째 주입니다.	3. 2.–3. 8.이 3월 첫째 주입니다.	
네 말도 옳긴 하지만…….	① 네 말도 옳긴 하지만…… ② 네 말도 옳긴 하지만…. ③ 네 말도 옳긴 하지만…	점은 6개 또는 3개.
① 베르디가 작곡한 「축배의 노래」 ② 베르디가 작곡한 <축배의 노래>	베르디가 작곡한 '축배의 노래'	
① 1896년에 창간된 『독립신문』 ② 1896년에 창간된 ≪독립신문≫	1896년에 창간된 "독립신문"	

　위와 같이 새로이 개정된 문장 부호법에서는 종전의 표기법과 달리 예외적인 표기법을 상당히 여러 가지로 허용하고 있음이 특징입니다. 그러나 여전히 종전의 표기 규정을 따르는 사례도 적지 않습니다. '연월일' 대신 마침표를 쓸 경우, '일' 뒤에도 마침표를 찍어야 한다는 것도 그러한 사례 가운데 하나입니다. 따라서 우리의 새 학기는 '2015년 3월 2일' 혹은 '2015. 3. 2.'에 시작한다는 식으로 표기해야 한다는 사실을 잊지 않으셨으면 합니다.

'냄새'와 '내음'

어제오늘 부쩍 달라진 바람결을 느끼며 '드디어 봄이로구나.' 하는 생각에 두꺼운 겨울 외투를 벗고 가벼운 봄옷으로 갈아입고 싶은 충동을 느꼈던 분들이 적지 않았을 것입니다. 동백과 매화는 물론이거니와 생강나무며 산수유가 차례로 꽃망울을 터트릴 준비를 하고 있는 때가 되었으니 이제 조금만 있으면 대지엔 온갖 '봄 내음'들이 가득 차겠지요.

무릇 '봄 내음'의 정체란 '꽃 내음' 아니면 '풀 내음'에서 비롯되는 것이라고 할 수 있을 것인데, 그럼에도 불구하고 우리의 표준어 정책은 오랫동안 '내음'에 비표준어의 자격을 부여하였다가 2011년 8월 31일에 이르러서야 표준어로 인정하였습니다. 흥미로운 언어적 사실은 '냄새'의 의미를 "코로 맡을 수 있는 온갖 기운."이라고 정의한 것과 달리, '내음'은 "코로 맡을 수 있는 나쁘지 않거나 향기로운 기운."이라고 정의하였다는 것입니다. 이러한 정의에 따르면, '냄새'의 의미 범주는 보편적이어서 좋은 기운이건 나쁜 기운이건 후각의 대상이 되는 온갖 냄새를 다 포함하지만, '내음'은 나쁜 냄새를 제외한 좋은 냄새만을 포함한다고 할 수 있습니다.

의미 범주의 차이 외에 '냄새'와는 달리 '내음'은 그 사용 범위가 주로 문학적 표현으로 제한되어 있어 사용역(使用域)의 차이를 보이는 것이 특징입니다. 다음을 보기로 하시지요.

(1) ㄱ. 내 가슴속에 가늘한 내음 / 애끈히 떠도는 내음 //
　　　저녁해 고요히 지는 제 / 머-ㄴ 산허리에 슬리는 보랏빛 //
　　　오! 그 수심 뜬 보랏빛 / 내가 잃은 마음의 그림자 //
　　　한 이틀 정열에 뚝뚝 떨어진 모란의 /
　　　깃든 향취가 이 가슴 놓고 갔을 줄이야
　　　　　　　　　　　　　　　　　— 김영랑, <가늘한 내음>에서
　　ㄴ. 상긋 풀 내음새 / 이슬에 젖은 초원. // 종달새 노래 위로 / 흰 구름
　　　지나가고, // 그 위에 푸른 하늘이 / 높이 높이 열렸다.
　　　　　　　　　　　　　　　　　— 이호우, <草原> 전문

김영랑과 이호우의 시편들에 쓰인 '내음'의 사례를 통해 알 수 있듯이, 국어의 어휘들 가운데는 '일상어'와 '문학어'의 영역으로 그 사용역을 구분해서 써야 하는 어휘들이 상당수 발견되는데, 여기에는 두 가지 부류가 있습니다. 첫째 부류로는 '내음'과 마찬가지로 2011년 8월 31일에 새로이 표준어의 범주에 자리를 잡은 '뜨락'과 '나래'를 그 예로 들 수 있습니다. 이두 단어는 일상어로 주로 쓰이는 '뜰'과 '날개'와 대조적으로 문학어에서 주로 쓰이며, 종래에는 비표준어였다가 최근 들어 표준어의 대열에 합류하게 되었다는 공통점을 지니고 있습니다.

'일상어'와 '문학어'의 영역으로 그 사용역이 구분되는 또 다른 부류의 어휘로는 다음과 같은 것들이 있습니다. 이들은 전통적으로 일상어와 문학어의 범주로 구분되어 사용되어 온 것들이라고 할 수 있지요.

일상어	문학어	비고
가득하다	그득하다	
낮다	나지막하다	
크다	커다랗다	
작다	자그맣다	본말은 '자그마하다'임.
얕다	야트막하다	
멀다	멀찍하다	
두껍다	두툼하다	

 이상에서 살펴본 바와 같이, 국어 어휘들 가운데 상당수가 일상어와 문학어로 구분되어 사용되는 가운데 최근 들어서는 표준어의 대열에 합류한 것들도 적지 않습니다. 물론 그 사용역의 구분이 엄격한 것은 아니어서 서로 바꾸어 쓸 수 없는 것은 아니지만 바람에도 결이 있듯이, 말에도 결이 있는 법이니 상황과 맥락에 따라 적절한 어휘를 선택하여 쓰는 것이 좋을 듯합니다.

'한둘'과 '한두'

주지하는 바와 같이, 사물의 수량이나 순서를 나타내는 단어의 갈래를 일컬어 '수사(數詞)'라고 합니다. 수량을 나타내는 것을 '양수사(量數詞)', 순서를 나타내는 것을 '서수사(序數詞)'라고 하지요

우리말 수사의 특징으로는 몇 가지를 들 수 있는데, 그 가운데 하나는 수사가 고유어계와 한자어계 두 가지 어종으로 이루어진다는 것입니다. 우리말 수사의 또 다른 특징으로는 '어림수', 즉 대강의 짐작으로 계산한 결과 확실하지 않은 수를 나타내는 표현이 적지 않다는 점을 들 수 있습니다. 이와 같은 '어림수'의 발달은 양수사는 물론이거니와 서수사에서도 나타나는 공통적인 현상입니다.

양수사	서수사	비고
한둘	한두째	
두셋	두세째	
서넛	서너째	
너덧, 너더댓, 네댓, 네다섯	너덧째, 너더댓째, 네댓째, 네다섯째	

양수사	서수사	비고
대여섯	대여섯째	
예닐곱	예닐곱째	
일여덟, 일고여덟	일여덟째, 일고여덟째	
엳아홉	엳아홉째	
여남은	여남은째	열이 조금 넘는 수.

이와 같은 '어림수'의 체계를 살펴보면, '너덧'이나 '일여덟'은 이형태가 발달하여 '너덧'의 경우, '너더댓, 네댓, 네다섯' 등과 같은 이형태가, '일여덟'의 경우는 '일고여덟' 같은 이형태가 또한 쓰인다는 것이 특징입니다. '어림수'의 체계와 관련하여 또 한 가지 특징적인 사실은 양수사 가운데 '한둘, 두셋, 서넛'은 수사가 아닌 관형사로 쓰일 경우, 형태의 변화를 겪는다는 것입니다.

수사	관형사	비고
한둘	한두	'한 둘'이나 '한 두'로 띄어 쓰면 안 됨.
두셋	두세	
서넛	서너	

그렇다면 이와 같은 형태들은 구체적인 문맥에서 어떻게 쓰이는 것일까요? 다음을 보기로 하시지요.

(1) ㄱ. 서남풍이 불 때면 저 굴뚝의 매연이 모두 이쪽으로 날아와 우리 마을만 하더라도 기관지를 앓는 사람이 한둘이 아니라네. ≪김원일, 도요새에 관한 명상≫

ㄴ. 그의 말에 못 이겨 서둘러 돌아와야 했던 적이 한두 번이 아니었다.
≪윤후명, 별보다 멀리≫

(2) ㄱ. 한 사람뿐이 아니었다. 적어도 두셋은 될 것이었다. ≪윤흥길, 장마≫

ㄴ. <어리고 성긴 매화>는 눈 속에도 두세 송이 꽃을 피워낸 매화에게서 그윽한 향기까지 나는 것을 통해 계절의 순환에 맞춰 어김없이 꽃을 틔우는 매화를 노래한 안민영의 연시조 <매화사(梅花詞)> 8수 중 두 번째 작품이다.

(3) ㄱ. 있는 듯 없는 듯 자연스럽게 숲을 파고드는 산책길을 따라 들어가면, 높이 25m 둘레 6m로 어른 서넛이 두 팔을 벌려야 안을 수 있을 만큼 둥치가 굵은 800년생 비자나무 조상목이 나온다.

ㄴ. 이때 귓대 밑에 벌꿀을 발라놓은 그릇을 받치고, 그 안에 장미꽃을 서너 송이 놓아두면 소주방울이 이 장미꽃을 통과하면서 순간적으로 장미꽃의 색과 향을 간직하게 된다.

위의 예들 가운데 'ㄱ'에서 쓰인 '한둘, 두셋, 서넛'은 수사로서 주어나 보어 등 문장의 주성분으로 쓰이고 있는 반면, 'ㄴ'의 '한두, 두세, 서너'는 뒤에 오는 명사를 수식하는 관형사로 쓰인 사례입니다. 이러한 예들은 수사와 관형사가 그 기능에 따라 별개의 형태로 실현된다는 것을 보여 주는 사례라고 할 것입니다. 여기에 한 가지만 덧붙이자면, 그 기능이야 어떻든 '한둘'과 '한두'는 둘 다 한 단어이므로, '*한 둘' 또는 '*한 두' 형식으로 띄어 쓰면 안 된다는 것입니다.

'너무'와 '정말'

다사로운 봄날을 기다리는 마음을 외면하고 내내 냉랭하기만 하던 날씨가 갑자기 20도를 웃도는 이상 고온 현상을 보이더니 교정의 꽃들이 한꺼번에 피고 말았습니다. 본관 앞만 하더라도 동백과 매화에 이어 산수유, 목련, 명자꽃, 살구꽃이 다투어 피었으니 말 그대로 꽃대궐을 차린 듯합니다.

유비쿼터스 시대, 어디서든 꺼내어 멋진 각도를 잡을 수 있는 스마트폰이 있으니 많은 분들이 눈으로 보는 것만으로는 모자라서 사진을 찍느라 봄꽃들 앞에 발걸음을 멈추었으리라 생각합니다. 필자 또한 살구나무 앞에서 차를 멈추고 부지런히 셔터를 눌렀지요.

문제는 봄꽃들을 모델로 하여 사진을 찍으며 "너~무 이쁘다!!"라고 탄성을 질렀다면 우리는 그 꽃들에게 상당한 결례를 한 셈이라는 것입니다. 우리말 '너무'는 "일정한 정도나 한계에 지나치게."라는 뜻을 지닌 부사이니 '이쁘다(예쁘다)'와 같은 긍정적 의미의 형용사 앞에 쓰는 것은 적절하지 않기 때문이지요.

'너무'가 "일정한 정도나 한계에 지나치게."라는 의미를 지녔다는 것은

'너무'가 주로 부정적인 상황이나 맥락에서 쓰여야 한다는 것을 의미합니다. 다음이 그 전형적인 사례입니다.

(1) ㄱ. 내가 너를 그동안 너무 몰라라 한 것도 사실이다. ≪최일남, 거룩한 응답≫
　　ㄴ. <생활의 발견>에서 처음 모니터를 볼 때 제 모습을 보기가 너무 싫었어요
　　ㄷ. 다만 화사한 봄에 쓰기에는 색상이 너무 밋밋했다
　　ㄹ. 그는 당시 너무 아쉬운 부분이 많았다며 당시 불렀던 故유재하의 '그대 내 품에'를 오디션 버전과 능글능글한 버전으로 불러 눈길을 끌었다.

위 문장들에서 보듯이 '너무'는 '몰라라 하다', '싫다', '밋밋하다', '아쉽다' 같은 부정적 상황이나 맥락에서 쓰는 것이 자연스럽습니다. 그럼에도 불구하고 다음에서 보는 것처럼 '너무'가 긍정적인 맥락에서도 아무런 주저 없이 튀어나오는 경우가 적지 않은데, 이들은 모두 적절하지 않은 예들입니다.

(2) ㄱ. 허니버터칩이 너무 맛있다는 반응을 보이는 사람들이 적지 않다고 한다.
　　ㄴ. 주부 김선화(36) 씨는 "초등학교에 입학하는 아들의 침대와 책상을 사러 나왔는데 가격이 너무 착하다."며 "아무리 살펴봐도 흠집을 찾을 수 없을 정도로 맘에 든다."고 만족해했다.
　　ㄷ. 그런데 전나무 사이로 손을 내민 단풍잎들은 또 너무도 아름다웠다.

(2)의 문장들에서는 '너무'가 '맛있다', '착하다', '아름다웠다' 등 같은

긍정적 의미의 형용사 앞에서 사용되었는바, 그렇게 되면 모두 '지나치게 맛있거나 착하고 아름답다'는 의미를 갖게 되어 긍정적 의미가 도리어 부정적인 의미로 바뀌게 됩니다. 과유불급(過猶不及)이라는 말처럼 지나친 것은 도리어 미치지 못하는 것이 되고 마니 긍정적 의미가 사라지고 마는 것이지요.

그렇다면, '너~무 이쁘다'에서의 '너무'를 비롯하여 (2)의 문장들에서 쓰인 '너무'는 어떻게 바꾸는 것이 적절할까요? 짐작하고 계시겠지만 이들은 모두 '정말' 내지는 '정말로' 정도로 바꾸어야 적절한 표현이라고 할 수 있습니다. 이와 같은 언어적 사실에 비추어 볼 때, 우리말 '너무'는 주로 부정적인 맥락에서, '정말'은 긍정적인 맥락이나 쓰는 것이 적절하다는 것을 알 수 있습니다. 물론 '정말'은 부정적인 맥락에서도 쓰일 수가 있어 '너무'와 같은 제약이 없는 것이 특징이지요.

> (3) ㄱ. 시식회에 참석한 음식전문가들은 "이번에 개발된 음식은 국물이 정말 담백하고 시원하다."라며 입을 모았다.
> ㄴ. 요즘 부산, 특히 해운대에 가면 초고층 빌딩들이 뿜어내는 빛의 향연과 바다 풍경이 정말 최고입니다.
> (4) ㄱ. 처음 2년간은 정말 힘들었습니다.
> ㄴ. 하루만 지나도 변하는 세상이 되고 보니 배우지 않으면 정말 살아가기 힘든 세상이 됐다.

요컨대, 우리말 부사 '너무'는 주로 부정적인 맥락에서, '정말'은 그와 같은 제약이 없이 사용되는 것이 특징이므로, 상황과 의미를 고려하여 두 부사를 적절히 선택하여 사용하는 것이 좋을 것입니다. 그러므로 우리의 봄꽃들을 향해 말을 건네실 때는 "너~무 이쁘다." 대신 "정~말 예쁘다."
라고 해 주시는 것이 어떨까 합니다.

> ➡ **참고**
>
> 다만, '너무 이쁘다'를 적절한 표현으로 간주하는 언어 정책의 변화가 이루어진 것에 대해서는
> 수정이 필요하다. 즉, 국립국어원은 지난 2015년 6월 22일을 기하여 일정한 정도나 한계에
> 지나치게라는 뜻의 '너무'는 일정한 정도나 한계를 훨씬 넘어선 상태로 뜻풀이를 수정하였다.
> 따라서 '너무'는 그간 부정적인 뜻 위주로 사용됐으나 '너무 좋다' '너무 예쁘다' '너무 반갑다'처
> 럼 긍정적으로 사용할 수 있게 됐다.

'성품'과 '성깔'

　　사람이 가지고 있는 여러 가지 빛깔의 감정들 가운데는 '희로애락(喜怒哀樂)'의 감정이 있어, 사람이라면 누구나 '기쁨'과 '노여움', '슬픔'과 '즐거움'이라는 이름의 감정으로 버무려진 삶을 살아가게 된다고 할 수 있습니다. 이와 같은 감정들 가운데 '노여움'이란 사전의 풀이 그대로 "분하고 섭섭하여 화가 치미는 감정."을 가리키는데, 이러한 뜻의 '노여움'은 그 스펙트럼이 상당히 넓어서 우리말의 경우, 이와 관련된 단어가 꽤 여러 가지로 존재하고 있는 것이 특징입니다.

> (1) ㄱ. 회초리를 들고 성을 낼 줄 알았는데, 선생님이 씩 웃는 게 아닌가.《김원일, 노을》
> 　　ㄴ. 배우자와 대화 시 본인의 고집이나 자존심을 내세워 욱하는 성질을 부리지 말아야 행복한 결혼생활을 지속할 수 있다.
> 　　ㄷ. 그 말을 듣자마자 그는 발끈 성깔부터 냈다.

　　이러한 사례를 통해 알 수 있듯이, 노여움 혹은 분노의 감정을 드러내는 우리말 표현에는 '성, 성질, 성깔' 등의 단어들이 있습니다. 흥미로운 것은 이러한 단어들이 모두 노엽거나 언짢게 여겨 일어나는 불쾌한 감정과 관련이 있되, 그러한 감정의 정도에 차이가 있어 '성<성질<성깔' 순서로 감정의 격한 정도가 달라진다는 것입니다. 이러한 단어 가운데 '성질'이나 '성깔'은 사람이 지닌 마음의 본바탕을 표현하는 의미로도 사용되는데, 이러한 뜻으로 사용되는 경우, 두 단어 모두 부정적 의미로 사용되되, 그 정도에 차이가 있어 '성질<성깔'의 순서로 부정적 의미가 더 강력해 진다는 것입니다.

(2) ㄱ. "내가 성질이 급해서 답답한 건 못 참아. 빨리 좀 해 봐.", 흔히 듣는 얘기다.
ㄴ. 노스님, 그놈은 타고난 성깔이 틀려먹었습니다.

이와 같이 사용되는 '성질'과 '성깔'의 의미와 관련하여, '성질'보다 '성깔'이 좀 더 강력한 부정적 의미를 지닌다고 하는 것은 '성깔'의 사전적 의미를 통해서도 짐작이 가능합니다. '성깔'은 "거친 성질을 부리는 버릇이나 태도 또는 그 성질."이라는 의미를 지니고 있기 때문이지요.

그렇다면, '성질'이나 '성깔'과 달리 사람이 지닌 마음의 본바탕을 표현하는 말로, 부정적 의미보다는 비교적 중립적이거나 긍정적인 의미로 사용되는 우리말 단어로는 무엇이 있을까요? 만일 '성격'과 '성품'을 떠올리셨다면 적절한 답이라고 할 수 있습니다.

(3) ㄱ. <아빠를 부탁해>의 네 딸들은 각기 다른 성격을 가지고 있다.
ㄴ. 착한 성격 때문에 연애하기 힘들다는 남자, 정말일까?
ㄷ. 신입사원 공채 지원 자기소개서에 피해야 할 표현들로 '급한 성격', '운이 좋은', '타고난' 등이 꼽혔다.

(4) ㄱ. 이날 장윤주는 "저보다 어리지만 성품이 선하고 성실한 나무 같은 사람입니다."라며 예비신랑을 소개했다.

ㄴ. 이 같은 행동은 평소 박 서장의 어진 성품과 효행심이 그대로 내비치는 대목이다.

여기에서 보듯이, '성격'은 의미 영역에 큰 제약이 없어 (3ㄱ)의 사례처럼 중립적 의미로 사용되거나, (3ㄴ)처럼 긍정적 의미로 사용되는 경우가 많습니다. 물론 (3ㄷ)의 사례처럼 부정적인 의미로 사용되는 경우도 없지는 않지요. 이와는 달리 '성품'은 주로 긍정적인 맥락에서 사용되는 경우가 더 많은 것으로 보입니다.

문제는 '성격'과 '성품'에도 격이 있다는 것입니다. 긍정적인 의미로 두 단어가 사용되는 경우, '성격'보다는 '성품'에 긍정적인 의미가 더 많이 담겨 있다는 것이 그것이지요.

이상의 논의를 토대로 할 때 사람이 지닌 마음의 본바탕 혹은 인성(人性)을 표현하는 우리말 단어 '성질'과 '성깔', '성격'과 '성품'을 그 의미적 특성에 따라 열을 세운다면 왼쪽 끝에 '성깔'이, 오른쪽 끝에 '성품'이 자리를 차지하게 된다고 할 수 있을 듯합니다. 올해 초에 간행된 바 있는 ≪난 사람, 든 사람보다 된 사람≫이라는 이름의 책이 스펙을 넘어서는 경쟁력을 '성품'이라고 보는 근거도 바로 여기에서 찾을 수 있지 않을까 합니다. 바야흐로 이 시대는 다시 '성깔 있는 사람'보다 '성품 좋은 사람'을 필요로 하는 사회라고 할 수 있는바, 우리의 교육이 나아가야 할 방향이 무엇인지를 새롭게 모색해야 할 때가 되었다고 할 것입니다.

'복불복'과 '*복골복'

　　분명히 우리의 일상생활에서 자주 쓰이는 말인데 기실은 무슨 말인지 도통 모르겠어서 고개를 갸우뚱거릴 수밖에 없는 경우가 종종 있는데, '복불복' 같은 단어가 바로 그러한 사례에 속한다고 할 수 있습니다. 더구나 '복불복'이 '*복골복' 또는 '*복걸복'이라는 정체불명의 말로 사용되는 경우가 적지 않으니 더욱 더 그러하다고 할 수 있겠지요

　　'복불복(福不福)'이란 "복을 누리는 분수가 좋고 좋지 않음."이라는 의미를 지닌 한자어로서 사람의 운수를 가리키는 말입니다. 예를 들어 다음과 같은 상황에서 쓸 수 있는 말이지요

　　(1) ㄱ. 1박 2일의 참맛은 뭐니 뭐니 해도 복불복이다.
　　　　ㄴ. 봉인을 열기까지 고객은 주머니에 뭐가 들어 있는지 알 수 없고 오로지 운에 의해서 내용물이 결정되기 때문에 복불복 이벤트라고 할 수 있다.
　　　　ㄷ. 거야 복불복이지 할 수 있나! 멀쩡한 조선 지주의 땅이야 종전대로 지주네 땅이지 별수 있어! ≪이태준, 농토≫

이러한 용례를 통해 알 수 있듯이, '복불복'은 복이 있을 수도 있고 없을 수도 있으니 모든 게 운수소관이라는 의미로 쓰이는 말입니다. 어떤 일이 개인의 노력이나 자유의지에 따라 결정되기보다는 모든 게 운수 또는 운명에 달려 있다는 뜻을 담고 있기도 하니 썩 좋은 의미로 사용되고 있지는 않는 것으로 보입니다.

문제는 '복불복'이 '*복골복' 또는 '*복걸복' 등 발음이 와전된 형태로 쓰이는 경우가 많다는 것입니다. 다음이 그 전형적인 사례입니다.

> (2) ㄱ. 당첨되고 안 되고는 '*복골복'이다
>   ㄴ. 사고를 당한 병사의 성격은 매우 낙천적이었고 평소 "인생은 어차피
>   *복골복이야!"라는 말을 자주 입에 올렸다.
> (3) ㄱ. "*복걸복이지 머!" 되면 복이고 안 되면 내 복이 아니라는 생각으로
>   도전을 해 본 것이란다.
>   ㄴ. 황화니켈 입자가 팽창해 유리가 자연 파손되는 것도 사실 *복걸복이
>   라고 하더군요.

이와 같이 '복불복'이 우리의 일상생활에서 '*복골복' 또는 '복걸복'으로 잘못 쓰이는 사례가 적지 않은 까닭은 무엇일까요? 이는 원음에서 멀어진 형태가 일정한 의사소통의 상황에서 자주 사용되다 보니 마치 올바른 형태인 것처럼 자리를 잡았기 때문이라고 할 수 있습니다. 이와 같은 성격의 발음 오류는 특히 한자어에서 자주 나타나는데 '복불복' 외에도 다음과 같은 단어들이 그러한 예에 속합니다.

한자어	×	○	의미	비고
恝視	괄세	괄시	업신여겨 하찮게 대함.	
三虞祭	삼오제	삼우제	장사를 지낸 후 세 번째 지내는 제사.	'삼우'라고도 함.
三水甲山	산수갑산	삼수갑산	우리나라에서 가장 험한 산골이라 이르던 삼수와 갑산.	
菽麥	쑥맥	숙맥	사리 분별을 못하고 세상 물정을 잘 모르는 사람.	'숙맥불변'에서 비롯된 말.
天障	천정	천장	지붕의 안쪽.	고유어로는 '보꾹'이라 함.
破鬪	파토	파투	화투 놀이에서, 잘못되어 판이 무효가 됨.	

위의 사례를 통하여 알 수 있듯이, '괄시(恝視)'를 비롯하여 '삼우제(三虞祭)', '삼수갑산(三水甲山)', '숙맥(菽麥)', '천장(天障)', '파투(破鬪)' 등등 그 원음과 의미를 정확히 알고 써야 하는 한자어의 수가 적지 않습니다. 혹여 잘못된 발음으로 인하여 '괄시(恝視)'를 받지 않도록, 뭘 모르는 '숙맥(菽麥)'으로 오인 받지 않도록 우리말 어휘에 대해 좀 더 깊은 관심을 가져 보시는 게 어떨까 합니다.

'꽃봉오리'와 '산봉우리'

러시아문학을 대표하는 세계적인 대문호 톨스토이는 단편집 ≪사람은 무엇으로 사는가≫에서 인생에서 가장 중요한 것 세 가지를 '지금 이 순간', '지금 내 앞에 있는 사람', '지금 하고 있는 일'이라고 하였습니다. 그러므로 우리가 지금 내 앞에 있는 누군가를 위하여 무언가를 하고 있다면, 인생에 있어 가장 소중한 한때를 보내고 있는 것이라고 할 수 있습니다. 모든 삶의 순간을 최선을 다해 살아야 하는 이유가 바로 여기에 있다고 할 것입니다. 시인 정현종이 <모든 순간이 꽃봉오리인 것을>이라는 제목의 시에서 전하고자 하였던 메시지도 톨스토이의 통찰과 일맥상통하는 것이라고 할 수 있겠지요.

나는 가끔 후회한다
그때 그 일이 노다지였을지도 모르는데
그때 그 사람이
그때 그 물건이 노다지였을지도 모르는데
더 열심히 파고들고

더 열심히 말을 걸고
더 열심히 귀 기울이고
더 열심히 사랑할걸

반벙어리처럼
귀머거리처럼
보내지는 않았는가
우두커니처럼
더 열심히 그 순간을 사랑할것을

모든 순간이 다아 꽃봉오리인 것을
내 열심에 따라 피어날 꽃봉오리인 것을
— 정현종, <모든 순간이 꽃봉오리인 것을> 전문

문제는 우리의 생각이 세상의 꽃들이 가장 찬란한 한때를 보내기 위하여 꿈을 꾸고 있는 '꽃봉오리'에 머무르는 순간, 갑작스런 혼돈이 거대한 쓰나미처럼 밀려올 수도 있다는 것입니다. '꽃봉오리'가 아니라 '*꽃봉우리'가 맞지 않나 하는 생각이 바로 그것이지요.

'꽃봉오리'를 '*꽃봉우리'로 혼동하는 데는 뭔가 그럴듯한 이유가 없지 않습니다. 다름 아닌 '산봉우리' 때문입니다. 그러나 두 단어는 형태적 유사성에도 불구하고 그 어원과 의미가 전혀 다르므로 분명하게 구별해서 써야 합니다.

우선, 두 단어의 의미가 어떻게 다른지 ≪표준국어대사전≫에서의 정의를 제시하면 다음과 같습니다.

단어	의미
(꽃)봉오리	망울만 맺히고 아직 피지 아니한 꽃.
(산)봉우리	산에서 뾰족하게 높이 솟은 부분.

이와 같은 사전의 정의에서 알 수 있듯이, '봉오리'와 '봉우리'는 상당한 의미 차이가 있습니다. 즉, '봉오리' 혹은 '꽃봉오리'는 "망울만 맺히고 아직 피지 아니한 꽃."을 의미한다면, '봉우리' 또는 '산봉우리'는 "산에서 뾰족하게 높이 솟은 부분."을 의미하는 것이지요.

'봉오리'와 '봉우리'의 의미 차이는 태생적으로 두 단어가 각기 다른 어원을 가지고 있는 데서 비롯된 것입니다. 다음을 보기로 하시지요.

- 봉오리 : 蓓 곳봉으리 파 《훈몽자회(1527)》
- 봉우리 : 그 묏보오리 쇠머리 ᄀᆞ툴씨 牛頭旃檀 香이라 ᄒᆞ느니 《월인석보(1459)》

위의 기록을 토대로 하면, '봉오리'는 '봉으리'에서, '봉우리'는 '보오리'에서 비롯되었음을 알 수 있습니다. 또한 '봉으리'는 1527년에 간행된 《훈몽자회(訓蒙字會)》에, '보오리'는 1459년에 간행된 《월인석보(月印釋譜)》에 기록된 것이 최초의 기록이니 '봉으리'보다 '보오리'가 더 오랜 역사를 갖고 있음을 알 수 있습니다. 이와 같이 상이한 어원을 지닌 두 단어는 서로 다른 역사적 발달을 경험함으로써 현대국어에 이르러서도 서로 구별해서 써야 하는 단어로 자리를 잡고 있습니다. '꽃봉오리'를 '*꽃봉우리'로 쓸 수 없는 이유가 바로 여기에 있는바, 결과적으로 '꽃봉오리'와 '산봉우리'를 잘 구별해서 쓰실 수 있기를 바랍니다.

'맹세'와 '맹서'

변화무쌍(變化無雙)이
란 말이 있습니다. 변화
의 정도가 심해서 어디
에도 비할 바가 없다는
뜻이니, 이즈음의 산 빛
을 두고 하는 말이라고
해도 틀린 말이 아닐 것
입니다. 엊그제 분홍빛
진달래와 연분홍 산벚을 품었는가 했더니 어느새 꽃잎을 다 떨구고 연둣
빛 새잎들을 피우다가 이젠 제법 진한 초록빛 나무 빛깔을 하고 있는 것을
보면, 산은 밤낮을 쉬지 않고 그 빛을 바꾸는 데 전력을 다하고 있는 듯합
니다.

쉼 없이 변화하는 것이 산만은 아닐 것입니다. 우리들의 언어라는 것도
시간의 수레바퀴 아래서 끊임없이 변화하는 모습을 보이고 있는 것이지요
계절의 변화와 무관하게 언제나 한결같은 모습으로 서 있는 늘푸른나무처
럼 까마득한 옛날부터 오늘날에 이르기까지 불변의 어형을 유지하고 있는
말도 없지 않지만, 대부분의 언어 혹은 말들이 변화를 거듭해 오고 있는
것이 사실이라고 할 수 있는바, 이와 같은 언어의 속성을 두고 '언어의 역

사성'이라고 한다는 것을 잘 기억하고 계실 것입니다.

언어의 변화란 다양한 문법 층위에서 이루어지는 것이 일반적인데, 우리말에 유입된 한자어들 또한 그러한 변화를 수행한 것들이 적지 않습니다. 예를 들어 '국기에 대한 맹세'나 '사랑의 맹세'와 같은 표현에서 주로 쓰이는 '맹세'의 경우, '맹서(盟誓)'라는 한자어의 발음이 변화한 형태인데, 이와 같이 한자어의 발음이 변화하여 원음에서 멀어진 형태가 표준어로 자리를 잡게 된 단어의 수효가 적지 않습니다. 다음이 그 예들이지요

한자어	원음	바뀐 음	비고
朔月貰	삭월세	사글세	=월세(月貰)
城隍堂	성황당	서낭당	
杖鼓	장고	장구	예 북장구
主着	주착	주책	예 주책바가지
柱礎	주초	주추	예 주춧돌
支離	지리	지루	예 지루하다
櫻桃	앵도	앵두	
紫桃	자도	자두	
胡桃	호도	호두	예 호두과자

이러한 사례는 우리말 한자어 가운데 상당수가 원래의 한자음에서 멀어지는 변화를 겪었음을 암시하는 것들입니다. 이러한 변화는 경우에 따라서 고유어에서 수행된 음성 변화가 한자어로 확산됨으로써 일어난 것이기도 하고, 오늘날까지도 진행 중인 음성 변화를 반영하는 것일 수도 있다는 점에서 국어학적으로는 상당히 흥미로운 사례라고 할 것입니다. 이와 같은 언어적 사실과 함께 위 한자어들은 몇 가지 특기할 만한 사실이 있음에 주목해야 합니다.

첫째, 현행 <표준어 규정>에서 '*삭월세' 대신 '사글세' 또는 '월세(月貰)'를 표준어로 사정하였는바, 상당히 오랫동안 표준어의 지위를 가지고 있었던 '*삭월세'는 더 이상 표준어가 아닙니다.

둘째, 어원 의식을 가지고 있는 일부 국어 화자들이 '맹세'와 '주책', '지루(하다)' 대신 '*맹서'나 '*주착', '*지리(하다)'를 사용하는 경우가 종종 있는데, 이들 역시 '*삭월세'와 마찬가지로 비표준어입니다.

셋째, '주책'을 두고 '*주책이다'라는 표현이 종종 쓰이는데 이는 '주책없다' 정도로 바꿔 써야 정확한 형태입니다.

넷째, '앵두, 자두, 호두'에 공통적으로 쓰인 '두'는 '도(桃)>두'의 변화를 겪은 것입니다. 같은 '도(桃)'를 어원으로 하고 있으면서도 '복숭아'의 일종인 '백도(白桃), 황도(黃桃), 산도(山桃)' 등은 그러한 변화를 수행하지 않음으로써 진행 중인 음성 변화의 일면을 보여준다는 점에서 '앵두, 자두, 호두'는 상당히 흥미로운 형태라고 할 수 있습니다.

'여의다'와 '여우다'

꽃처럼 어여쁜 아이들의 얼굴 아래 'ㅇ학년 ㅇ반 ㅇㅇㅇ'이라는 이름들이 무수히 새겨져 있는 모습을 보는 순간, 애써 참고 있던 눈물이 왈칵 목울음으로 차올랐습니다. 지난해 4월 16일, 제대로 된 구조의 손길을 전혀 받아보지 못한 채 다시는 돌아오지 못할 먼 길을 떠난 세월호 희생자들의 1주기를 기념하기 위해 진도의 팽목항을 찾았을 때였습니다.

꽃 같은 얼굴 아래 새겨진 무수한 이름들. 결코 낯설지 않은 광경이었습니다. "당신의 원통함을 내가 아오. 힘내소, 쓰러지지 마시오."라는, 5·18 엄마들이 4·16 엄마에게 보낸 현수막의 전언 때문이기도 하였지요. 잘못된 권력과 비리가 이 땅의 어머니들에게 다시 한번 지울 수 없는 상처를 남겼다는 사실을 절감하던 순간, 내내 흐리던 날은 세찬 비바람까지 몰고 왔습니다. 하늘도 그날의 슬픔을 잊지 못하고 있는 게 아닐까 하는 생각을 할 수밖에 없었습니다.

세월이 약이라는 속담이 없지 않지만, 어떤 세월로도 씻어지지 않은 슬픔이 있으니 그것은 사랑하는 아들딸을 여읜 슬픔이라고 할 수 있을 것입니다. 자식이 죽으면 부모의 가슴에 묻기 때문이라고 할 수 있겠지요.

4·16 혹은 5·18 엄마가 아니더라도 우리들 역시 남도의 서정시인 김영랑의 시심(詩心)과 마찬가지로 뻗쳐오르던 보람이 서운케 무너지는, 봄을 여읜 슬픔에 잠길 수밖에 없는 순간들이 적지 않았습니다. 엊그제까지만 해도 화려함을 자랑하던 꽃들이 화무십일홍(花無十日紅)의 진리 그대로 뚝뚝 떨어져 눕는 모습을 수도 없이 목격하였기 때문일 것입니다.

흥미로운 사실은 우리말 '여의다'의 용법이 방언에 따라 차이를 보인다는 것입니다. 우선 우리의 표준어에서 '여의다'는 다음과 같은 세 가지 의미로 쓰이는 것이 특징입니다.

의미	용례
1. 부모나 사랑하는 사람이 죽어서 이별하다	<압구정 백야>는 일찍 부모를 여의고 오빠와 단 둘이 자란 여주인공 백야를 중심으로 펼쳐지는 가족 이야기를 담은 드라마다.
2. 딸을 시집보내다.	아빠는 벌써 두 딸을 여의고도 항상 이 순간만큼은 떨리시나보다.
3. 멀리 떠나보내다.	일체의 번뇌를 여의었으니 마음이 한없이 평화로우실 듯합니다.

여기에서 보듯이 표준어에서 '여의다'는 "부모나 사랑하는 사람이 죽어서 이별하다."라는 의미와 함께 "딸을 시집보내다.", "멀리 떠나보내다."라는 의미를 가지고 있습니다. 그러나 우리의 전라도방언에서는 '여의다'의 의미가 표준어와 사뭇 달라서 세 가지 의미 가운데 첫째 의미와 셋째 의미로만 쓰이고 있으며, 둘째 의미, 곧 "딸을 시집보내다."라는 뜻으로는 '여의다' 대신 '여우다'를 사용하고 있음이 특징입니다.

또 한 가지 흥미로운 사실은 전라도방언에서 '여우다'는 "딸을 시집보내다."라는 의미 외에, "아들을 결혼시키다."라는 의미로도 쓰인다는 것입니다. 따라서 우리의 전라도 지역에서는 아들딸을 결혼시킬 때 아들과 딸을 가리지 않고 둘 다 '아들 여운다' 혹은 '딸 여운다'라는 표현을 쓰는 반면, 표준어에서는 딸을 시집보내는 경우에만 '여의다'를 씀으로써 지역에 따라 어휘 사용에 차이가 있을 수 있음을 보여주고 있습니다.

요컨대 아들딸을 결혼시킬 때 사용하는 '여우다'는 적어도 표준어가 아닌 전라도 방언에서만 사용되는 방언 어휘이며, 표준어의 경우 '여의다'가 그러한 의미의 일부를 담당하고 있음을 알아 두시는 것이 좋을 듯합니다. 언어의 차이는 필연적으로 문화의 차이를 야기하는 경우도 적지 않은바, 적어도 우리의 전라도 땅에서는 아들딸을 구분하지 않고 결혼시키는 것 자체를 시집으로 혹은 처가로 떠나보내는 일이라고 의식한 것은 아니었을까 짐작을 할 수 있을 듯합니다.

'내추럴'과 '*내츄럴'

갱년기 여성들의 건강과 젊음을 보장하는 데 탁월한 효능을 지녔다는 백수오와 관련하여 <백수오의 재발견>이라는 TV 프로그램까지 등장했던 게 엊그제 같은데, 요 며칠 가짜 백수오 파문으로 세상이 몹시 시끄럽습니다. 인삼과 구기자에 견줄 만큼 명약으로 전해지며 자양강장과 신경

쇠약, 빈혈, 탈모 등에 사용되었던 백수오가 여성 호르몬 공급을 통한 갱년기 장애 개선 효과가 있는 것으로 알려지면서 각광을 받는가 싶었더니 시중에 유통되는 백수오의 90%가 가짜라는 사실이 밝혀진 것이지요.

잘 아시다시피 이번 사건의 핵심에는 국내 백수오 시장 점유율 1위 회사인 '내츄럴엔도텍'이 개입되어 있습니다. 대한민국 바이오 업계의 새로운 역사를 열겠다는 기치 아래 천연 호르몬을 이용한 신약 개발에 주력하겠다는 포부를 가진 것까진 좋았는데, 욕심이 지나쳐 소비자는 물론 주식 시장의 소액 투자자들로 하여금 땅을 치며 통곡할 수밖에 없도록 하였으니 모든 수단과 방법을 다 동원해서라도 부도덕한 기업 정신에 경종을 울려야 할 것입니다.

어쨌든 국어학도로서 저의 관심은 백수오의 효능이 아니라 '내츄럴엔도

택'이라는 회사명에 있었습니다. '내츄럴'은 '내추럴'의 오류이니 언젠가는 손을 좀 봐 줘야겠다는(?) 생각이 없지 않았던 것이지요.

'천연'이라는 뜻을 지닌 영어 단어 'natural'을 우리의 <외래어 표기법>에 따라 적을 경우, '내츄럴'이 아닌 '내추럴'로 적도록 되어 있는 것은 우리말에서 나타나는 발음상의 특징과 관련이 있음은 물론입니다. 즉, 현대 한국어의 경우, 구개자음 'ㅈ, ㅊ, ㅉ' 뒤에서는 이중모음 'ㅑ, ㅕ, ㅛ, ㅠ'가 올 수 없으며, 이와 같은 제약은 외래어 표기에도 그대로 적용되어 '내츄럴'의 사례처럼 'ㅊ' 뒤에 'ㅠ'가 결합하게 되면 올바른 외래어가 아니라고 할 수 있는 것이지요.

구개자음 'ㅈ, ㅊ, ㅉ' 뒤에 이중모음 'ㅑ, ㅕ, ㅛ, ㅠ'가 올 수 없다는 제약을 전문적인 언어학 용어로는 음소 배열 제약(phonotactic constraints)이라고 합니다. 이와 같은 제약은 매우 체계적 성격을 띠는 것이어서 다음에서 보듯, 'ㅈ, ㅊ, ㅉ' 뒤에 이중모음 'ㅑ, ㅕ, ㅛ, ㅠ'가 연결되는 형태는 모두 오류형에 속합니다.

(1) ㄱ. 충남 보령 남포중학교는 지난 27일 학교 폭력 없는 학교 *비젼 선포식 및 등반대회를 실시했다.

ㄴ. 단순 기능의 흑백 *레이져 프린터는 대부분 10만원 미만의 가격대를 보이고 있다.

ㄷ. 대한, 민국, 만세, 삼둥이가 엄마 생일을 맞아 천연 포도 *쥬스 만들기에 돌입했다.

ㄹ. '*봉 쥬르'라는 말은 프랑스어로 '안녕하십니까?', '안녕?'이란 뜻이라고 합니다.

ㅁ. 바디라인 관리 전문점 이현숙 *챠밍 클럽은 15년간의 노하우로 다양한 체형을 가진 고객들의 고민을 해결해 왔다.

ㅂ. 그들은 난징의 한 회관에서 70년대 당시 중국 최고지도자였던 *마오
쩌둥(모택동)의 사진을 걸어놓고 턱시도와 웨딩드레스 대신 군복을
입은 채 결혼식을 올렸다.

　우리의 일상생활에서 자주 사용되는 이러한 단어들은 모두 외래어의 오
류형으로서 우리말이 가지고 있는 음소 배열 제약을 어긴 형태들입니다.
즉 이러한 단어들은 각각 '비전, 레이저, 주스, 봉 주르, 차밍, 마오쩌둥' 등
으로 써야 올바른 형태들이라는 것이지요. 사실 이러한 제약은 매우 강력
해서 해당 외래어의 어원이 무엇이든 구개자음 'ㅈ, ㅊ, ㅉ' 뒤에 이중모음
'ㅑ, ㅕ, ㅛ, ㅠ'가 올 경우, 모두 오류라고 보시면 틀림이 없습니다. 영어의
'굿 모닝'에 해당하는 프랑스어 인사말 '봉 주르'를 '*봉 쥬르'로 적거나,
중국의 '*마오쩌둥(毛澤東)'을 '마오쪄둥'으로 적으면 안 되는 것도 바로 그
러한 이유에서입니다.
　이상과 같은 언어적 사실에 기초해 볼 때, 이번 가짜 백수오 사건의 주
범이라고 할 수 있는 <내츄럴엔도텍>은 그 이름부터 잘못된 가짜였습니
다. 무릇 이름이 바로 서야 그에 걸맞은 실질이 주어진다고 할 수 있는바,
이번을 기회로 그 이름부터 바로 세우려는 노력을 새롭게 해야 할 것입
니다.

'덕분'과 '때문'과 '탓'

　'오월의 광주'에 생각이 머무를 때면 우리에게 5월은 가슴속의 응어리가 좀처럼 풀리지 않는 한의 계절일 수밖에 없지만, '어린이날'로부터 시작되는 무슨 무슨 날들이 특별히 많은 달이고 보니 '사랑과 감사의 달'이라는 표현 또한 틀린 것은 아니라고 할 것입니다. 이런 까닭에서인지 이 오월에는 오광수라는 이름의 시인이 우리에게 건넨 <오월을 드립니다>가 유난히 우리의 눈과 마음을 끌었던 듯합니다.

> 당신 가슴에
> 빨간 장미가 만발한 5월을 드립니다
>
> 5월엔
> 당신에게 좋은 일들이 생길 겁니다
> 꼭 집어 말할 수는 없지만
> 왠지 모르게 좋은 느낌이 자꾸 듭니다
>
> 당신에게 좋은 일들이
> 많이많이 생겨나서
> 예쁘고 고른 하얀 이를 드러내며
> 얼굴 가득히 맑은 웃음을 짓고 있는
> 당신 모습을 자주 보고 싶습니다
>
> 　　　　　　　　　— 오광수, <오월을 드립니다>에서

이 시에 등장하는 당신의 정체가 누구일 수 있는지는 각자가 살아온 삶의 무늬에 따라 다르겠지만, 모르긴 해도 그 자리에 '어머니'를 올려놓을 사람들이 가장 많지 않을까 합니다. 그리하여 이 오월에는 우리의 어머니들에게 정말 좋은 일들이 많이많이 생겨나서 얼굴 가득히 맑은 웃음을 지을 수 있으시길 간절히 바라는 마음입니다.

세상의 모든 어머니들에게 가장 잘 어울릴 수 있는 단어는 과연 무엇일까요? '덕분'이라는 단어 또한 빼놓을 수 없는 단어 가운데 하나일 것입니다. 많은 이들이 "모든 것이 오로지 어머니의 헌신적인 사랑 덕분이었습니다."라는 식의 말을 쉽게 할 수 있는 것도 바로 그러한 이유에서라고 하겠지요.

흥미로운 사실은 우리말에는 '덕분'과 유사한 의미로 쓰이는 '때문'이라는 단어 외에 '탓'이라는 단어가 있어 그 맥락에 따라 이들 단어를 구별해서 써야 한다는 것입니다. 우선 다음 문장들을 보기로 하시지요.

(1) ㄱ. 당신 덕분에 여기까지 왔습니다.
　　ㄴ. 세상은 아름다운 사람들 덕분에 더욱 아름다워지고 착한 사람들 덕분에 더욱 착해지며 정의로운 사람들 덕분에 더욱 공평해지고 자비로운 사람들 덕분에 평화가 이뤄집니다.
(2) ㄱ. 그녀는 잘 생긴 남편의 외모 때문에 결혼한 것도 없지 않아 있다며 능청스럽게 남편사랑을 드러내기도 했다.
　　ㄴ. 신혼여행은 스케줄 때문에 뒤로 미뤘다.
(3) ㄱ. 차를 놓친 게 왜 네 탓이야?
　　ㄴ. 밤마다 야식이 당기는 당신, 그 이유는 위 탓이 아니라 뇌 탓인 것 같다.

이러한 문장들을 통해 어느 정도는 짐작할 수 있듯이, (1)에서 쓰인 '덕분'은 '베풀어 준 은혜나 도움'을 뜻하는 말로 긍정적인 의사 표시에 사용되는 것이 특징입니다. 이와는 달리 '어떤 일의 원인이나 까닭'을 의미하는 (2)의 '때문'은 부정적인 맥락과 긍정적인 맥락에서 모두 쓸 수 있습니다. 따라서 (2ㄱ)에서는 '때문'이 긍정적인 맥락에서, (2ㄴ)에서는 부정적인 맥락에서 쓰이고 있는 것이지요. 그렇다면 (3)에서 쓰인 '탓'은 주로 어떠한 맥락에서 쓰일까요? '탓'은 '부정적인 현상이 생겨난 까닭이나 원인'을 뜻하는 말이므로 주로 부정적인 맥락에서 사용되는 것이 특징입니다.

요컨대 '덕분'은 언제나 긍정적인 맥락에서, '때문'은 부정적인 맥락과 긍정적인 맥락 둘 다에서, '탓'은 부정적인 맥락에서만 쓰이는 말이라고 할 수 있는바, 세 단어를 맥락에 따라 적절하게 선택하여 사용해야 할 것입니다. 여기에 한 가지를 더하자면, 누군가가 "당신 덕분에 여기까지 왔습니다."라는 고백을 할 수 있도록 살아가는 것, 이것이 아름다운 오월을 두고 해야 할 맹세가 아닐까 합니다.

'협찬'과 '후원'

주지하는 바와 같이 우리말은 고유어, 한자어, 외래어 등 세 가지 어종 (語種)으로 이루어졌다고 할 수 있습니다. 물론 혼종어(混種語)라는 것도 있어 서로 다른 어종이 섞이어 만들어진 것도 없지 않지만 상당수의 단어들이 세 가지 어종으로 이루어졌다고 할 수 있는 것이지요.

문제는 세 가지 어종의 단어들이 2중적 체계를 이루는 경우가 적지 않다는 것입니다. '은박지'와 '알루미늄포일(aluminium foil)', '현수막'과 '플래카드(placard)' 같은 단어 쌍들이 그 전형적인 사례인데, 이들 단어 쌍들은 각각 한자어와 외래어라는 차이만 있을 뿐 그 의미는 다르지 않은 것이 특징입니다.

이중적 체계를 이루는 단어 쌍 가운데 '현수막'과 '플래카드(placard)'에 대해서는 특기할 만한 점이 몇 가지 있습니다. 그 하나는 '현수막'과 '플래카드(placard)'의 지시 대상이 다르다는 생각을 하고 있는 사람들이 적지 않고, '플래카드(placard)'의 어원을 잘 알지 못하여 '*프랑카드, *플랜카드, *프랑' 등등으로 잘못 쓰고 있는 경우가 많다는 것입니다. 다른 하나는 '현수막' 혹은 '플래카드(placard)'는 구별해야 하는 단어들을 비교적 많이 포함하고 있다는 것입니다.

'현수막'이나 '플래카드(placard)'의 주된 기능 가운데 하나가 어떠한 행사의 개최를 널리 알리는 것이라고 할 때, 거기에는 언제, 어디서, 무슨 행사가 열리는지에 대한 정보와 함께 '주최'와 '주관', '협찬'과 '후원' 같은 세부적 정보들이 제시되는 경우가 많습니다. 그렇다면 '주최'와 '주관', '협찬'과 '후원'은 각각 어떠한 차이가 있을까요? 우선 '주최'와 '주관'의 차이가 무엇인지 ≪표준국어대사전≫의 정의를 보이면 다음과 같습니다.

구분	의미	용례
주최	행사나 모임을 주장하고 기획하여 엶.	세계랭킹 1위 로리 매킬로이(북아일랜드)가 '골프의 전설' 잭 니클라우스가 주최하는 미국프로골프(PGA) 투어 메모리얼 토너먼트에 불참한다.
주관	어떤 일을 책임을 지고 맡아 관리함.	원주시가 제14회 원주시 한국옻칠공예대전을 주관할 단체를 공개 모집한다고 15일 밝혔다.

여기에서 보듯이, '주최'와 '주관'의 의미에는 상당한 차이가 있습니다. '주최'가 행사나 모임을 기획하여 연다는 의미를 가지고 있다고 한다면, '주관'은 그 일을 책임지고 맡아 관리한다는 의미를 가지고 있는 것이지요. 이와 같은 차이는 특히 둘째 문장을 통해 분명하게 확인할 수 있습니다. 즉, '제14회 원주시 한국옻칠공예대전'은 '원주시'가 '주최'하면서 '주관 기관' 혹은 '부서'를 공개 모집하고 있다는 얘기가 되는 것이지요.

한편, '협찬'과 '후원' 또한 분명히 구별해야 할 단어들입니다. 두 단어의 구별을 위하여 다시 한번 ≪표준국어대사전≫의 정의를 제시하면 다음과 같습니다.

구분	의미	용례
협찬	어떤 일에 재정적으로 도움을 줌.	여러 독지가께서 어린이들을 위하여 이 시설물들을 협찬하였습니다.
후원	뒤에서 도와 줌.	지난해 이 단체는 각계의 후원에 힘입어 소외계층 500가구에 10만 장의 소중한 연탄을 배달했다.

이와 같은 사전적 정의를 토대로 하면, '협찬'은 주로 재정적인 도움을 주는 데 초점이 놓여 있다고 하면, '후원'은 뒤에서 도와주는 데 초점이 놓여 있음을 알 수 있습니다. 이를 좀 더 구체적으로 살펴보면 '협찬'은 주로 기업체 등에서 해당 기업의 홍보를 목적으로 어떠한 행사 등에 재정적인 도움을 주는 것이라고 한다면, '후원'은 개인이나 단체가 뒤에서 도와주되, 재정적으로는 물론 정신적인 지원까지도 포함할 수 있음이 특징입니다.

이상에서 살펴본 바와 같이 한 장의 플래카드 안에서 읽어야 할 정보는 적지 않은 듯합니다. 우리 대학 또한 오는 22일부터 30일까지 제13회 장미 축제를 개최한다고 하니 교정의 구석구석에서 장미꽃처럼 멋진 플래카드의 정보를 읽으실 수 있을 것입니다. 그러한 때, 혹은 '주최'와 '주관'을, 아니면 '협찬'과 '후원'을 좀 더 분명하게 새겨서 읽으려는 노력을 하실 수 있기를 기대해 봅니다.

'리플릿'과 '팸플릿'

대학 홍보팀의 보도에 따르면 지난 22일에 이루어진 제13회 장미축제 개막식 행사는 그 어느 때보다도 화려한 무대였던 듯합니다. 상무대 군악대의 식전 퍼레이드를 시작으로 초청 인사들의 축사에 이어 축포와 관객들이 날린 풍선이 하늘을 수놓았다고 하니 참으로 풍성한 개막식이었다고 할 수 있는 것이지요.

오는 30일(토)까지 이어지는 장미 축제 기간 행사들 또한 자못 다채로워서 광주 시립교향악단의 주관하에 이루어진 <찾아가는 음악회>를 비롯하여 미술대학의 <전국 학생 미술실기대회>, 도서관의 <밤샘 책읽기> 행사, 언어교육원의 <제8회 세계인의 날>, 외교부 시니어공공외교단과의 공동 주최로 열리는 <세계민속예술콘서트 in 광주> 등등 교정과 대학 시설물들을 무대로 하는 굵직굵직한 행사가 적지 않습니다. "지역민께 받은 사랑, 다시 지역민께로!"라는 주제로 이루어지는 행사인 만큼 우리 대학이 가지고 있는 유무형의 자산을 지역민을 위해 베풀 수 있는 보은의 기회가 될 수 있기를 바라마지 않습니다.

이번 축제 행사를 주최한 대학본부나 주관 기관 혹은 부서들로서는 프로그램 기획에서부터 초청장 발부, '리플릿', '팸플릿' 또는 '브로슈어', '카탈로그' 제작 등 크고 작은 일들이 적지 않았을 것입니다. 문제는 이처럼 다양한 이름으로 제작되는 행사 관련 인쇄물들을 그 이름에 걸맞은 형식으로 구별하여 제작하는 일이 쉽지 않았을 수도 있었으리라는 것입니다. 그도 그럴 것이 이러한 단어들은 명칭부터 파악하기가 쉽지 않았던 데서 비롯된 일이 아니었을까 합니다. 먼저 다음 예들을 보기로 하시지요

(1) ㄱ. 현대자동차는 교통안전 *리플렛 등으로 구성된 안전운행 물품을 톨게이트 현장에서 증정한다.
ㄴ. 디킨스의 소설은 단행본이 아니고 당시 신문에 연재되거나 *팜플렛 형식으로 간행되었다.
ㄷ. 충무로에 위치한 관광청 사무소를 방문하면 방콕, 치앙마이, 코사무이, 푸껫의 지도와 여행 정보가 담긴 *브로셔를 받을 수 있다.
ㄹ. 요즘 자동차 *카다로그나 가격표를 보면 수동변속기를 선택할 수 있는 자동차 모델을 점점 찾아보기 힘들어졌다.

위 문장들에서 사용된 '*리플렛, *팜플렛, *브로셔, *카다로그'는 그 어느 것도 표준어가 아닙니다. 그럼에도 불구하고 이러한 단어들이 그다지 낯설지 않은 것을 보면, 그동안 우리는 올바른 표준형 '리플릿', '팸플릿',

'브로슈어', '카탈로그' 대신 비표준형들을 즐겨 사용해 왔던 것이 아닐까 합니다. 그렇다면 이러한 용어들의 의미와 기능은 무엇일까요? 다음은 ≪표준국어대사전≫에서 확인된 개념 정의입니다.

용어(원어)	의미 및 기능	비고
리플릿 (leaflet)	설명이나, 광고, 선전 따위의 내용을 담은 종이쪽이나 얇은 책자. 팸플릿보다 더 간략한 것을 이른다.	
팸플릿 (pamphlet)	설명이나 광고, 선전 따위를 위하여 얄팍하게 맨 작은 책자. '소책자', '작은 책자'로 순화.	
브로슈어 (brochure)	설명, 광고, 선전 따위를 위하여 만든 얇은 책자. '소책자', '안내서'로 순화.	프랑스어 기원.
카탈로그 (catalog)	선전을 목적으로 그림과 설명을 덧붙여 작은 책 모양으로 꾸민 상품의 안내서. '목록', '상품 안내서', '일람표'로 순화.	

　이와 같은 언어적 사실을 토대로 할 때, '리플릿', '팸플릿', '브로슈어'는 기능 면에서 상당한 공통점을 가지고 있어, 설명이나 광고, 선전을 목적으로 하는 종이쪽이나 얇은 책자 또는 소책자를 가리킨다고 할 수 있습니다. 차이가 있다면 '리플릿'이 '팸플릿'이나 '브로슈어'보다 간략하거나 얇다고 하면 될 것입니다.

　한 가지 유의할 점이 있다면, '팸플릿'과 '브로슈어'는 사실상 거의 같은 것을 가리킨다는 것입니다. 이와 같은 공통점은 '팸플릿'은 영어에서, '브로슈어'는 프랑스어에서 기원하였을 뿐 지시 대상은 거의 같기 때문에 나타난 현상입니다. 물론 '브로슈어'는 소책자가 아닌 '안내서'를 가리킨다고도 할 수 있으니 이를 구별하여 사용하시면 될 것입니다. 또한 '카탈로그'는 기능 면에서 다른 세 개의 어휘들과 약간의 차이가 있습니다. 즉 '카탈로그'는 주 기능이 어떠한 상품의 안내서 역할에 있으며, 이러한 기능 외에 '목록'이나 '일람표'로 쓰이기도 하니 이를 잘 기억해 두시면 좋을 듯합니다.

　요컨대, 우리말에 유입되어 사용되는 외래어들 가운데 그 명칭이나 기능이 분명하게 구별되지 않는 것이 있을 수도 있는바, 이제부터라도 그 명칭과 기능에 알맞은 소책자 또는 안내서에 남은 장미 축제 프로그램을 잘 담아 멋지게 마무리할 수 있기를 기대해 봅니다.

'왠지'와 '*웬지'

1996년의 일이니 햇수로 벌써 20여 년이 지났음에도 불구하고 우리의 뇌리에 아직도 생생하게 기억되는 라디오 프로그램이 하나 있으니 "오늘은 왠지…"로 시작되었던 KBS2 FM <서세원의 가요 산책>이 그것입니다. "오늘은 왠지 동해바다로 달려가고 싶어요 처얼썩거리는 파도소리에 샤워하고 바다 속에서 물장구치는 꽁치 6만 8천3마리와 하늘을 날고 있는 갈매기 7만 8천9백50마리의 노랫소리에 안마 받고 싶어요"와 같은 멘트로 시작되었던 해당 프로그램의 코너가 젊은 층은 물론 중년층들에게도 폭넓은 사랑을 받음으로써 하나의 신드롬으로까지 확산되었던 데서 그 원인을 찾을 수 있지 않을까 합니다.

문제는 '오늘은 왠지…'를 왠지 '오늘은 *웬지…'로 적고 싶은 느낌에 사로잡히는 국어 화자들이 적지 않은 듯하다는 것입니다. 다음이 그 예입니다.

(1) ㄱ. 추신수, 오늘은 *웬지 좀 될 것 같아.

ㄴ. 오늘은 *웬지 조선인의 세상 같은 기분이 든다.

ㄷ. 정준하는 "지난번에 아내와 왔을 때는 저런 데 시선을 전혀 두지 않았다."라며 "그런데 오늘은 *웬지 시선이 간다."라고 솔직하게 말했다.

인터넷 신문기사의 내용 가운데 일부를 가져온 이와 같은 사례를 통해 짐작할 수 있듯이, 국어 화자들 가운데 상당수가, 심지어는 전문적인 기자들조차도 '왠지'와 '*웬지'를 제대로 구별하지 못하고 있는 것으로 보입니다. 그러나 '오늘은 왠지…'에 사용된 '왠지'는 '왜인지'를 본말로 하는 부사로서 "왜 그런지 모르게 또는 뚜렷한 이유도 없이."라는 뜻으로 쓰이며, '*웬지'와는 바꿔 쓸 수 없는 말입니다.

국어 화자들이 '왠지'를 '*웬지'로 혼동하는 이유는 우리말에 '웬'이라는 별개의 단어가 있기 때문이라고 할 수 있을 듯합니다. 이 '웬' 때문에 '왠지'를 '*웬지'로 잘못 쓰는 경우가 적지 않다는 것이지요.

그렇다면 '웬'은 어떠한 맥락에서, 어떠한 의미로 쓰이는 단어일까요? 우선 다음 예를 보기로 하시지요.

(2) ㄱ. 11시가 넘은 한밤중에 웬 사람이 그리 많은지 정신이 없다.

ㄴ. 단돈 6000원에 건강까지 챙길 수 있다니 웬 떡인가 싶어 야들야들하고 담백한 두부를 실컷 음미했다.

ㄷ. 이렇게 일찍 일어나다니, 이게 웬일이냐?

이상에서 쓰인 '웬'은 "어찌 된, 또는 어떠한"이라는 의미를 지닌 관형사로서 뒤에 오는 '사람'이나 '떡', '일' 같은 명사를 수식하고 있음을 알 수 있습니다. 흥미로운 사실은 (2ㄱ)이나 (2ㄴ)의 '웬'은 후행 명사 '사람', '떡'과 띄어 쓰고 있지만, (2ㄷ)의 '웬일'만큼은 띄어 쓰지 않고 붙여 쓰고 있다는 것입니다. 이는 '웬일'이 어휘화되어 하나의 단어로 쓰이고 있기 때문입니다. 따라서 '웬 사람'이나 '웬 떡'은 띄어 쓰지만, '웬일'만큼은 붙여 쓰고 있으니 이에 대해서도 유의해야 한다고 하겠지요.

그런데 '왠지'를 '*웬지'로 잘못 쓰고 있는 사례가 적지 않듯이, '웬'을 '*왠'으로 잘못 쓰고 있는 사례 또한 적지 않습니다. 다음이 전형적인 사례들이지요.

(3) ㄱ. 작은 빵집에 *왠 사람이 이렇게 많죠?
    ㄴ. 아침부터 이게 *왠 떡이냐 싶었는데 어쨌든 기분은 좋네요.
    ㄷ. "공무원연금법 개정안, *왠일로 반대 없이 국회 본회의 통과?"

이상의 논의를 정리하자면, 우리말에 '왠지'라는 단어는 있지만, '*웬지'는 없으며, 아울러 '웬'이라는 단어는 있지만, '*왠'은 없습니다. 혼동을 피하기 위하여 하나의 표로 정리하면 다음과 같습니다.

단어	품사	뜻	비고
왠지	부사	왜 그런지 모르게 또는 뚜렷한 이유도 없이.	본말은 '왜인지'임.
웬	관형사	어찌 된, 어떠한.	'웬일'은 한 단어로 붙여 써야 함.

'더위'와 '무더위'

살다 보면 단어 하나가 우리를 엄청난 공포의 도가니에 몰아넣는 경우가 종종 있습니다. '창궐'이라는 단어가 바로 그러한 사례에 속하지 않을까 합니다. 말 그대로 '창궐(猖獗)'이란 "못된 세력이나 전염병 따위가 세차게 일어나 걷잡을 수 없이 퍼진다."라는 뜻이니, 중동 호흡기 증후군, 곧 메르스 바이러스의 국내 확산 또한 '창궐'이라는 말로밖에 설명할 수 없는 일이라고 할 수 있는 것이지요.

안타까운 것은 일이 이렇게 심각한 지경에 이르게 된 데는 세월호 참사 때와 마찬가지로 정부의 초기 대응의 실패에 근본적인 원인이 있다는 것입니다. 얼마든지 예방과 초기 대처가 가능한 일이었음에도 불구하고 또 한번 무사 안일주의 행정으로 인하여 나라 전체가 공포감에 떨어야 하는 상황이 되었으니 참으로 부끄러운 일이 아닐 수 없습니다.

놀라운 사실은 이번 메르스의 확산에는 날씨도 한몫을 하고 있다는 것입니다. 미국 국립보건원(NIH) 산하 알레르기·전염병 연구소(NIAID)의 실험 결과에 따르면 메르스 바이러스는 낮은 온도와 습도에서 더 오랫동안 생존이 가능하여 영상 20도, 습도 40% 환경에서는 48시간 이후에도 살 수 있지만, 영상 30도·습도 80%에서는 8시간밖에 살지 못한다고 합니다. 따라서 한낮의 높은 수은주를 제외하면 아침저녁으로 서늘한 기운마저 감도는 데다 슈기라고는 느껴지지 않는 건조한 요즘 날씨가 메르스의 확산에 악영향을 주고 있다고 할 수 있다는 추정이 가능하다고 할 것입니다.

잘 알려진 바와 같이, 한국의 여름 날씨는 고온다습한 '무더위'가 가장 큰 특징입니다. 이 '무더위'는 단순한 '더위'와는 차이를 보이는데, 그것은 '무더위'라는 단어를 구성하는 요소가 다른 아닌 '물+더위'로서 물처럼 습기가 많은 더위, 곧 고온다습한 날씨를 가리키는 말이기 때문입니다. 따라서 '무더위'는 단순히 온도만 높은 '더위'와는 구별되는 것이지요.

그렇다면, '물+더위'가 '*물더위'가 아닌 '무더위'가 된 까닭은 무엇일까요? 이는 다름 아닌 /ㄹ/ 탈락에 그 원인이 있습니다. 새로운 단어 형성 과정에서 나타나는 /ㄹ/ 탈락 현상은 꽤 활발해서 '소나무(←솔+나무), 화살(←활+살), 바느질(←바늘+질), 아드님(←아들+님)' 등 그 숫자가 적지 않은데, '무더위'의 경우처럼 '물'을 구성 요소로 하면서 /ㄹ/ 탈락 규칙의 적용에 의해 표면에서는 '무'로 실현되는 단어들의 수 또한 적지 않습니다. 다음이 그 전형적인 예들이라고 할 수 있지요.

구성 요소	표면형	의미
물+논	무논	물이 괴어 있는 논, 물을 쉽게 댈 수 있는 논.
물+넘기	무넘기	논에 물이 알맞게 고이고 남은 물이 흘러넘쳐 빠질 수 있도록 만든 둑.
물+서리	무서리	늦가을에 처음 내리는 묽은 서리.
물+색	무색	물감을 들인 빛깔. '무색(無色)'과 동음이의어를 형성함.
물+소	무소	코뿔소

구성 요소	표면형	의미
물+쇠	무쇠	1.7% 이상의 탄소를 함유하는 철의 합금(合金). 단단하기는 하나 부러지기 쉽고 강철에 비하여 쉽게 녹이 슨다.
물+자위	무자위	물을 높은 곳으로 퍼 올리는 기계. '물푸개'라고도 함.
물+좀	무좀	백선균이나 효모균이 손바닥이나 발바닥, 특히 발가락 사이에 많이 침입하여 생기는 전염 피부병.

이상의 사례를 통해 알 수 있듯이, 우리말 단어 가운데는 어원상 '물'과 직접적인 관련이 있으면서도 /ㄹ/ 탈락의 적용에 의해 그러한 관련성이 잘 드러나지 않는 단어들의 수가 적지 않습니다. '무더위'의 경우, 그저 피하고만 싶었던 지긋지긋한 여름 더위의 대명사였지만, 그 안에 '물'을 듬뿍 품고 있음으로써 무서운 바이러스의 천적이 될 수도 있다고 하니 이번만큼은 반가운 손님처럼 맞이해야 할 듯합니다.

신문 기사를 보니 초기 대처에 실패한 정부와 보건당국에 대한 실망감이 적지 않은 가운데 대한의사협회가 메르스 관련 자가 격리 및 지역사회 확산 방지 권고안을 제시함으로써 전문가 단체로서 사회적 책무를 수행하고 있다고 하니 그나마 다행한 일이 아닐 수 없습니다. 이와 같은 노력들과 더불어 하늘이 우리를 도와 조금은 이른 6월의 '무더위'를 불러준다면 메르스 확산이 조금은 주춤할 수도 있지 않을까 하는 기대를 해 봅니다.

'처칠'과 '*처어칠'

<20세기 최고의 아름다운 인연>이라는 제목으로 소개된 '윈스턴 처칠(Winston Churchill)'과 '알렉산더 플레밍(Alexander Fleming)'의 일화를 읽을 때만 해도 참으로 멋진 인연이었구나 하는 감동의 파장이 적지 않았습니다. 사연인즉 부유한 귀족 출신의 처칠이 어렸을 때 목숨을 구해 준 인연으로 보잘것없는 집안의 플레밍이 공부를 계속할 수 있도록 도와줌으로써 페니실린을 발견한 유명한 세균학자가 될 수 있도록 하였고, 훗날 폐렴에 걸린 처칠의 목숨을 구한 것이 바로 그 페니실린이었다는 것이었지요.

그러나 두 사람의 나이와 출생지 및 성장지, 플레밍 집안의 내력 등등을 고려했을 때 그러한 일화는 가공되었거나 잘못 와전된 이야기일 가능성이 높다는 지적들이 적지 않은 것을 보며 아쉬운 마음을 숨길 수 없었습니다. 아쉬운 일은 한 가지가 더 있었습니다. 상당수의 인터넷 기사 또는 카페와 블로그의 기록들이 '윈스턴 처칠'을 '*윈스턴 처어칠'로 잘못 표기하고 있다는 사실이 그것이었지요. 그렇다면 영국인 'Churchill'을 '*처어칠'이 아닌 '처칠'로 적어야 하는 이유는 무엇일까요? 우선 다음 예들을 좀 더 보기로

하시지요

(1) ㄱ. 번역가이자 소설가인 이윤기의 "*그리이스 로마 신화"(웅진닷컴)는
신화를 인문학적 맥락에서 재구성할 수 있는 안목을 키워주는 에세이
스타일의 책이다.
ㄴ. 실제로 이 대학에는 중국, 몽골, *터어키, 베트남 등지 출신의 유학생
입학이 매년 늘고 있다.
ㄷ. 그 후에 읽은 엘리엇, 조이스, *초오서, 셰익스피어, 브라우닝 등은 모
두 죽은 사람들이 아닌 살아 있는 친구가 되어 버렸다.

위 문장들에서 쓰인 '*그리이스', '*터어키', '*초오서'는 모두 현행 <외
래어 표기법>에 어긋나는 것들입니다. 즉, 이들 어휘는 '그리스', '터키',
'초서'로 적어야 올바른 표기인 것이지요 이와 같은 표기는 현행 <외래어
표기법>이 이러한 단어들에서 나타나는 모음의 장음을 따로 표기하지 않
는 것을 원칙으로 하고 있기 때문인데, 이를 좀 더 분명하게 이해하기 위
해서는 다음 표를 참고하시는 것이 좋을 듯합니다.

원어	발음	외래어 표기	비고
Churchill	[tʃə : rtʃil]	처칠	
Greece	[grí : s]	그리스	그리스 로마 신화
Turkey	[tɜ : rki]	터키	
Chaucer	[tʃɔ́ : sər]	초서	

여기에서 보듯이 '처칠'을 비롯하여 '그리스, 터키, 초서'와 같은 외래어
단어들의 공통점은 이들이 모두 발음상 '[ə :],[i :],[ɜ :],[ɔ :]'와 같은 장

음을 가지고 있다는 것입니다. 만일 장음을 표기에 그대로 반영한다면 이들 단어들의 표기는 각각 '*처어칠, *그리이스, *터어키, *초오서'가 되어야 하겠지만 현행 <외래어 표기법>은 이러한 모음의 장음을 표기에 반영하지 않는 것으로 원칙으로 하고 있으므로 각각 '처칠', '그리스', '터키', '초서' 등으로 표기하는 것이 올바른 표기법입니다.

디지털 시대, 인터넷을 통해 확인되는 수많은 정보들 가운데는 얼마든지 잘못된 정보가 있을 수 있습니다. 그럼에도 불구하고 우리는 잘못된 정보를 액면 그대로 믿음으로써 진실이 왜곡되는 경우가 적지 않습니다. 따라서 제시된 정보가 정말로 사실과 부합하는 것인지를 끝까지 확인하려는 비판 정신을 갖는 것, 이것이 디지털 시대를 살아가는 21세기적 삶이라고 할 것입니다.

'카페오레'와 '밀크커피'

근래 들어 바로 어제까지 파출소였던 곳이 오늘은 제법 전문가 티를 내는 바리스타가 주인이 되어 커피를 내리는 근사한 커피숍으로 변해 버린 사례를 심심찮게 목격하고 있습니다. 그도 그럴 것이 커피가 아니면 다만 눈을 뜨고 있는 것일 뿐 깨어 있는 것이 아니라고 입을 모으며 커피로 하루를 시작하는 사람들이 수가 적지 않으니 당분간 동네의 새 가게는 모두 커피 전문점이 차지하게 될 가능성이 높은 듯합니다.

문제는 어지간한 마니아가 아니고선 커피숍의 메뉴를 보고서 입에 맞는 커피를 주문하기가 쉽지 않다는 것입니다. 사시사철 '아메리카노'를 외치는 사람에게는 해당하지 않는 말이지만, '카페오레'로부터 시작하여 '카페라테', '카푸치노', '카페모카', '에스프레소', '캐러멜 마키아토' 등등 그 종류가 적지 않으니 많은 분들이 고심에 고심을 거듭하며 한 잔의 커피를 선택하시게 되리라 생각합니다.

커피의 종류는 원두의 산지가 어딘가에 의해 결정되기도 하지만, 원액인 '에스프레소'에 물이나 우유 또는 그 밖의 첨가 물질로 무엇을 넣느냐에 따라 결정되는 것이 일반적입니다. '아메리카노'만 하더라도 진한 맛을 내는 '에스프레소'에 물을 많이 넣어 마시는 미국식 희석 커피라는 뜻을 가지고 있고, '카페오레'는 커피에 우유를 듬뿍 넣어 마시는 커피를 뜻하니 커피 외에 무엇을 추가로 넣느냐에 따라 그 명칭이 결정된다고 할 수 있는 것이지요.

홍미로운 사실은 '카페오레'의 경우처럼 커피에 우유를 넣어 마시는 방식의 커피는 세계 여러 나라에서 시도되어, 언어에 따라 그 명칭에 차이를 보인다는 것입니다. 말하자면 내용물은 동일하지만 언어가 다르다 보니 부르는 명칭 또한 나라마다 차이를 보인다는 것이지요. 다음을 보기로 하시지요.

국가	명칭	원어	비고
영국	화이트 커피	white coffee	우유 대신 크림을 넣기도 함.
프랑스	카페오레	café au lait	'lait'는 우유를 의미.
이탈리아	카페라테	caffe latte	'latte'는 〃 〃
스페인	카페 콘 레체	café con leche	'leche'는 〃 〃

그렇다면, 우리나라에서는 이와 같은 종류의 커피를 어떻게 부르고 있을까요? 프랑스어인 '카페오레'나 이탈리아어인 '카페라테'가 쓰이고 있긴 하지만, 주로는 '밀크커피'라는 영어가 많이 쓰이는데, 이는 영국영어나 미국영어에서는 쓰이지 않는 말 그대로 '콩글리시'입니다. 즉, 우리의 경우는 영어 '밀크'와 '커피'를 합성하여 '밀크커피'라는 명사를 새롭게 만들어 사용하는 방식의 한국식 영어를 만든 것이지요.

≪표준국어대사전≫의 정의를 통해서도 짐작할 수 있듯이 '콩글리시'라 함은 일반적으로 비문법적인 영어를 뜻합니다. 그러나 우리의 '콩글리시'가 영어를 원 재료로 하여 새롭게 만든 우리 식 영어라고 한다면, 어디까

지나 한국식 영어로 존중받아야 한다고 봅니다. 따라서 우리의 '밀크커피'는 '카페오레'나 '카페라테'와 어깨를 나란히 하여 쓰일 수 있는 단어이되 어디까지나 한국식 영어라는 사실을 잊지 않으시면 문제가 없으리라 생각합니다.

'더치페이'와 '각자내기'

지난 2001년, 온 세계가 엄청난 기대감을 가지고 맞이하였던 새로운 밀레니엄의 특성을 그동안 우리는 어떻게 정의해 왔을까요? 전 세계가 하나의 공동체를 형성하는 지구촌 시대 혹은 세계화의 시대라고 정의하였는가 하면, 아날로그 시대에서 디지털 시대로의 전환, 그리하여 지식과 정보가 새로운 자원이 되는 시대로 파악하기도 하였고, 인구의 이동이 국경을 넘어 이루어지는 이민의 시대로 인식하기도 하였습니다.

21세기의 여러 가지 특성 가운데 인구의 지리적 이동이 한 국가 내부에서만 이루어지는 것이 아니라 국경을 넘어 이루어지는 이민의 시대라는 특성은 결과적으로 그 어느 때보다도 언어와 문화의 접촉이 활발한 시대로의 전환을 야기하였다는 사실을 간과할 수 없습니다. 국가 간 교류의 증대에 이은 이민 인구의 증대는 언어 간의 차용(borrowing)과 혼효(blending) 현상 또한 그만큼 활발해지는 결과를 초래하고 있다고 할 수 있는데, 지난번 편지에서 언급한 '밀크커피(milk coffee)'는 그러한 현상을 잘 보여주는 어휘라고 할 것입니다. 즉 '밀크커피'는 차용의 원천(source)인 영어에는 없는 단어임에도 불구하고, 우리 한국인들은 '밀크'와 '커피'를 합성하여 만든 '밀크커피'를 커피의 종류 가운데 하나로 보고 많은 이들이 그 부드러운 맛을 즐기고 있다는 것이지요.

일명 '콩글리시'라고 할 수 있는 한국식 영어 표현은 사실 그 수가 적지 않습니다. 다음 예들을 좀 더 보기로 하시지요.

뜻	콩글리시	원어	비고
황금시간	골든아워(golden hour)	prime time	
득점	골인(goal in)	reach the goal/ make the goal	
각자내기	더치페이(Dutch pay)	Let's go Dutch./ Let's share.	'각자내기'로 순화.
장식케이크	데커레이션케이크 (decoration cake)	fancy cake	
속옷 상의	러닝셔츠(running shirt)	undershirt	
짐수레	리어카(rear car)	bicycle cart	
자가용	마이카(my car)	a private car	
(조리용)믹서	믹서(mixer)	blender	
후사경	백미러(back mirror)	rear view mirror	
볼펜	볼펜(ball pen)	ball point pen	
비닐봉투	비닐백(vinyl bag)	plastic bag	
피부 접촉	스킨십(skinship)	bodily contact	
휴대전화	핸드폰(hand phone)	celluar phone	

이와 같은 '콩글리시' 어휘 가운데 일부는 일본에서 만들어진 영어, 곧 '쟁글리시(Janglish)'가 우리말에 유입되어 사용되는 사례도 없지 않습니다. '더치페이'를 비롯하여 '데커레이션케이크', '믹서', '스킨십' 같은 단어가 그 전형적인 사례입니다. 이러한 사례를 통하여 알 수 있듯이, 오늘날 영어

는 순수한 원천 언어(source language)로서의 특성만을 가지고 있는 것이 아니라 세계 방방곡곡에서 새롭게 만들어진 차용형 또는 혼효형들을 수도 없이 많이 가지고 있음이 특징입니다. 그리하여 예컨대 영어에서는 'Let's go Dutch.' 또는 'Let's share.'라고 표현하는 것을 일본어나 한국어로는 '더치페이'라고 하는 것이 일반적이며, 한국어의 경우 이를 순화하여 '각자내기'로 쓰려는 노력을 하고 있다는 것을 알아 두시면 좋을 듯합니다.

'모호하다'와 '애매하다'

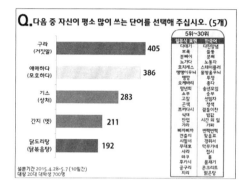

올해는 일본에게 빼앗겼던 나라의 주권을 회복한 지 70주년이 되는 해입니다. 국가와 지방자치단체 차원에서 여러 가지 행사들을 기획하고 있는 것도 70주년이 주는 무게감이 적지 않기 때문이라고 할 것입니다. 이런저런 행사들 가운데는 우리말에 남아 있는 일본어의 잔재를 지우기 위한 국어 순화 운동도 있습니다. 지난 4월 28일부터 5월 7일까지 한국 홍보 전문가 서경덕 성신여대 교수 연구팀과 대한민국 홍보 연합 동아리 '생존 경쟁' 팀이 서울·경기 지역 남녀 대학생 350명씩 총 700명을 대상으로 실시한 <언어문화 개선을 위한 일본어 잔재 설문조사> 역시 그러한 의도에 따른 것입니다.

위 그림을 통해 알 수 있듯이, 일본어 잔재 1위~30위 단어 중 대학생들이 평소에 가장 많이 쓰는 단어는 '구라(거짓말)'이고 그 다음은 '애매하다(모호하다)'입니다. '기스, 간지, 닭도리탕' 등도 많이 쓰이는 사례에 속한다고 할 수 있지요. 이 가운데는 일본어 기원 외래어인 것을 알고 쓰는 것도 있겠지만 그러한 인식이 전혀 없이 쓰는 것도 없지 않은데, 대표적인 사례가 '애매하다'라고 할 수 있습니다. '애매모호하다'라는 단어가 ≪표준국어대사전≫의 표제어로 등재되어 있는 실정이기까지 하니 '애매하다'가 일본어의 잔재라는 사실을 까마득히 모를 수도 있으리라는 것이지요.

'모호(模糊)하다'와 동일한 의미로 쓰이는 '애매(曖昧)하다'는 일본에서 만들어진 이른바 일본어식 한자어입니다. 결과적으로 '애매모호하다'라는 단어는 이른바 중첩어(重疊語)로서 동일한 의미를 지니는 '애매'와 '모호'가 중복해서 쓰인 것이니 국어 순화 차원에서 보자면 '애매'는 제외하고 '모호하다'로만 쓰는 것이 바람직한 우리말이라고 할 수 있습니다.

주지하는 바와 같이, 우리말 '모호하다'는 "희미하여 분명하지 아니하다."라는 의미를 지니고 있습니다. 이러한 '모호성' 때문이었을까요? '모호하다'만으로는 뭔가 분명하지 않은 구석이 있어서 국어 화자들은 일본어인 '애매하다'를 빌려 '애매모호하다'라는 단어를 만들어 쓴 게 아닐까 하는 생각이 들기도 합니다.

'애매하다'에 대해서는 한 가지를 더 언급해야 합니다. 일본어식 한자어가 아닌 고유어로서의 '애매하다'가 있어 '모호하다'와는 다른 의미로 쓰인다는 것이 그것입니다. 그렇다면 고유어 '애매하다'의 의미는 무엇일까요? 고유어로서의 '애매하다'는 "아무 잘못 없이 꾸중을 듣거나 벌을 받아 억울하다."라는 의미를 가지고 있습니다. 우선 구체적인 용례를 몇 가지 제시하면 다음과 같습니다.

(1) ㄱ. 괜스레 엉뚱한 사람 꾀어서 애매하게 만들지는 마라. 〈서기원, 조선백자 마리아상〉
　　ㄴ. 그것 봐. 애매한 사람을 죽이려 드니까 마른하늘에 생벼락이 안 내릴까. 〈김유정, 두포전〉

이와 같은 맥락에서 "아무 잘못 없이 꾸중을 듣거나 벌을 받아 억울하다."라는 의미로 쓰이는 고유어 '애매하다'는 줄여서 '앰하다'로 쓰이는 것이 특징입니다. 다음이 그 예입니다.

(2) ㄱ. 야, 이놈, 똥줄이 타니까 이젠 되레 앰한 사람 잡으려고 날뛰네. <전상
　　　 국, 하늘 아래 그 자리>
　　 ㄴ. 녀석이 저지른 실수 탓에 앰한 사람까지 화를 당하지 않을까 걱정이
　　　 었다. ≪윤흥길, 양≫

위의 예들을 통해 알 수 있듯이, 고유어 '애매하다' 또는 줄임말 '앰하다'에는 '모호하다'라는 의미가 포함되어 있지 않습니다. 결론적으로 말해 우리말 '애매하다'와 '모호하다'는 그 의미 영역이 엄연히 다른 말이니 구별해서 사용해야 하며 '모호하다'를 써야 할 맥락에는 '애매하다'를 쓰지 않는 것이 바람직하다 할 것입니다.

'수육'과 '제육'

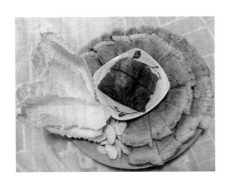

북한에는 "삼복 기간에는 입술에 묻은 밥알도 무겁다."라는 속담이 있다고 합니다. 삼복더위에 지치면 갱신하기조차 쉽지 않은 일이니, 입술에 묻은 밥알까지도 무겁지 않을 도리가 없다는 말이겠지요. 초복은 물론 중복, 말복에 이르기까지 복날만 되면 '삼계탕'이나 '닭백숙' 집들이 북새통을 이루는 것도 바로 그러한 까닭에서라고 할 것입니다.

삼복더위가 아니더라도 여름철만 되면 여러 가지 보양식을 찾는 것이 우리네의 여름나기 비법이라고 할 수 있는데, 그러한 보양식으로는 '삼계탕'이나 '닭백숙' 외에도 각종 '수육' 또는 '제육볶음' 등을 들 수 있습니다. 흥미로운 것은 이러한 보양식들의 명칭입니다. '삼계탕'만 하더라도 어린 햇닭의 내장을 빼고 인삼이나 대추, 찹쌀 등등을 넣어서 고아 만들었다는 의미를 가지고 있고, '닭백숙'은 '닭+백숙(白熟)'의 구조를 가진 것으로서 닭을 푹 삶되, 양념을 하지 않고 맹물에 푹 삶아 익히는 것을 말합니다. 물론 닭 대신 오리를 삶으면 '오리백숙'이 탄생하게 되겠지요.

그렇다면 '수육'이나 '제육볶음'이라는 명칭은 어떻게 해서 만들어졌을까요? 이 두 가지 음식명은 한자음의 변화와 관련이 있다는 점에서 주의를 요합니다. 우선 '수육'은 "삶아 내어 물기를 뺀 고기."라는 뜻을 가진 말로서 '숙(熟)＋육(肉)'의 구조에서 선행어 '숙'의 말음 'ㄱ'이 탈락함으로써 만들어진 단어입니다. 따라서 '수육'은 '숙육>수육'의 변화를 겪은 것이라고 할 수 있지요.

(1) ㄱ. 식약처가 발표한 외식 영양 성분에 따르면 나트륨이 가장 많이 함유된 음식은 짬뽕, 열량이 가장 높은 음식은 돼지고기 수육으로 조사됐다.
ㄴ. 대전 동구 맛집으로 이름난 이곳에서는 흑염소 수육과 전골, 무침 등을 맛볼 수 있다.

'수육'은 한자음의 변화뿐만 아니라 의미 변화까지를 겪은 것이라는 점에서 별도의 언급이 필요합니다. 1999년 종이사전으로 간행된 ≪표준국어대사전≫에서만 하더라도 '수육'은 '삶아 익힌 쇠고기'라는 뜻으로 쓰였는데 온라인으로 제공되는 현재의 전자사전에서는 "삶아 내어 물기를 뺀 고기."라는 의미로 쓰이고 있으니 원래의 의미가 확대되어 고기의 종류를 불문하고 삶아 낸 고기는 모두 '수육'이라고 하고 있는 것이지요. 다음 문장들에서 쓰이고 있는 '수육'이 그러한 언어적 사실을 뒷받침하고 있습니다.

한편, '제육볶음'의 '제육'은 '돼지고기'라는 뜻을 가지고 있는데, 이는 한자어 '豬肉(저육)'이 수행한 발음의 변화를 그대로 반영하는 것이라는 점에서 흥미로운 단어입니다. 즉, 17세기 후반에 간행된 문헌인 ≪박통사언해(朴通事諺解)≫에 '豬肉'이 '뎨육'으로 반영되어 있는바, '뎨육>졔육(구개음화)>제육(단모음화)'이라는 통시적 변화의 결과 '제육'의 형태를 그대로 유지

하고 있다고 할 수 있는 것이지요

　이상을 통해 확인한 바와 같이, 더위를 이기는 방법으로 선택하는 보양식 명칭 가운데는 '수육'이나 '제육'의 경우처럼 우리말에 유입된 한자음의 변화와 관련된 것들도 일부 포함되어 있습니다. 음식의 맛도 그 명칭의 어원이나 의미를 정확히 하고 나면 더 선명해질 수 있을 터, 이러한 언어적 사실에 대해서도 잠시 눈길을 주어 보시면 어떨까 합니다. 다만 '제육'은 순화 대상이어서 '돼지고기'로 쓰자는 움직임이 있으니 참고하시기 바랍니다.

'육개장'과 '*육계장'

이른바 '먹방'에서 '쿡방'으로의 전환, 이는 최근 들어 이루어진 전 국민의 안방극장, TV의 콘텐츠가 어떻게 진화하고 있는지를 가장 잘 보여주는 표현이라고 할 것입니다. 불과 1,2년 전만 하더라도 대부분의 요리 프로그램들이 이름난 맛집을 소개하고 그 음식을 즐기는 모습을 보여주는 '먹방'에 그쳤다고 한다면, 지난해 말부터는 이름난 셰프들을 비롯한 인기 연예인들이 출연하여 직접 요리하는 과정을 보여주는 '쿡방'이 인기몰이를 하고 있는 것이지요.

'쿡방'의 경우, 그 프로그램도 실로 다양해서 <한식대첩>을 비롯하여 <신동엽, 성시경은 오늘 뭐 먹지?>, <냉장고를 부탁해>, <삼시 세끼>, <집밥 백 선생> 등등의 프로그램들이 우후죽순 격으로 탄생하여 시청자들의 입맛을 자극하고 있습니다. 대저 식도락만큼 큰 즐거움이 없다고 할 수 있는 만큼 지금까지 먹었던 음식들과 차별화되는 전혀 다른 맛의 음식을 조리할 수 있는 비법을 배움으로써 맛있는 밥상을 차릴 수만 있다면 참으로 행복한 일이 아닐까 합니다.

문제는 지난번 편지에서 다루었던 '수육'이나 '제육'처럼 그 어원이나 의미를 정확하게 모르는 채 사용하는 음식명들이 적지 않다는 것입니다. '육개장'도 그러한 사례에 속한다고 할 수 있습니다. '육개장'을 '육계장'으로 잘못 쓰고 있는 경우가 적지 않다는 것이 그 증거라고 할 수 있지요

(1) ㄱ. '육개장'과 '*육계장'은 어떻게 다른가요?
　　ㄴ. 서울시내 *육계장 잘하는 곳 10선!
　　ㄷ. 점심시간 다가오니 뜨끈하고 얼큰한 *육계장이 생각나네요

　이와 같이 일반인들이 쓴 웹문서나 블로그에 심심찮게 등장하는 '*육계장'은 '육개장'의 오기일 뿐 (1ㄱ)의 사례가 암시하듯 두 가지가 어떠한 차이를 가진 음식이 아닙니다. 그렇다면 '육개장'은 어떤 성격의 음식일까요? '육개장'은 '육+개장'의 구조를 하고 있습니다. 따라서 '육개장'은 주로 삼복더위의 복달임을 위해서나 몸이 허약해졌을 때 보신을 위해 먹는 '개장'과 관련이 있는 음식입니다.
　주지하는 바와 같이 '개장' 혹은 '개장국'은 "개고기를 여러 가지 양념, 채소와 함께 고아서 끓인 국."을 가리킵니다. 그러나 개고기란 어디까지나 기호식품일 수가 있으므로 선호하지 않는 사람들이 적지 않다고 할 수 있습니다. 그리하여 개고기 대신 쇠고기를 넣고 '개장'처럼 갖은 양념을 하여 끓이는 방식의 조리법을 새로이 개발해 내었는바, 이를 가리켜 '육개장'이라고 하고 있습니다. 따라서 '육개장'의 '육'은 바로 쇠고기를 뜻한다고 보면 되겠지요
　물론 '닭개장'이나 '버섯개장'이란 용어도 종종 쓰이고 있습니다. 개고기 대신 닭고기를 넣어 끓이면 '닭개장'이, 고기를 전혀 넣지 않고 순수하게

버섯만을 넣어 끓이면 '버섯개장'이 되는 것이겠지요 그러나 유감스럽게도 이 두 개의 어휘는 아직 ≪표준국어대사전≫에 등재되어 있지 않습니다. 사전이란 그 자체로 한계가 적지 않아 언중의 창조적인 삶, 그것이 지나친 욕심이라고 한다면 지극히 일상적인 삶마저 제대로 반영하기 어렵기 때문이라고 할 것입니다. 그러나 어떻게 하더라도 '*육계장'은 '육개장'의 오류라고 할 수 있으니 이것만큼은 제대로 바로잡아 주셨으면 합니다.

'닭볶음탕'과 '*닭도리탕'

　　신토불이의 이치를 모르는 바 아니지만, 우리의 식탁에 오르는 것이 밥과 김치만은 아닌 시대에 우리는 살고 있습니다. 밥 대신 먹는 '빵'만 하더라도 포르투갈어 'pão'에서 기원한 것이니 우리의 것은 전혀 아니며, 국수 대신 먹는 '파스타' 또는 '스파게티'는 이탈리아어에서 기원하였으니 실로 다양한 국적의 음식들이 우리의 밥상에 동거하고 있다고 할 수 있는 것이지요.

　　물론 지정학적 위치상 가장 활발한 문화 접촉이 이루어졌던 중국이나 일본에서 들어온 음식들도 적지 않습니다. '자장면/짜장면'과 '기스면', '짬뽕' 등이 밥보다는 면류를 주식으로 즐겨먹는 중국에서 들어온 대표적인 음식이라고 한다면, 일본에서 들어온 음식들도 그 종류가 적지 않아서 '우동'이니 '소바'니 하는 면류를 비롯하여 상당히 다양한 종류의 일본음식, 곧 일식이 우리 안에 공존하고 있다고 할 것입니다.

　　문제는 우리나라와 일본 간의 특수한 역사적 관계는 일본에서 들어온 문화를 있는 그대로 받아들이기에는 뭔가 불편한 마음이 없지 않으며, 특히 세대 간 의사소통이 자유롭지 못하다는 인식 때문에 국가 차원에서 일본어 순화 운동이 전개되기도 했다는 것입니다. 2005년, 국립국어원에서 펴낸 ≪일본어 투 용어 순화 자료집≫의 경우만 하더라도 1,171개의 용어가 순화 대상으로 선정되었는바, 알면서도 쓰고 잘 몰라서 쓰기도 하는 일본어 기원 어휘들이 적지 않다고 할 것입니다.

일본어 기원 어휘들 가운데는 아직도 우리의 일상생활에서 활발하게 쓰이고 있는 것들이 많은 편인데, 특히 음식 용어에서 그러한 경향이 높게 나타난다고 할 수 있습니다. '*닭도리탕'의 경우가 그 대표적인 사례입니다. '닭+도리+탕'의 구조로 이루어진 이 단어의 구성요소 가운데 '도리(と り)'는 일본어로 '새'나 '닭'을 뜻하는 단어입니다. 따라서 '*닭도리탕'을 우리말로 옮기면 '*닭닭탕'이 되어 '닭'이 중복되어 쓰이는 문제점이 있습니다. 이와 같은 문제를 해결하기 위하여 국립국어원에서는 '닭도리탕' 대신 '닭볶음탕'을 순화어로 제시하였고 ≪표준국어대사전≫에서도 이를 표제어로 등재하여 사용하고 있습니다.

그렇다면 '*닭도리탕' 외에 우리말에 유입되어 사용되는 일본어 기원 음식 용어들로는 어떤 것들이 있으며, 그러한 용어들은 어떻게 순화되어야 하는 것일까요? 이를 하나의 표로 정리하여 제시하면 다음과 같습니다.

일본어 기원 외래어	순화어	비고
다대기(たたき)	다진 양념	
다마네기(たまねぎ)	양파	
다시(だし)	맛국물	
마키(まき)	말이, 김말이	데마키(てまき) → 손말이 김밥
사시미(さしみ)	생선회	
소바(そば)	메밀(국수)	
스시(すし)	초밥	
쓰키다시(つきだし)	곁들이(안주)	

일본어 기원 외래어	순화어	비고
와사비(わさび)	고추냉이	
지리(ちり)	맑은탕	복지리 → 복국

여기에서 보듯이 일본어에서 기원한 음식명 또는 양념을 가리키는 용어들 가운데 순화 대상 용어의 수가 적지 않다고 할 수 있습니다. 이러한 용어들 가운데는 '다대기'나 '다마네기', '다시', '와사비', '지리'처럼 일상생활에서 보편적으로 사용되는 것도 없지 않지만, 그 밖의 사례들은 대부분 일반 서민들은 접근이 쉽지 않은 정통 일식집에서 쓰이는 것들이라는 특징이 있습니다. 이러한 사실에 비추어 본다면 일본어 기원 외래어들은 세대 간은 물론 사회 계층 간 의사소통의 단절을 초래할 가능성이 없지 않은 듯합니다. 따라서 우리말 안에 들어 있는 외래어적 요소들이 '*닭도리탕'의 경우처럼 부적절한 단어를 만들어 내거나 세대 간 또는 사회 계층 간의 소통을 방해하지는 않는지 점검해 보는 것이 좋을 듯합니다.

'돈가스'와 '*돈까스'

　대한민국 어디를 가도 쉽게 찾을 수 있는 서양요리를 한 가지 대라고 하면 '돈가스'를 빼놓을 수는 없을 것입니다. 학교 앞 분식집은 물론이거니와 간단한 서양식 일품요리를 제공하는 경양식집을 포함하여 뷔페 또는 호텔에 이르기까지 어디에서든 큰 부담 없이 먹을 수 있는 음식이 바로 '돈가스'라고 할 수 있기 때문이겠지요.

　주지하는 바와 같이, '돈가스'란 빵가루를 묻힌 돼지고기를 기름에 튀긴 서양 요리를 말합니다. 이러한 '돈가스'의 역사는 제법 유서가 깊은 편입니다. 즉, '돈가스'는 독일, 오스트리아 등지에서 개발한, 달걀과 빵가루를 입혀 굽거나 튀긴 고기라는 뜻의 '슈니첼(독일어 : Schnitzel)'에서 그 뿌리를 찾을 수 있는 것이지요. 이 '슈니첼'이 유럽 여러 나라로 전파되면서 돼지고기를 재료로 한 '슈니첼'을 영어로 '포크커틀릿(pork cutlet)'이라 부르게 되었고, '포크커틀릿'이 일본으로 건너가 '돈카츠'라는 이름으로 변신을 하게 된 후, 우리말에서는 이를 다시 '돈가스'로 차용하게 되었으니 차용의 역사 또한 결코 짧다고 보기 어려울 듯합니다.

　영어 '포크커틀릿'은 'pork(돼지고기)+cutlet(얇게 저민 고기)'의 구조로 이루어져 있음이 특징입니다. 이와 같은 구조로 이루어진 '포크커틀릿'을 일본

에서는 '돈카츠', 곧 '돈(豚)+카츠(カツ)'라는 구조의 단어로 차용을 하게 되는데, 여기서의 '카츠'는 '커틀릿(cutlet)'의 일본어식 발음 '카츠레츠'에서 뒷부분 '레츠'를 절단한 것입니다.

문제는 우리말 '돈가스'입니다. '돈가스'는 일본어 '돈카츠'가 차용되는 과정에서 좀 더 발음하기 쉬운 '가스' 형태로 바뀐 것인데, 이 '돈가스'를 '*돈까스'로 잘못 사용하는 이들이 적지 않다는 것입니다. 다음이 그 예입니다.

(1) ㄱ. 수제 *돈까스 전문점 '25카츠'가 동원홈푸드와 식자재 공급에 대한 업무 협약 체결을 기념하는 페이스북 이벤트를 진행한다.
ㄴ. *돈까스 칼로리가 1인분 당 574Kcal인 것으로 알려진 가운데, 이와 관련, 뱃살 빼는 습관 10가지가 덩달아 눈길을 끌고 있다.

위의 예에서 잘못 사용된 '*돈까스'는 모두 인터넷 뉴스 기사입니다. 이러한 점에 비추어 보면, 일반인이 아닌 전문가들 또한 오류가 적지 않은 것으로 보입니다.

흥미로운 언어적 사실은 '돈가스'와 함께 영어에서 기원한 '포크커클릿' 또한 표준어의 자격이 있다는 것입니다. 엄밀한 의미에서 '돈가스'는 '포크커클릿'과 명칭뿐만 아니라 조리법에서도 차이가 있으니 불가피한 일이라고 할 수 있겠지요. 다만, 최근 들어서는 일본어 투 외래어에 대한 순화 운동에 힘입어 '돈가스'를 '돼지고기 (너비) 튀김'으로 쓰자는 움직임이 일고 있음을 알아 두셨으면 합니다. 아울러 '돈가스'가 가능하다면 영어의 '비프커틀릿(beef cutlet)'에 근거한 또 다른 외래어 단어 또한 가능하리라는 기대에도 불구하고, '*비프가스'든 '*비후까스'든 둘 다 표준어의 반열에 포함되어 있지 않으니 이에 대해서도 잘 기억을 해 주시길 빕니다.

'일제강점기'와 '*일제시대'

　　바로 어제 8월 15일에는 광복 70주년을 맞이하여 국가와 지자체를 비롯하여 사회단체들이 주관한 기념행사가 여기저기서 열렸습니다. 민족의 긍지와 자부심을 고취하고 국민이 하나 되어 선진 한국, 통일 국가로 나아가기 위한 염원을 담은 행사들이었으니 국민의 한 사람으로서 기쁜 마음이 없지 않았습니다. 그러나 한말까지 꾸준히 전개되던 우리의 자주 근대화를 저지하고 강점 기간 동안 우리 사회를 정체시키고 온갖 학살과 약탈을 자행하였으며, 결국은 남북으로 분단되어 고통을 받게 만든 일본 제국주의의 후예들은 아직도 우리나라를 비롯하여 동아시아에 끼친 해악에 대하여 진정한 자기반성을 보여주지 못하고 있음을 감안할 때 마냥 즐겁고 기쁠 수만은 없는 일이었습니다.

　　1910년부터 1945년까지 우리나라가 일본제국주의에 의하여 식민 통치를 당한 35년간은 유구한 역사에서 우리 민족이 가장 크고 아픈 상처를 입은 시기였습니다. 이러한 시기를 가리키는 용어로 우리 사회에서는 그동안 '왜정, 왜정시대, 식민지시대, 일제시대, 일제식민지시대, 일제강점기' 등등의 다양한 용어들이 사용되었습니다. 이러한 용어들은 시대적 분위기 혹은 특성에 따른 국민 정서를 반영하는 것이기도 하면서 용어가 갖는 함의에 대한 학계의 비판적 인식을 그대로 반영하는 것들입니다. 문제는 다양한 명칭의 용어들이 혼재되어 사용됨으로써 일반인들의 혼란을 야기할 가능성이 없지 않다는 것입니다. 따라서 이제라도 한번쯤 용어의 정립을 위한 점검을 해야 한다고 할 것입니다.

결론부터 말씀드리면 일본 제국주의의 침략성을 드러내면서 '국망(國亡)'의 강제성을 표현하는 데 가장 적절한 용어는 '일제강점기'라고 할 수 있습니다. 한국학중앙연구원에서 발간한 ≪한국민족문화대백과사전≫에 따르면, 일본제국주의의 식민지 정책은 제국주의 식민지 정책 중에서도 가장 폭압적이고 악랄한 것이었습니다. 사회·경제적 수탈뿐만 아니라 한국민족을 말살, 소멸시켜서 일본제국 내의 공식·비공식적으로 차별받는 종속 천민 신분층으로 만들 것을 목적으로 한국민족 말살 정책을 강행한 정책이었다는 점에서 특히 그러하다고 할 수 있습니다. 따라서 구미 열강에 의해 이루어진 어떤 제국주의의 침탈보다 악랄한 성격을 띠는 일제의 침략성과 강제성을 드러내는 데는 다른 어떤 명칭보다도 '일제강점기'가 적절한 용어라고 할 것입니다.

사실, 우리 사회에서는 '일제강점기'라는 용어만큼이나 '*식민지시대/시기'나 '*일제시대'와 같은 용어들이 자주 쓰이고 있는 듯합니다. 다음이 그 예입니다.

(1) ㄱ. 역사성의 진지함에 치중하다 보면 주제가 너무 무거워져서 부담스럽고 너무 가볍게 희화화하면 가벼워져서 문제가 있고 이래저래 *식민지시대 영화는 다루기 어려운 소재죠

ㄴ. *식민지시기 지방제도 법령, 행정 사례 등을 토대로 당시 광주의 모습을 총체적으로 분석한 박사학위 논문이 나왔다.
(2) ㄱ. *일제시대 조선인은 인간 대우를 못 받고 숨죽이고 살았다.
ㄴ. 동화약품은 광복절(15일)을 앞둔 13일, *일제시대인 1936년 8월 9일 우리나라 선수들이 독일 베를린 올림픽 마라톤 경기에서 금메달과 동메달을 획득하자 승전보를 알리는 내용의 축하 광고를 8월 11일 실은 바 있다고 밝혔다.

이와 같은 사례를 통해 알 수 있듯이, 어떤 맥락에서는 '일제강점기' 대신 '*식민지시대(시기)'나 '*일제시대'가 자연스럽게 쓰일 수도 있습니다. 그러나 이러한 용어들은 두 가지 차원에서 문제가 있습니다. '*식민지'나 '*일제'에 역사학에서 말하는 '시대', 곧 각각의 사회가 특정한 기간에 갖고 있는 개별적 특질의 총체로서의 '시대' 개념을 부여하기 어렵다는 것이 그 하나이고, 그러한 용어에는 일본 침략의 강제성이 드러나지 않는다는 것이 다른 하나입니다. 이와 같은 문제점들에 대한 인식에 기대어 볼 때, '일제강점기'라는 용어의 타당성 또는 적절성이 잘 드러난다고 할 수 있는 바, 이러한 용어의 선택이 우리의 근현대사를 좀 더 철저히 인식하는 데 도움이 될 수 있기를 바랍니다.

'패다'와 '피다'

어제는 태양의 황도(黃道)상의 위치로 정한 24절기 중 열네 번째에 해당하는 절기, 곧 '처서(處暑)'였습니다. 예로부터 '처서'는 "땅에서는 귀뚜라미 등에 업혀오고, 하늘에서는 뭉게구름 타고 온다."라고 했으니 이제부턴 밤낮을 가리지 않고 우리를 공격하던 무더위도 주춤해지고 아침저녁으론 서늘한 기운이 감돌게 될 것입니다. '처서'라는 명칭 자체가 더위가 그친다는 뜻이니 너무나도 당연한 일이라고 할 수 있겠지요

우리의 경험을 통하여 잘 알고 있는 바와 같이, '처서'가 가져다 줄 자연의 변화는 비단 무더위가 가시는 것에 그치지 않을 것입니다. "처서가 지나면 모기도 입이 비뚤어진다."라는 속담이 있듯이 모기나 파리의 극성이 사라져가는 것도, 논두렁의 풀을 깎거나 산소를 찾아 벌초를 해야 하는 것도 '처서'가 우리에게 가져다 준 자연의 변화 때문이라고 할 수 있는 것이지요

그러나 그 어떤 자연의 변화도 무더운 여름을 견디며 줄기와 잎사귀를 튼실하게 키워 온 '벼'의 생육과 관련된 변화를 능가하지는 못할 것입니다.

이 무렵이면 들판의 벼들이 일제히 풍성한 추수기를 꿈꾸며 벼이삭을 내보내는 일을 하기 때문입니다.

그렇다면, 벼나 보리와 같은 곡식의 이삭이 나오는 것을 가리키는 우리말 동사는 무엇일까요? 바로 '패다'입니다.

(1) ㄱ. 18일 오후, 모처럼 구름에 가리던 햇살이 내리쬐자 간척지인 전남 고흥군 동강면의 죽암농장 벼 2기작 벼논에 연둣빛을 띤 벼이삭이 앞다퉈 패기 시작했다.
ㄴ. 논에서는 마지막 피사리를 끝냈는데 이삭이 패었으니 벼 익기만을 기다리면 되고 밭에서도 장마 끝 풀매기를 끝냈으니 고추, 가지, 오이, 호박 등 열매 딸 일만 남았다.

이러한 사례를 통하여 알 수 있듯이, 곡식의 이삭이 나오는 것을 '패다'라고 하는데, 처서 무렵이면 벼의 이삭들이 '패기' 시작하여 알곡으로 영글어 가는 꿈을 꾸게 됩니다. 북한에서는 무엇이 한꺼번에 성한 것을 비유적으로 이를 때 "처서에 장벼(이삭이 팰 정도로 다 자란 벼) 패듯"이라는 속담을 사용한다고 하니, 처서엔 벼들이 그만큼 왕성하게 자라 이삭을 내보내게 되리라는 것을 쉽게 짐작할 수 있습니다.

곡식의 이삭이 나오는 것을 '패다'라고 하는 반면, 이삭이 아닌 꽃이 나오는 것을 일컬어서는 '피다'라고 하니, 우리말에서는 '패다'와 '피다'가 어휘적으로 대립한다는 것을 알 수 있습니다. 따라서 '패다'를 써야 할 자리에 '*피다'가 쓰인 다음 사례들은 잘못된 용례라고 할 수 있습니다.

(2) ㄱ. 며칠 전부터는 밤에 귀뚜라미 소리가 들리고 벼이삭은 중복 즈음부터
　　*피기 시작하더니 지금은 꽤 많이 *피었다.
　ㄴ. 5월 보리 이삭이 *피고 익을 무렵 잡히는 숭어를 보리숭어라 부르지.

요컨대 자연의 순리라는 것은 꽃이 '피고' 난 뒤 이삭이 '패어' 열매를
맺는 과정이라고도 할 수 있습니다. 처서를 지낸 들녘의 벼들은 이제 땅과
하늘의 정기를 모아 이삭을 내보낼 만반의 준비를 하고 있을 터, 그 이삭
이 영글어 황금빛 열매를 맺을 때까지 한낮의 태양이 한껏 왕성한 기운을
내뿜을 수 있도록 두 손을 모을 일입니다.

'당기다'와 '땅기다'

계절은 이제 완연한 가을로 들어선 듯합니다. 사실은 지난여름의 열기가 한참동안 우리 곁에 머뭇거리고 있을 것으로 기대했었습니다. 그러나 여름은 마치 변심한 애인처럼 뒤도 돌아보지 않고 제 갈 길을 가고 있는 것으로 보입니다. 습기라고는 느껴지지 않는 청신한 바람, 그악스럽게 울어대던 매미의 울음 대신 풀벌레들의 합창이 드높아지게 된 것이 그 증거라고 할 수 있겠지요.

모르긴 해도 봄, 여름, 가을, 겨울, 사계절 가운데 가을처럼 별칭을 많이 갖고 있는 계절은 없을 것입니다. 머잖아 코스모스가 한창일 테니 '코스모스의 계절'임은 물론이요, 하늘은 높고 말은 살이 찐다고 했으니 '천고마비(天高馬肥)의 계절'이자 온갖 곡식과 과일이 익어 마지막 수확을 서둘러야 하는 '추수의 계절'이며 수구초심(首丘初心)의 마음으로 어머니와 고향을 생각하는 '그리움의 계절'이라는 것 등 그 이름이 한두 가지가 아니라는 것이지요. 이러한 이름들에 한 가지를 더하라고 한다면, 가을은 아무래도 '당김의 계절'이라고 해도 틀린 말이 아닐 것입니다. 여름 내내 발길 아래 놓여 있었던 이불을 끌어 올려야 하니 거기에도 '당김'이 있으며, 삼복더위에 잃어버렸던 입맛도 돌아올 테니 여기에도 '당김'이 있기 때문입니다.

너무나도 당연한 얘기이지만, '당김'이라는 말은 동사 '당기다'의 명사형입니다. 문제는 우리 국어 화자들이 '당기다'를 제대로 쓰고 있는 것 같지 않다는 데 있습니다. 때로는 '*땡기다'로 써야 할 것 같은 충동에 사로잡히기도 하고 또 때로는 '땅기다'와 혼동을 하고 있기 때문이라고 할 수 있습니다. 다음이 그 예입니다.

(1) ㄱ. 그녀가 요즈음 왠지 "단 게 *땡긴다."라고 말했다.
   ㄴ. 이에 박진영은 "갑자기 아이스크림이 *땡긴다."며 스트레스를 받았다.

여기에서 쓰인 '*땡기다'는 표준어가 아니며, '땅기다'는 '당기다'와 전혀 다른 의미를 지닌 단어입니다. 그렇다면 '당기다'와 '땅기다'의 의미는 무엇일까요? 우선 동사 '당기다'의 의미부터 살펴보면 다음과 같습니다.

의미	용례
좋아하는 마음이 일어나 저절로 끌리다.	그 얘기를 듣고 바짝 호기심이 당겼다.
입맛이 돋우어지다.	감기 몸살에 시달리고 있었는데도 아이들이 해 놓은 오므라이스를 보니 입맛이 당겼다.
물건 따위를 힘을 주어 자기 쪽이나 일정한 방향으로 가까이 오게 하다.	황지안은 이리저리 뒤적이며 이불을 자기 쪽으로 당겼다.
정한 시간이나 기일을 앞으로 옮기거나 줄이다.	6월로 잡았던 결혼 날짜를 5월로 당겼다.

여기에서 보듯이, '당기다'는 자동사 혹은 타동사로서 네 가지 정도의 의미를 지니고 있습니다. 이와는 달리 '땅기다'는 다음과 같은 한 가지 전혀 다른 의미를 지닌 단어입니다.

의미	용례
몹시 단단하고 팽팽하게 되다.	• 건조한 날씨 탓에 얼굴이 몹시 땅긴다는 옳은 표현입니다. • 조금이라도 땅긴다 싶을 땐 종류 불문하고 무조건 마스크를 얼굴에 덮어야 해요.

바야흐로 짧았던 밤이 점차로 길어지면서 야식을 찾는 이들이 많아질 수 있는 시기입니다. 그리하여 '천고마비'가 '천고인비'가 될 가능성이 없지 않다고 하겠지요. 얼마든지 그럴 수 있는 일이지만, 우리의 입맛만큼은 '*땡기거나', '*땅기는' 것이 될 수 없음을 잘 기억하셨으면 합니다.

'살지다'와 '살찌다'

서늘한 바람과 잘 익은 열매, 가을이 우리에게 가져다주는 혜택은 한두 가지가 아니지만, 푸른 등과 은빛 배를 가진 전어 떼를 빼놓을 수는 없는 일이라고 할 것입니다. 보성 출신 시인이 <전어의 계절>이라는 제목으로 쓴 다음과 같은 시 한 구절만 보더라도 이 계절, 뭇 사람의 입을 즐겁게 만드는 제철음식으로 으뜸이 될 만한 것이 바로 전어임을 부인하기 어렵다는 것이지요

여름이 / 피서객 따라 / 떠나고 나면 // 득량만 / 물 맑은 바다에 / 가을이 온다 / 전어 떼가 온다 // 파름한 은빛으로 / 파닥이는 / 살진 전어 / 듬성듬성 / 썰어다가 // 새콤달콤 / 초장 찍어 / 한입에 넣고 // 회로 무쳐 / 매콤달콤 / 입에 넣고 / 호-호- // 왕소금 살살 뿌려 / 숯불에 구우면 // 그 맛 못 잊어 / 집 나간 며느리도 / 돌아온다는 // 율포의 가을 명물 / 전어가 한 맛 //

문제는 '살진' 전어가 아닌 '*살찐' 전어라면 집 나간 며느리를 돌아오게 만들 수 있는 진정한 가을 전어가 될 수 없다는 것입니다. "가을 전어

머리엔 깨가 서 말"이라는 말처럼 그 고소함이 일품인 가을 전어라면 기름기가 살살 도는 '살진' 전어여야지 그저 몸만 불은 '*살찐' 전어여서는 안 되기 때문입니다.

그렇다면, 전어의 맛을 전혀 다르게 만드는 우리말 '살지다'와 '살찌다'는 어떤 차이가 있을까요? 우선 다음 문장의 사례를 보기로 하시지요

(1) ㄱ. 농부는 말을 몰고 시장으로 가다 살진 암소를 몰고 가는 사람을 만났습니다.
ㄴ. 바위 틈새에 사는 찌든 소나무가 살진 땅에서 사는 낙락장송을 탐하지 않는다.
ㄷ. 물이 오른 살진 과일은 보기에도 탐스럽다.
(2) ㄱ. 배고픈 설움에서 벗어난 것만이 아니라 살쪄서는 안 된다는 인식이 아이들에게까지 심어지고 있는 세상이다.
ㄴ. 밖에서는 오월의 신록을 살찌게 하는 조용한 부슬비가 부슬거리고 있었다. ≪이문구, 관촌 수필≫

언뜻 보아서는 비슷해 보이지만, 이와 같은 문장에서 사용된 '살지다'와 '살찌다'는 품사는 물론 구체적인 사용 맥락과 의미도 차이가 있음이 특징입니다. 다음은 두 단어에 대한 ≪표준국어대사전≫의 정의입니다.

단어	품사	의미
살지다	형용사	① 살이 많고 튼실하다. ② 땅이 기름지다. ③ 과실이나 식물의 뿌리 따위에 살이 많다.
살찌다	동사	① 몸에 살이 필요 이상으로 많아지다. ② (비유적으로) 힘이 강하게 되거나 생활이 풍요로워지다.

이와 같은 정의로 볼 때, 집 나간 며느리를 돌아오게 만들 수 있는 것은 '살진 전어'이지 '*살찐 전어'가 아니라는 사실이 분명해지는 것 같습니다. 그러니 이 가을 어디에선가 전어를 한입 먹었을 때, 그 맛이 참깨 서 말의 고소함을 담은 듯하거든 '살진 가을 전어'를 제대로 맛보고 있는 것이라고 생각하시면 될 것입니다.

'가득하다'와 '그득하다'

바람에도 결이 있어 계절의 깊이에 따라 아침저녁으로 부는 바람결이 달라질 수 있듯이, 우리가 사용하는 말에도 결이 있어서 우리들 마음 혹은 정서의 깊이에 따라 달리 선택되는 어휘들이 존재합니다. 그리하여 사람의 마음에 일어나는 여러 가지 감정을 그대로 담아 한껏 분위기를 잡은 상황에서 사용해야 하는 어휘들이 있는가 하면, 그러한 감정이나 분위기를 철저히 배제한 채 어떠한 내용을 분명하고 정확하게 전달해야 하는 상황에서 사용하는 어휘들이 있습니다. 전자가 시나 수필과 같은 문학 작품에서의 어휘 사용이라고 한다면, 후자는 신문기사나 논문과 같은 곳에서의 어휘 사용이라고 하겠지요.

KBS 아나운서실 한국어 연구회에서는 우리말 어휘 가운데 감정 혹은 느낌을 담은 말과 그렇지 않은 말의 쌍으로 다음과 같은 예들을 제시한 바 있습니다.

느낌 없는 말	느낌 있는 말
가득하다	그득하다
낮다	나지막하다
크다	커다랗다
작다	자그맣다

느낌 없는 말	느낌 있는 말
얕다	야트막하다
멀다	멀찍하다
두껍다	두툼하다

이러한 단어 쌍들은 의미에는 별반 차이가 없다고 할 수 있습니다. 그러나 실제로 이 단어들은 두 가지 정도의 차이를 가지고 있는데, 그 하나는 의미상 어떠한 상태가 더하고 덜한 정도의 차이를 가지고 있다는 것이고, 다른 하나는 상황에 따라 상이한 어휘를 선택해서 써야 한다는 것이지요. 예컨대, ≪표준국어대사전≫에서는 '가득하다'와 '그득하다'의 의미를 다음과 같이 제시하고 있음이 특징입니다.

가득하다	그득하다
• 분량이나 수효 따위가 어떤 범위나 한도에 꽉 찬 상태에 있다.	• 분량이나 수효 따위가 어떤 범위나 한도에 아주 꽉 찬 상태에 있다.
• 빈 데가 없을 만큼 사람이나 물건 따위가 많다.	• 빈 데가 없을 만큼 사람이나 물건 따위가 아주 많다.
• 냄새나 빛 따위가 공간에 널리 퍼져 있다.	• 냄새나 빛 따위가 넓은 공간에 널리 퍼져 있다.
• 감정이나 정서, 생각 따위가 많거나 강하다.	• 감정이나 정서, 생각 따위가 아주 많거나 강하다.

이러한 사전의 정의로써 파악할 수 있듯이, '가득하다'와 '그득하다'는 의미상 큰 차이는 없더라도 정도의 차이는 가지고 있어서, '아주'나 '넓은'과 같은 수식어들이 그러한 정도 차이를 보여주고 있습니다. 또한 두 단어는 어떠한 의도나 목적에 따라 쓴 글인가에 따라 달리 선택되기도 하는바,

'가득하다'가 정보 전달이나 논증을 목적으로 하는 글에서 주로 쓰이는 반면, '그득하다'는 시나 수필 같은 문학작품에서 주로 쓰이는 것이 특징입니다. 다음이 그 예입니다.

(1) ㄱ. KRT에서 선보인 장가계 3박 5일 상품은 신비롭고 기이한 비경들로 즐길 수 있는 볼거리가 가득하다. 〈환경일보, 2015. 8. 27.〉
    ㄴ. 충남 부여군 저석리 강변 둔치는 외래식물인 가시박이 점령하고 주인 떠난 고깃배 주변엔 녹조만 가득하다. 〈오마이뉴스, 2015. 9. 4.〉
(2) ㄱ. 그 깊고 깊은 계곡에 서면 서부의 전설을 몸에 휘두른 듯 낭만의 향취로 그득하다. 〈함길수, 여행 작가〉
    ㄴ. 억수같이 쏟아지던 비도 그치고 황금 같은 햇살이 창가에 비치며 매미소리가 창공에 그득하다. 〈노바, 블로거〉

이와 같은 용법상의 차이는 '낮다'와 '나지막하다', '크다'와 '커다랗다' 등등에도 그대로 적용된다고 할 수 있습니다. 따라서 자신의 감정의 깊이가 어느 정도인지에 따라 선택해야 하는 단어가 별도로 있을 수 있음을 기억해야 할 것입니다.

'풋콩'과 '해콩'

아침저녁으로 서늘한 기운이 감도는 가운데도 한낮의 수은주가 30도를 육박하는 날이 많았으니 그동안 정녕 가을이 맞는 것인가 하는 의구심이 없지 않았습니다. 그러나 바야흐로 추석이 일주일 앞으로 다가오고 있으니 이제는 더 이상 가을을 의심하지 않아도 될 듯합니다.

온갖 과일과 곡식이 새로 나는 때에 맞이하는 명절이고 보니, 추석이면 모든 집들이 그 어느 때보다도 풍성한 차례상을 준비하게 될 것입니다. 그 가운데 가장 많은 정성과 힘을 들여야 하는 일은 아무래도 송편을 빚는 일이라고 할 수 있겠지요. 그도 그럴 것이 쌀가루를 빻는 일로부터 각가지 빛깔의 색소를 넣어 반죽하는 일, 송편 안에 넣을 소를 준비하는 일 등등 그 과정 하나하나가 여간 힘이 들지 않기 때문입니다.

추석 전날 달밤에 마루에 앉아
온 식구가 모여서 송편 빚을 때
그 속에 푸른 풋콩 말아 넣으면
휘영청 달빛은 더 밝아오고
뒷산에서 노루들이 종일 울었네.
— 서정주, <추석 전날 달밤에 송편 빚을 때>에서

지역이나 집안에 따라 차이가 있겠지만, 송편의 소로는 깨소금과 햇밤, 풋콩 등이 이용될 수 있는데, 미당의 식구들이 그리한 것처럼 필자 또한 '푸른 풋콩'을 설탕이나 꿀에 말아 넣는 것을 좋아합니다. 따가운 가을볕에도 불구하고 아직 단단히 여물지 않았으니 오래오래 삶지 않아도 좋은데다 푸른 빛깔 또한 갖고 있으니 그 맛도 색깔도 나쁘지 않기 때문이지요.

흥미로운 것은 그 '풋콩'이야말로 올해 새로 난 '해콩'이라는 것입니다. '풋콩'과 '해콩', 이 두 단어를 대조해 보면 '풋콩'에는 있으나 '해콩'에는 없는 것이 있는데 그것은 바로 'ㅅ'입니다. 그렇다면 두 단어의 이와 같은 표기 차이는 어디에서 기인한 것일까요? 이해를 쉽게 하기 위하여 두 단어의 구성 요소를 제시하면 다음과 같습니다.

(1) ㄱ. 풋콩 : 풋- + 콩('풋-'은 '처음 나온', 또는 '덜 익은'의 뜻을 더하는 접두사)
 ㄴ. 해콩 : 해- + 콩('해-'는 '그해에 난'의 뜻을 더하는 접두사)

이러한 분석을 통해 확인할 수 있듯이, '풋콩'에는 '처음 나온', 또는 '덜 익은'의 뜻을 지닌 접두사 '풋-'이 쓰인 반면, '해콩'에는 '그해에 난'이라는 뜻을 지닌 접두사 '해-'가 쓰인 것이 특징입니다. 두 접두사는 이와 같은 의미 차이 외에도 형태 변화에서도 차이를 보이는데 '풋-'은 '풋감, 풋고추, 풋과일, 풋김치, 풋사과, 풋배' 등의 사례에서처럼 언제나 '풋-'의 형태로 실현되는 반면, '해-'의 경우는 '해-/햇-'으로 교체되는 것이 그것이지요. 다음을 보기로 하시지요.

형태	용례
해-	해쑥, 해차, 해콩, 해팥 등.
햇-	햇감자, 햇과일, 햇나물, 햇마늘, 햇사과 등.

여기에서 보듯이, 접두사 '해-'는 '쑥'이나 '차', '콩', '팥'의 경우처럼 첫 소리가 된소리나 거센소리인 명사 앞에서 쓰이는 것이 특징입니다. 따라서 만일 다음과 같이 '*햇쑥, *햇차, *햇콩, *햇팥'처럼 '햇-'을 쓰게 되면 오류라고 할 수 있지요.

(2) ㄱ. 봄철의 향긋함을 그대로 살려주기 위해 도다리가 다 익었을 때 *햇쑥 을 넣고 살짝 익히면 시원하고 담백한 도다리쑥국을 완성할 수 있다.
ㄴ. 겨우내 솜털에 싸여 있던 차나무의 잎이 뾰죽히 새순을 내밀면 사람 들은 *햇차라 부르며 채취하여 덖고 말리고를 반복하여 차를 만들어 낸다.
ㄷ. *햇콩은 바로 조리하면 되지만 묵은 콩은 하룻밤 정도 물에 불려서 사용하는 게 좋다.
ㄹ. 팥밥을 지을 때는, *햇팥은 쌀에 섞어서 그대로 지어도 되지만 묵은 팥은 단단하므로 쪼개거나 삶아서 짓는다.

편리함으로 말하자면 떡집에 주문해서 가져오는 방법도 있겠지만, 휘영청 밝은 달빛 아래 온 가족이 모여 앉아 송편을 빚는 일처럼 즐거운 일을 없을 것입니다. 어느 깊은 산골에서라면 산노루의 울음소리도 들려올 법한 일이니 이번 추석에는 '해콩'인 '풋콩'을 소로 넣은 송편을 빚어 보는 것은 어떨까 합니다.

'햅쌀'과 '해찹쌀'

우리는 곧잘 "언제 밥이나 한번 먹자." 하는 인사를 나누곤 합니다. 그 '언제'는 영영 오지 않을 수도 있겠지만, '밥이나 한번 먹자'라는 말 속에는 더운 밥 한 그릇처럼 따뜻한 관심과 사랑이 묻어 있음을 부인하기 어려울 것입니다. 시인 고은이 쓴 다음과 같은 시의 한 구절처럼 말이지요

두 사람이 마주앉아
밥을 먹는다
흔하디 흔한 것
동시에
최고의 것
가로되 사랑이더라

— 고은, 〈밥〉 전문

이러한 시구(詩句)로 확인할 수 있듯이, 누군가와 마주앉아 밥을 먹는 일은, 그것이 날마다, 정말이지 흔하디흔하게 이루어지는 일이라고 하더라도 사랑이 아니고서는 할 수 없는 일입니다. 그리하여 사랑하는 사람과 더불어 맛있는 밥을 먹는 일처럼 최고의, 중요한 일은 없다고 해도 과언이 아니겠지요

맛있는 밥에 대한 우리의 기대는 특히 들녘의 벼가 황금빛으로 익은 뒤

에 이루어지는 추수기에 가장 절실해지는 법이라고 할 것입니다. 올해 새로 나온 '햅쌀'로 새로 지은 밥처럼 고소하고 맛있는 밥은 찾아보기 어려운 일이라고 할 수 있기 때문이겠지요. 윤기가 자르르 나는 '햅쌀밥'이야 그 자체로 맛이 있지만, 거기에 '해콩'을, 그것도 아직은 덜 여문 '풋콩'을 넣어 지은 밥이라면, 요즘으로 말하자면 쿡방의 스타 백 선생이 지은 밥하고도 바꿀 수 없는 밥이라고 할 수 있을 것입니다.

흥미로운 것은 '햅쌀'을 비롯하여 쌀의 종류를 가리키는 우리말 단어의 개수가 적지 않다는 것입니다. '멥쌀', '입쌀', '찹쌀' 등등이 바로 그것이지요. 이러한 단어들은 쌀의 종류를 가리키는 말이라는 것 외에 모두 'ㅂ'을 구성요소로 하고 있다는 공통점이 있습니다. 그렇다면 이 'ㅂ'의 정체는 무엇일까요? 결론부터 말씀드리면 이 'ㅂ'은 언어의 화석(linguistic fossils), 곧 통시적 언어 요소의 흔적이라고 할 수 있습니다.

중세국어 시기, 우리의 '쌀'은 '뽈'의 모습으로 나타납니다. 따라서 현대 한국어의 '쌀'은 '뽈'이 변화한 것이라고 할 수 있겠지요. 이 '뽈'은 역사적인 변천 혹은 발달의 과정에서 흔적을 남기게 되었는바, 위에서 제시한 '햅쌀', '멥쌀', '입쌀', '찹쌀' 등등 쌀의 종류를 가리키는 단어에 공통적으로 나타나는 'ㅂ'은 바로 '뽈'의 첫 소리 'ㅂ'이라고 보시면 됩니다. 결과적으로 '뽈'>'쌀'의 변화에도 불구하고, '뽈'은 오늘날에 이르러서도 그 흔적으로서 'ㅂ'을 남기고 있으니 이를 언어의 화석이라고 할 수 있는 것이지요.

이와 같은 언어적 사실을 55번째 <우리말 편지>와 관련시켜 보면, '햅쌀'은 원래 '*해쌀'로 표기하는 것이 접두사 '해-'의 표기 원칙에 맞는다고 할 것입니다. 그러나 '쌀'은 역사적 변화의 흔적으로서 'ㅂ'을 가지고 있으니 '*해쌀'이 아닌 '햅쌀'로 적어야 올바른 표기입니다.

(1) ㄱ. 이번 축제에서는 올해 수확한 *햅찹쌀로 쪄서 갓 빚어낸 버버리찰떡
을 수험생들과 학부모, 지역주민과 소비자들에게 무료로 제공한다.
　　ㄴ. 무학은 지난해 *햅찹쌀로 만든 살균 막걸리 '막끌리네'를 출시한 바
있다.

　그렇다면 '올해 새로 난 찹쌀'은 어떻게 적어야 할까요? '해찹쌀'을 떠올
리셨다면, 우리말에 대한 이해 수준이 보통을 훨씬 넘어서는 것이라고 할
수 있을 듯합니다. '해찹쌀'이야말로 '해쑥, 해차, 해콩, 해팥' 등의 어휘와
그 궤를 같이하는 것이기 때문이지요. 따라서 '해찹쌀'을 다음과 같이 '*햅
찹쌀'로 적은 신문기사의 표기는 전부 오류임을 분명히 해야 합니다.

'드러나다'와 '*들어나다'

지난 금요일은 569돌 한글날이었습니다. 추석 연휴에 이어 다시 한번 황금연휴를 보낼 수 있게 되었으니 더할 나위 없이 즐거운 일이었지요 공휴일로 재지정된 지 3년째, 공공기관이나 학회 차원의 기념행사도 적지 않은 가운데 우리말과 글에 대한 일반인들의 관심도 많아진 듯하여 반가움이 컸습니다.

누리꾼들이 수집한 <틀리기 쉬운 맞춤법 10>이라는 목록도 심심찮게 발견되었습니다. 눈에 띄는 것 가운데 하나가 '드러나다'를 '*들어나다'로 쓰는 것이 오류임을 지적한 것이었습니다. 아니나 다를까 인터넷 기사 곳곳에서 잘못된 표기를 확인할 수 있었습니다.

(1) ㄱ. 하지만 이 모든 것이 여진을 위한 것임이 이후 그의 행동으로 *들어났다.

ㄴ. 내년 4월 13일 실시되는 제20대 국회의원 선거가 7개월여 앞으로 다

가오면서 도내 지역의 출마 예정자들의 면면도 속속 *들어나고 있다.
ㄷ. 새정치민주연합은 6일 "박근혜 정부가 임금 피크제를 시행하면서 청
년일자리를 창출하겠다고 공언했지만, 오히려 금융권의 신규 채용이
줄어든 것으로 *들어났다."고 지적했다.

이러한 문장들은 모두 인터넷 신문기사문으로서 오류형인 '*들어나다'
를 포함하고 있는 사례들입니다. 우리말엔 '*들어나다'라는 단어가 아예
없으니 위 문장들에 나타난 오류는 그 심각성이 적지 않다고 할 수 있을
듯합니다.

그렇다면 올바른 형태인 '드러나다'는 어떠한 의미를 지닌 단어이며, 이
단어의 표기 원칙은 무엇일까요? 일단 '드러나다'의 사전적 의미와 그 용
례를 제시하면 다음과 같습니다.

의미	용례
가려 있거나 보이지 않던 것이 보이게 되다.	구름이 걷히자 산봉우리가 드러났다.
알려지지 않은 사실이 널리 밝혀지다.	사건의 전모는 드러났지만 아직 진상은 밝혀지지 않고 있다
겉에 나타나 있거나 눈에 띄다.	우리 사회의 성숙은 어떤 사회의 겉으로 드러나는 현상에만 현혹되지는 않을 만큼 된다고 믿고 싶다. 〈이문열, 시대와의 불화〉
((주로 '드러나게' 꼴로 쓰여))다른 것보다 두드러져 보이다.	조 원장을 대하는 원생들의 눈빛이 드러나게 달라지기 시작했다. ≪이청준, 당신들의 천국≫

이상의 용례로써 확인할 수 있듯이, '드러나다'는 그 의미가 무려 네 가지이니 일종의 다의어(多義語)에 속합니다. 그런데 '드러나다'를 구성하는 요소는 '들-+-어+나+-다'로서, '들다'의 어간 '들-(ㅅ)'을 구성요소로 하고 있음이 특징입니다. 문제는 위의 표에 제시한 '드러나다'의 의미에는 '들-(ㅅ)'의 원래 의미가 전혀 유지되지 못하고 있다는 것입니다. '드러나다'의 표기 원칙은 바로 이러한 사실에 따른 것입니다. 즉, '들-+어+나+-다'와 같은 방식으로 구성된 합성동사의 경우, 첫 번째 어간의 원래 의미가 유지되지 못한다면 '드러나다'처럼 소리 나는 대로 적기로 한 것이지요 그 결과 우리말에 '*들어나다'라는 단어는 아예 쓰이지 않게 되었습니다.

'드러나다'의 경우처럼 어간의 의미가 유지되지 않음으로써 소리 나는 대로 적어야 하는 우리말 동사로는 '사라지다'와 '쓰러지다'가 있습니다. 결과적으로 이러한 단어들을 다음과 같이 '*살아지다'나 '*쓸어지다'로 쓴다면 오류이니 이를 잘 기억하셨으면 합니다.

(2) ㄱ. 당산제를 지내면서 마을의 재앙이 언제인가부터 *살아지고 없었다.
　　ㄴ. 버팔로시 주민들은 수많은 나무가 *쓸어지고 전기까지 끊겨 힘든 상황이 지속되고 있다고 말했습니다.

'사라지다'와 '살아지다'

지난번 편지에서는 '드러나다', '사라지다', '쓰러지다'와 같은 합성동사의 예를 들어 이러한 단어들은 첫 번째 어간, 곧 '들-', '살-', '쓸-'의 원래 의미가 유지되지 못하기 때문에 소리 나는 대로 적는 것이 옳다는 사실에 대해 언급하였습니다. 따라서 예컨대 '드러나다'를 '*들어나다'로 표기하는 것은 옳지 않은 표기라는 지적을 하였지요. 이와 같은 표기 원칙은 다름 아닌 현행 <한글맞춤법> 제15항 [붙임 1]에 제시된 다음과 같은 규정 때문이었습니다.

> (1) 두 개의 용언이 어울려 한 개의 용언이 될 적에, 앞말의 본뜻이 유지되고 있는 것은 그 원형을 밝히어 적고, 그 본뜻에서 멀어진 것은 밝히어 적지 아니한다.

문제는 '들-'의 원래 의미가 유지되는 '*들어나다'는 우리말에 없지만, '살-', '쓸-'의 원래 의미가 그대로 유지되는 '살아지다'와 '쓸어지다'는 '사라지다'와 '쓰러지다'와는 다른 의미를 지니는 별개의 단어로 사용되고 있다는 것입니다. 다음 예를 보기로 하시지요.

(2) ㄱ. 이날 방송에서는 뮤지컬 '바람과 함께 사라지다'의 바다와 신성우를
   만나 인터뷰했다
   ㄴ. 이렇게 살아지는 게 어떤 의미가 있는 건가 싶긴 해.
(3) ㄱ. 사고의 진상이 밝혀지고, 생계의 링에서 쓰러진 김 선수가 다시 진짜
   사각의 링에 설 수 있기를 기원합니다.
   ㄴ. 싸리비를 쓰니 낙엽이 잘 쓸어진다.

이러한 사례를 통해 알 수 있는 바와 같이, (2ㄴ)의 '살아지다'와 (3ㄴ)의
'쓸어지다'는 각각 (2ㄱ)의 '사라지다'와 (3ㄴ)의 '쓰러지다'와 별개의 의미
를 지닌 단어로 사용되고 있습니다. 그렇다면 이러한 단어 쌍들의 기본 의
미는 어떠한 차이를 보이는 것일까요?

형태	의미
사라지다	현상이나 물체의 자취 따위가 없어지다.
살아지다	사는 대로 살게 되다.
쓰러지다	힘이 빠지거나 외부의 힘에 의하여 서 있던 상태에서 바닥에 눕는 상태가 되다.
쓸어지다	쓰는 대로 쓸리다.

이러한 단어의 의미 가운데 '살아지다'와 '쓸어지다'의 의미에는 공통
점이 있습니다. 이와 같은 의미상의 공통점은 어간 '살-', '쓸-' 뒤에 쓰인
'-아지다/-어지다'가 "앞말이 뜻하는 대로 하게 됨을 나타내는 말."이라는
점에 기반을 두고 있습니다. 그러나 '사라지다'와 '쓰러지다'에는 그러한
의미가 나타나지 않는바, 소리 나는 대로 적는 것이 원칙임을 알아 두시면
좋을 듯합니다.

'함께하다'와 '함께 하다'

"깊어가는 가을을 책과 함께하
세요~." 이는 '독서 명품 조선대
학교'를 추구하는 중앙도서관이
개최하는 <2015 가을 독서 축
제>의 캐치프레이즈입니다. 인터
넷이나 스마트폰을 통한 단편적
인 지식의 흡수에만 그치고 마는
학생들에게 매우 진지하면서도 깊이 있는 독서를 가능하게 하는 일이라고
할 수 있는 만큼, 필자는 종종 도서관 홈페이지에 접속하여 학생들과 함
께 행사 내용을 점검하곤 합니다. 그러한 행사 참가 경험이 경우에 따라
서는 우리 학생들의 운명을 바꿔 놓을 수도 있으리라는 기대를 하면서 말
이지요.

흥미로운 것은 "책과 함께하세요"라는 문구입니다. 우리말에는 이와 같
이 한 단어로 붙여 써야 하는 '함께하다'가 있는가 하면, 한 단어가 아닌
동사구(動詞句)로서 띄어 써야 하는 '함께 하다'가 있기 때문입니다. 다음 문
장을 보기로 하시지요.

(1) ㄱ. 강 병장은 "지금과 같은 위기 상황에서 21개월간 생사고락을 함께했던 전우들을 뒤로 하고 GOP를 떠나려니 발길이 떨어지지 않는다"며 연기 배경을 설명했다

  ㄴ. 이른 아침 졸린 눈을 애써 비비며 참석한 시청역 조찬 모임에서 아침 식사를 함께 하며 회의를 했는데, 워낙 열띤 토론이 이어져 밥이 목으로 넘어가는 줄도 모를 정도였다.

이러한 문장으로 알 수 있는 바와 같이, 우리말에서는 한 단어인 '함께하다'와 두 단어인 '함께 하다'가 있어 그 문법적 기능에 차이를 보입니다. 그렇다면 이 두 가지 문법 단위의 기능의 차이는 무엇일까요? 이러한 문제를 해결하기 위하여 우선 '함께하다'의 사전적 의미 및 그 용례를 제시하면 다음과 같습니다.

의미	용례
경험이나 생활 따위를 얼마 동안 더불어 하다.	나와 일생을 함께할 사람
어떤 뜻이나 행동 또는 때 따위를 서로 동일하게 취하다.	친구와 행동을 함께하다.

'함께하다'는 이와 같은 두 가지 의미를 지니는 것이 특징입니다. (1ㄱ)의 문장 역시 첫 번째 의미, 곧 "경험이나 생활 따위를 얼마 동안 더불어 하다."라는 의미로 쓰였다고 보시면 됩니다.

한편, '함께 하다'는 부사로 쓰인 '함께'가 동사 '하다'를 수식하는 경우로, 이때의 '함께'는 '한꺼번에 같이' 또는 '서로 더불어'라는 뜻을 지니고 있습니다. (1ㄴ)의 사례가 바로 그러한 경우에 해당하지요. 이 경우, '함께

할’ 수 있는 대상은 주로 구체적인 행위이며, 동일한 시간과 장소에서 그러한 행위를 같이 또는 서로 더불어 하는 경우를 가리킨다고 할 수 있습니다. 구체적인 사례를 한두 가지 더 제시해 보도록 하겠습니다.

(2) ㄱ. 그 집에서는 남편과 아내가 설거지를 함께 한다.
　　ㄴ. 합창단원들과 노래를 함께 하다 보면 어느새 마음이 밝아지는 것을 느낀다.

따라서 만일 (1ㄴ)이나 (2)와 같은 사례가 아닌 경우에 쓰인 ‘함께 하다’라면 대부분은 오류라고 할 수 있는바, ‘함께하다’로 붙여 쓰는 것이 옳다고 보시면 됩니다. 다음이 그 예입니다.

(3) ㄱ. 한·중 친교 14억 중국인과 *함께 하다’를 주제로 한 이번 행사는 석·박사 유학생 세미나, 취업박람회, 인문학 강의, 취업 토크 콘서트, K-POP 공연 등이 다채롭게 펼쳐졌다.
　　ㄴ. 이 시기부터 남진과 나훈아 등 트로트 가수들의 히트곡은 주로 고향에 대한 그리움을 담은 내용으로 집중되는데, 이 노래 역시 이와 궤를 *함께 한다.

'띠다'와 '띄다'

계절의 표준이 되는 절기(節氣)들 가운데는 그 이름만 들어도 어쩐지 으스스한 한기가 느껴지는 절기가 있으니, 한로(寒露), 상강(霜降), 입동(立冬)과 같은 이즈음의 절기들이 거기에 해당한다고 할 수 있을 것입니다. 찬 이슬과 서리가 내리고, 겨울로 들어서는 문턱에 이르렀음을 가리키는 시기이니 이상한 일은 아니라고 하겠지요. 그러나 이러한 절기들이 가슴 설레는 기대를 안겨 주기도 하니, 그것은 바로 단풍 때문이라고 할 것입니다. 푸르던 잎들이 혹은 노랗고 혹은 붉게 물들어 '만산에 홍엽(紅葉)'을 연출하게 될 터, 기상청이 전해 주는 단풍의 절정기에 눈과 귀를 열 수밖에 없는 것도 그러한 이유에서라고 할 것입니다.

푸르던 나뭇잎이 노란빛 혹은 붉은빛을, 더 나아가 형형색색의 오색빛깔을 가지게 되는 것과 같은 상황을 두고, 우리말에서는 '띠다'라는 동사를 사용합니다. 다음이 그 예입니다.

(1) ㄱ. 설악산의 단풍은 붉은빛을 자랑하는 단풍나무와 벚나무, 주황빛을 띠
는 옻나무와 신갈나무, 잎이 노랗게 물드는 물푸레나무, 피나무, 은행
나무 등이 골고루 분포되어 있습니다.

ㄴ. 아오리는 '골든 딜리셔스'에 '홍옥'을 교배해 만들어진 조생종 사과
로, 일반적으로 초록빛을 띠다 제대로 익으면 붉은 빛깔로 변한다.

이러한 문장에서 사용된 '띠다'는 "빛깔이나 색채 따위를 가지다."라는
의미를 지니고 있습니다. 물론 '띠다'의 의미는 단순하지 않아서 다음과 같
이 다양한 의미가 있음이 그 특징입니다.

의미	용례
띠나 끈 따위를 두르다.	그러므로 여러분은 진리의 허리띠를 띠고 정의의 가슴막이로 가슴을 가리고 버티어 서십시오
물건을 몸에 지니다.	추천서를 띠고 회사를 찾아가는 것이 필요합니다.
용무나, 직책, 사명 따위를 지니다.	두 사람은 심각한 사명을 띠고 임무를 수행하는 과정에서도 거침이 없다.
감정이나 기운 따위를 나타내다.	대화는 열기를 띠기 시작했다
어떤 성질을 가지다.	섬유 산업은 노동집약적 성격을 띠다 보니 그 무게 중심이 중국에 이어 베트남, 인도로 옮겨갔다.

이러한 사전의 정의로써 알 수 있듯이, '띠다'는 일종의 다의어(多義語)로
서 무려 여섯 가지 정도의 의미를 가지고 있습니다. 문제는 국어 화자들
가운데는 이와 같은 맥락에서 '띠다' 대신 '*띄다'를 씀으로써 오류를 범하

는 경우가 적지 않다는 것입니다.

> (2) ㄱ. 파덕나무는 아프리카와 아시아가 원산지며 처음에는 신비로운 빨간
>   색을 *띠다 시간이 지남에 따라 따뜻한 갈색 톤으로 자연스럽게 변하
>   는 것이 특징이다.
>   ㄴ. 한껏 성숙한 모습의 설리가 설리 특유의 환한 미소를 *띠고 있다.

  여기에서 쓰인 '*띠다, *띠고'는 의미상 각각 '따다, 따고'로 적어야 올
바른 표기입니다. 그렇다면, '따다'에 대응되는 우리말 '띄다'는 어떠한 의
미를 지니는 단어일까요? '띄다'는 '뜨이다' 혹은 '띄우다'의 준말로서 '따
다'와는 전혀 다른 의미를 지닙니다. 지면의 제약상 '띄다'의 의미는 다음
번 편지에서 자세히 다루기로 하겠습니다.

'뜨이다/띄우다'와 '띄다'

　　지난봄 울긋불긋 꽃 대궐을 차린 동네 어귀들에서 드높았던 우리의 탄성은 이제 생의 절정에 선 나무들 앞에서 '어쩌면!'이라든지, '너무너무'와 같은 단어로 옷을 갈아입은 듯합니다. 엊그제만 해도 푸르뎅뎅한 얼굴을 하고 있던 나뭇잎들이 여기서는 활활 불처럼 타오르는가 싶다가, 저기서는 샛노란 빛으로 황홀경을 연출하고 있으니 혀끝에 감추어 두었던 감탄사들이 여기저기서 튀어나올 수밖에 없는 일이겠지요.

　　시인 도종환은 <단풍 드는 날>이라는 제목의 시에서 "버려야 할 것이/무엇인지를 아는 순간부터/나무는 가장 아름답게 불탄다//제 삶의 이유였던 것/제 몸의 전부였던 것//아낌없이 버리기로 결심하면서/나무는 생의 절정에 선다.//"라고 하였습니다. 우리에게도 버려야 할 것들이 적지 않을 것입니다. "혹은 붉은빛을 혹은 노란빛을 띠는 단풍잎들"을 가리켜, "붉은빛 혹은 노란빛을 *띄는 단풍잎들"이라는 식으로 잘못 표현하는 것도 그에 속한다고 하겠지요. 따라서 이번 편지에서는 '띠다'와 분명하게 구별되어야 하는 '띄다'의 용법을 확인하는 데 관심을 두려 합니다.

지난번 편지에서도 잠깐 언급을 한 바와 같이, '띄다'는 '뜨이다'와 '띄우다'의 준말입니다. 따라서 우리가 먼저 해야 할 일은 '띄다'의 본말에 해당하는 '뜨이다'와 '띄우다'의 의미를 밝히는 일일 듯합니다.

단어	의미	용례
뜨이다	감았던 눈이 떠지다.	간밤에 늦게 잤더니 아침 늦게야 눈이 뜨였다/띄었다.
	처음으로 청각이 느껴지다.	아이의 귀가 뜨이는/띄는 것은 언제쯤일까?
	눈에 보이다.	사람들이 드문드문 눈에 뜨였다/띄었다.
	(('눈에'와 함께 쓰여)) 남보다 훨씬 두드러지다.	NHN엔터테인먼트의 온라인게임 사업이 눈에 뜨이게/띄게 줄어들고 있다.
	무엇을 듣기 위해 청각의 신경이 긴장되다.	귀가 번쩍 뜨이는/띄는 제안이 들어왔다.
띄우다	공간적으로 거리가 멀게 하다.	책상과 의자를 좀 더 띄워라/띄어라.

이상에서 보듯이 '띄다'의 본말인 '뜨이다'는 모두 다섯 가지 의미가 있는 다의어입니다. 그러나 '띄우다'의 의미는 비교적 단순해서 한 가지 의미만 있는 것이 특징입니다. 중요한 것은 어떠한 의미로 쓰이든 이러한 환경에서 '뜨이다'와 '띄우다'는 모두 '띄다'로 줄여 쓸 수 있으며, 당연히 '따다'와는 구별된다는 것입니다. 따라서 지난번 편지에서 제시한 '따다'의 다양한 의미 가운데 어떤 것도 '띄다'와는 바꿔 쓸 수 없다고 할 수 있습니다. 이해의 편의상 '따다'를 '띄다'로 잘못 쓴 사례를 다시 한번 제시하면 다음과 같습니다.

(1) ㄱ. 파덕나무는 아프리카와 아시아가 원산지며 처음에는 신비로운 빨간 색을 *띄다 시간이 지남에 따라 따뜻한 갈색 톤으로 자연스럽게 변하는 것이 특징이다.

ㄴ. 한껏 성숙한 모습의 설리가 설리 특유의 환한 미소를 *띄고 있다.

그렇다면, 다음과 같은 문장에서 쓰인 '띄다'는 본말이 무엇일까요?

(2) ㄱ. 다음 문장을 맞춤법에 맞게 띄어 쓰시오

ㄴ. 우리는 부부가 더 이상 다투지 않게 남편의 자리를 아내의 자리와 적당한 간격으로 띄어서 놓았다.

ㄷ. 바삐 걷는 것은 아니었음에도 보행에 절도가 있었고 서로 간격을 띄어서 고개를 약간씩 숙인 채 묵묵히 다가오고 있었다. ≪박태순, 무너지는 산≫

이러한 문장들에서 쓰인 '띄다'의 본말은 바로 '띄우다'입니다. 문제 해결의 단서는 바로 '띄우다'의 의미라는 것을 잘 이해하시겠지요? '띄우다'는 "공간적으로 거리가 멀게 하다."라는 뜻을 지니고 있으니, (2)에 쓰인 '띄다'는 모두 '띄우다'의 준말이라는 사실을 놓쳐서는 안 된다고 할 것입니다.

'해거리'와 '비엔날레'

 어떤 시인은 자신을 키운 건 8할이 바람이었다고 했지만 저를 키운 건 꼭 그만큼이 한 그루 단감나무였다고 할 수 있습니다. 제가 나서 자란 집은 단감나무 한 그루가 아름드리로 자라고 있던 집이었기 때문이지요.

연둣빛 새잎이 나기 시작할 때부터 붉게 물든 감잎이 찬바람에 한 잎 두 잎 떨어지고 난 뒤 벗은 몸으로 한겨울을 지낼 때까지, 그 감나무 아래서는 참으로 많은 일들이 일어났습니다. 상아빛 감똑이 뚝뚝 떨어진 날이면 목걸이를 꿰느라 분주하였고, 채 익지 않은 감들이 큰바람에 떨어진 날이면 된장을 풀어 풋감을 우려내느라 혼비백산 난리가 났습니다. 잘 익은 감을 장대로 따는 날이라면 가까운 이웃집에 나르느라 작은 발걸음이 바빠야 했지요.

이른 봄부터 늦은 가을까지 늘 넉넉하고 풍성하기만 했던 감나무였지만 때로는 섭섭한 마음을 감추기 어려울 정도로 시원찮을 때가 있었는데, 그건 바로 감나무가 '해거리'를 하는 때였습니다. '해거리'란 한 해에 열매가 많이 열리면 나무가 약해져서 그다음 해에는 열매가 거의 열리지 않는 현상을 가리킵니다. 따라서 감나무 아래서의 풍성한 잔치는 2년에 한 번씩

격년제로 치러야 하는 행사일 수밖에 없었습니다. 그러한 때라면 까치를 위하여 남겨 놓는 까치밥 또한 넉넉하기 어려운 터, 감나무를 바라보는 어린 마음은 못내 섭섭하기만 하였지요.

흥미로운 것은 '해거리'를 감의 결실과 같은 상황이 아닌 곳에서 보편적으로 사용하는 경우에는 "한 해를 거름. 또는 그런 간격"이라는 의미를 지니는바, 이와 비슷한 의미로 쓰이는 외래어 단어로는 '비엔날레'가 있다는 것입니다. 물론 '비엔날레'라 함은 국제 미술전시회를 뜻하되, '격년제로 열리는 전시회'를 일컫는 이탈리아어 'biennale'에서 유래한 말입니다. 따라서 1995년부터 지난해까지 모두 10회에 걸쳐 열린 바 있는 우리의 '광주 비엔날레'는 '해거리'로 열리고 있다고 보면 전혀 틀림이 없는 말이라고 할 수 있습니다. 2005년부터는 '광주 디자인 비엔날레'라는 이름의 또 다른 전시회가 열리고 있기도 하니, 이 또한 '해거리'로 열리고 있다고 보시면 되겠지요.

'해거리'라는 단어는 세 가지 요소, 즉 '해(年) + 거르-(隔) +-이'로 구성되어 있음이 특징입니다. 이와 같이 '해거리'는 '해(年)'라는 시간어를 그 구성요소로 하고 있는바, 우리말 단어 가운데는 이와 같은 성격을 지니는 단어의 수가 적지 않습니다. '해거름', '해동갑', '해포' 등이 그러한 예에 속하는 것들이지요. 그렇다면 이러한 단어들의 구체적인 의미는 무엇일까요? 다음을 보기로 하시지요.

단어	의미	용례
해거름	해가 서쪽으로 넘어가는 일. 또는 그런 때.	이제 곧 떠나야 할 나그네만이 저무는 해거름을 아쉬워하는 건 아니다. 《이문구, 장한몽》
해동갑	해가 질 때까지의 동안.	동이 트기 전에 들판으로 나서서 해동갑으로 흙 씨름을 벌이어 땅거미가 내린 후에야 어

		슬어슬 귀로에 오르면서 부르는 토민(土民)의 구성진 육자배기 남도가락 한 자락은 소중한 무형문화유산이 된다.
해포	한 해가 조금 넘는 동안.	그 엄청난 충격에도 벌써 해포의 세월이 흘렀구려.

올해는 그야말로 감이 풍년이어서 좋아하는 감을 마음껏 즐길 수 있는 해인 듯합니다. 한때는 감나무집 딸이었던 이력 때문인지 저 또한 무척이나 감을 좋아해서 근래 들어서는 감으로 끼니를 대신할 정도가 되었습니다. 내년이라면 이 땅의 감나무들이 모두 '해거리'를 할 수도 있는 일이니, 당분간은 너도나도 바알갛게 잘 익은 감의 달콤함을 실컷 즐기실 수 있기를 빌어 마지않습니다.

'사망'과 '서거'

오늘 아침 잠에서 깨어난 우리 국민의 눈과 귀를 붙들었던 것은 향년 88세의 나이로 유명(幽明)을 달리한 김영삼 전 대통령의 서거(逝去) 소식이었습니다. 생자필멸(生者必滅)이라고 했으니 그 누구도 피해 갈 수 없는 길을 간 것이라고 할 수 있겠지만, 엄혹한 시대 독재 대 반독재의 대립을 이끌어 내며 한국 정치사에 커다란 획을 그었던 인물의 타계이고 보니, '이렇게 한 시대가 막을 내리는구나.'라고 하는 아쉬움 같은 것이 없지 않았으리라 생각합니다.

흥미로운 것은 생자필멸의 진리야 만인 앞에 평등한 것이지만, 한 개인의 죽음을 가리키는 우리말 어휘만큼은 결코 평등하지 않다는 것입니다. 살아온 이력과 사회적 지위에 따라 당사자의 죽음을 가리키는 어휘가 차별화되어 있기 때문이지요.

'죽다, 사망하다, 숨지다, 절명하다, 돌아가시다, 별세하다, 타계하다, 영면하다, 운명하다, 유명을 달리하다, 작고하다, 서거하다, 입적하다, 선종하다, 소천하다' 등등 죽음을 가리키는 우리말 어휘는 그 수 또한 적지 않은 것이 특징입니다. 그렇다면 이러한 어휘들은 어떻게 구별되는 것일까요?

우선, '죽다'는 사람은 물론 동식물에 대하여 두루 쓰이지만, 나머지 단어들은 모두 사람에 대하여 쓰는 것이 특징입니다. '죽다, 사망하다, 숨지다, 절명하다'가 아랫사람이나 위아래를 구별하지 않는 경우에 사용한다면, '돌아가시다, 별세하다, 타계하다, 영면하다, 운명하다, 유명을 달리하다, 작고하다, 서거하다' 등은 주로 손윗사람이나 지위가 높은 사람들에 대하여 사용하는 것이 일반적이라고 할 수 있습니다. 또한 '입적하다, 선종하다, 소천하다' 등은 죽은 사람의 종교가 무엇인지에 따라 달리 선택되는 어휘들이라고 할 수 있지요.

죽음을 가리키는 우리말 어휘 가운데 몇몇은 특수한 상황적 의미가 있다는 점에서 주목을 해야 하는데, 먼저 '사망하다'는 신문 기사나 TV 뉴스, 의사의 선고 등과 같은 공식적인 상황에서 주로 쓰입니다. 다음 문장들을 보기로 하시지요.

(1) ㄱ. 미얀마 북부 카친주(州) 옥(玉) 광산 인근에서 21일(현지 시간) 폐광석 더미가 무너져 최소 90명이 사망했다.
ㄴ. 22일 서거한 김영삼 전 대통령의 주치의인 서울대병원 오병희(62) 원장은 "심장 혈관이 좁아지는 등의 지병에 패혈증과 같은 급성 스트레스가 겹쳐 심장이 함께 악화돼 김 전 대통령이 사망한 것으로 보인다."라고 말했다.

위 문장들의 사례에서 보듯이, '사망하다'는 어떠한 사실을 객관적이면서도 공식적으로 전달해야 하는 상황에서 쓴다고 할 수 있습니다. (1ㄱ)은 뉴스 보도이고, (1ㄴ)은 의사의 선고를 담은 보도 자료라는 사실이 그러한 사실을 입증한다고 할 수 있겠지요.

손윗사람이나 지위가 높은 사람들에 대하여 사용하는 어휘들 가운데 '타계하다', '서거하다'는 사회적으로 지위가 높은 유명인사에 대하여 사용하는 것이 일반적입니다. 또한 '작고하다'는 윗사람에 대하여 쓰는 말이긴 하되, 죽은 직후에는 쓰지 않고, 주로 과거의 어느 시점에 고인이 된 사람이라는 뜻으로 쓰입니다.

(2) ㄱ. 지난 2009년 타계한 김대중 전 대통령과 함께 한국 현대정치를 주도해 온 김 전 대통령의 서거로 이른바 '양김 시대'는 마침내 역사의 뒤안길로 사라졌습니다.
　　 ㄴ. 한국 정치사에 큰 족적을 남긴 김영삼 전 대통령이 향년 88세로 서거했다.
　　 ㄷ. 충북문화재단은 오는 12월 13일까지 충북 연고 작고 작가 <예술과 정신 조명전> 2부를 충북문화관 숲속갤러리에서 개최한다.

한편, '입적하다, 선종하다, 소천하다' 등은 죽은 사람의 종교와 관련이 있는 어휘들로서 다음과 같이 구별된다고 할 수 있습니다.

단어	종교	대상
입적하다	불교	승려.
선종하다	가톨릭교	사제, 가톨릭교 신자.
소천하다	기독교	목회자, 기독교 신자. 기독교 신자가 아닌 경우에도 쓸 수 있음.

'참석'과 '참가/참여'

내일모레면 12월이니 우듬지에서 떨고 있는 마지막 잎새처럼 올해의 달력도 달랑 한 장이 남았습니다. 엊그제 첫눈이 푸지게 내렸으니 벌써부터 계절은 차가운 겨울로 들어섰다고 할 수 있을 터, 12월로 가는 우리의 발걸음은 유난히 바쁘고 분주할 수밖에 없을 것입니다. 이러저러한 모임과 행사들이 적지 않기 때문이라고 할 수 있겠지요

한 해를 보내는 의식, 이른바 송년회나 기념행사가 이루어지기 위해서는 자리나 모임에 출석만 해도 되는 경우도 있겠지만, 단순한 출석 이상으로 그 일에 관여해야 하는 경우도 없지 않을 것입니다. 우리말에서는 이와 같은 상황을 두고 '참석', '참가', '참여' 등의 단어를 구별하여 사용하고 있습니다. 그렇다면, 이 단어들은 어떻게 구별되는 것일까요? 우선 세 단어의 실제 용례를 제시하면 다음과 같습니다.

(1) ㄱ. 더러는 불가피한 사정 때문에 회의 불참을 사전에 통지해 온 사람도 있었고, 더러는 그저 주의가 번거로워 일부러 참석을 사양해 온 사람도 있었다. ≪이청준, 춤추는 사제≫

ㄴ. 19세 약관에 갑신정변에 참가한 그가 아니었던가. ≪이병주, 행복어 사전≫

ㄷ. 두만 아비만은 그 공론에 참여하지 않고 참빗장수가 펴 놓은 꾸러미 속에서 참빗을 고르고 있었다. ≪박경리, 토지≫

언뜻 보기에는 그다지 큰 차이가 없는 것처럼 생각할 수 있지만, '참석', '참가', '참여', 이 세 단어는 구체적인 맥락에서 상당한 의미 차이를 보이는 것이 특징입니다. (1)의 문장들로 어느 정도 짐작할 수 있는 바와 같이, '참석'은 어떤 자리나 모임에 단순히 출석하는 것을 뜻하는 반면, '참가'나 '참여'는 단순한 출석 이상으로 그 일에 관계하는 것을 의미합니다. 따라서 '회의'를 예로 들었을 때, 만일 '참석'만 하게 되면, 그 회의 자리에 있기는 했으나 회의를 주재하거나 의견을 개진하는 등의 '참가'나 '참여'는 하지 않았다는 얘기가 됩니다. 또한 '결혼식'을 예로 든다면, 신랑신부나 그 가족을 제외한 하객들의 경우, 결혼식의 기획과 진행에 관여할 수는 없기 때문에, '참석'은 할 수 있지만, '참가', '참여'는 할 수 없습니다.

'참석'과 달리 '참가'나 '참여'는 주로 '행사'와 함께 쓰여 그 행사가 이루어지도록 하는 일에 적극적으로 관여하거나, 어떤 일에 함께하여 특정한 행동을 한다는 의미를 지니고 있습니다. 다음 예를 좀 더 보기로 하시지요.

(2) ㄱ. (주)모비젠은, 향후 개최 예정인 다양한 IT 관련 행사에 참가하여, 자사 솔루션의 우수성을 적극 홍보할 계획입니다.

ㄴ. 오늘은 전국의 초·중·고등학교 400여 개 학교에서 15만 명이나 참여한 독도사랑 캠페인에 대해 소개해 드리도록 하겠습니다.

이러한 문장에서 쓰인 '참가'나 '참여'는 어떤 행사나 일에 끼어들어 개입한다는 의미를 가지고 있음을 보여주는바, '참석'의 의미와는 분명하게 구별된다고 할 수 있습니다. 그렇다면 '참가'나 '참여'는 또 어떻게 구별되는 것일까요? (2)에서 볼 수 있듯이, '참가'나 '참여'는 비슷한 의미로 쓰이지만, (2ㄴ)의 경우처럼 규모가 큰 일에는 주로 '참여'를 쓰는 것이 더 적절하다고 보시면 됩니다.

'당부'와 '부탁'

주지하는 바와 같이, 한류(韓流)란 한국의 대중문화 콘텐츠가 동아시아를 비롯하여 세계 각지에서 유행하여 생활방식에 영향을 미치는 사회 문화적 현상을 뜻합니다. 1990년대 말에서 2000년대 초반까지, 드라마 <사랑이 뭐길래>와 H.O.T.의 댄스 음악이 중국을 비롯하여 대만, 베트남 등지에서 폭발적 인기를 끌기 시작한 데서 형성되기 시작한 한류는 전통적 유교문화와 현대적 서구문화를 성공적으로 조합하여 아시아적 공통 가치를 창출해 온 데 그 의의를 들 수 있을 것입니다. 특히 MBC 드라마 <사랑이 뭐길래>는 시장 경제로 전환하여 성장 가도를 질주하던 중국이 사회주의 체제하에서 잃어버렸던 유교 문화의 가치와 의미를 어떻게 회복할 수 있는지를 잘 보여 줌으로써 많은 중국인들의 눈과 귀를 사로잡았다고 할 수 있었습니다.

그렇다면 역대 평균 시청률 1위의 드라마 <사랑이 뭐길래>가 우리에게 남겼던 것은 무엇이었을까요? 여러 가지가 있겠지만 그 가운데 하나는 바로 주인공 대발이의 아버지가 가지고 있던 가부장적 권위였습니다. 아내는 물론이거니와 장성한 아들딸 역시 옴짝달싹하기 어려울 만큼 엄격함과 모진 성격의 극한을 보여주는 캐릭터를 두고 우리 사회 역시 상실되어 가고 있는 것에 대한 그리움과 향수를 느낄 수밖에 없었던 것이지요.

전근대적 가치라고 하는 이유로 상실되어 가고 있는 것으로는 우리말의 문법적 특징에 해당하는 높임법이나 사람들 간의 수직적 질서를 반영한 높임 어휘에 대한 우리들의 인식이 점차로 약해져 가는 현상을 들 수 있습니다. 후자의 경우에만 하더라도 '당부'와 '부탁', '꾸중/꾸지람'과 '야단', '손수', '몸소'와 '직접' 등 같은 단어 쌍들이 사회적 지위를 반영하여 사용해야 한다는 것에 대한 인식이 자리 잡고 있지 못하다는 것이 그 결정적인 예라고 할 수 있을 듯합니다.

예컨대, '당부'와 '부탁'만 하더라도 두 단어가 어떤 일을 해 달라고 요청한다는 의미를 비슷하게 갖지만, 두 단어의 실제 사용 맥락은 차이가 있습니다. 우선 다음 예를 보기로 하시지요.

> (1) ㄱ. 너희들한테 당부할 것은 끝끝내 군신의 의와 형제의 정을 저버리지 말라는 것이다. 《김동인, 대수양》
> ㄴ. 반기문 유엔사무총장은 5일 오후 파리 시청에서 박원순 서울시장과 면담을 갖고 기후변화 해결 이행의 핵심 주체는 지방정부라며 서울시가 선도적인 역할을 해줄 것을 당부했다.
> (2) ㄱ. KBS 2TV 주말드라마 <부탁해요, 엄마> 34회에는 김준현, 민아가 본격적으로 등장한다.
> ㄴ. 잭슨은 최근 중국판 <냉장고를 부탁해>의 MC를 맡게 됐다.

(1)에서 쓰인 '당부'는 주로 윗사람이 아랫사람에게 말로 단단히 부탁하는 경우에 쓰인다고 할 수 있는 반면, (2)의 '부탁'은 상대가 누구이거나 구별 없이 쓸 수 있다는 차이를 가지고 있습니다. 따라서 다음에서 보듯 만

일 손아랫사람이나 부하 직원이 아닌 사람을 대상으로 '당부'를 하는 것은 적절치 않습니다.

(3) ㄱ. 이와 관련해 MBC 예능마케팅부 담당자는 44일간의 모든 일정이 예약 마감된 것이 아니므로 이후 시간에 예약 접속해 주길 *당부하였다.
ㄴ. 체코를 방문 중인 박근혜 대통령은 4일(현지시간) 체코 동포들에게 "차세대 동포들이 뿌리를 지킬 수 있게 차세대 정체성 사업에 더욱 더 관심을 기울이겠다"며 "더 크게 도약하고 통일시대를 준비할 수 있게 힘을 모아 달라"고 *당부했다.

위 문장들 가운데 (3ㄱ)은 MBC 예능마케팅부 담당자가 시청자들을 대상으로, (3ㄴ)은 대통령이 체코 동포들을 대상으로 '당부'를 한 것입니다. 문제는 이와 같은 맥락에서 시청자나 체코 동포는 아랫사람이 될 수 없다는 것입니다. 결론적으로 예능마케팅부 담당자가 시청자들을 대상으로 '당부'를 하는 것은 물론, 설사 대통령이라고 하더라도 국민을 대상으로 '당부'를 하는 것은 부적절하다고 할 수 있는바, '당부'를 할 때에는 위아래를 잘 구별하여 쓰는 것이 적절하다고 할 것입니다.

'야단'과 '꾸중/꾸지람'

인간성 상실이 심각한 사회문제로 대두되고 있는 시대에 살고 있다 보니, 우리는 가끔 지금과는 다르게 살 수는 없는 것일까 하는 질문을 던지곤 합니다. 그러한 때 대안적 삶을 제시해 주는 종교인이나 그들의 사상을 담은 책을 찾기도 하는바, 법륜 스님의 '즉문즉설(則問則說)'을 담은 책 ≪야단법석≫도 그 가운데 하나라고 할 것입니다.

지난 2014년 여름부터 겨울까지 115일 동안 유럽과 북미, 중남미, 오세아니아, 동남아시아, 일본 등등 세계 여러 곳에서 강연을 펼쳤던 저자가 매일 열린 강연 가운데 호응이 높았던 대화를 현장감을 살려 싣는 한편, 세계 곳곳의 특색 있는 방문지에 대한 감상을 곁들여 엮은 책이 ≪야단법석≫이니, 이 책은 '야단법석'이라는 단어의 의미를 제대로 살린 책이라고 할 수 있습니다. '야단법석(野壇法席)'이란 불교의 전통적인 법회 방식 가운데 하나로 "야외에서 크게 베푸는 설법의 자리."라는 의미를 지니고 있기 때문이지요.

흥미로운 것은 우리말에는 불교 용어인 '야단법석(野壇法席)'과 동음이의어인 '야단법석(惹端法席)'이 또한 있어, "많은 사람이 모여들어 떠들썩하고

부산스럽게 굶."이라는 의미로 쓰이고 있다는 것입니다. 흔히들 '야단법석
(惹端法席)'이 '야단법석(野壇法席)'에서 유래한 것으로 보고 있지만, '법석'을
제외한 '야단'의 의미가 전혀 다른 것을 보면, 그러한 추측이 반드시 옳다
고 보기는 어려운 듯합니다.

　　문제는 '야단법석(惹端法席)'을 구성하는 요소인 '야단(惹端)'은 그 의미가
단순하지 않다는 것입니다. 다음을 보기로 하시지요

의미	용례
매우 떠들썩하게 일을 벌이거나 부산하게 법석거림. 또는 그런 짓.	어린것들도 오랜만에 와 보는 산이 좋은지, 땅바닥을 쿵쾅쿵쾅 굴리고 뛰며 야단들이다. ≪김춘복, 쌈짓골≫
소리를 높여 마구 꾸짖는 일.	어쩐 일인지 내가 잘못을 저질렀는데도 어머니는 야단을 하지 않으셨다.
난처하거나 딱한 일.	이거 하루바삐 밥줄을 잡아야 할 텐데 참 야단입니다. ≪김유정, 아기≫

　　이러한 사전의 정의로써 알 수 있는 바와 같이, '야단(惹端)'은 그 의미가
세 가지로 쓰이는 다의어입니다. 이 가운데 두 번째 의미, 곧 "소리를 높여
마구 꾸짖는 일."이라는 뜻의 '야단'은 어른에 대해서는 쓸 수 없다는 점에
서 주의를 요합니다.

　　(1) ㄱ. 자정이 돼서야 귀가한 윤희는 아버지께 된통 *야단을 맞았다.
　　　　ㄴ. A 군은 지난 9일 학교에서 지각해 선생님한테 *야단을 맞았다.

언뜻 보기에는 아무런 문제가 없는 것처럼 보이지만, (1)의 문장들에서

쓰인 '*야단을 맞다'는 올바른 우리말 표현이 아닙니다. 그렇다면 (1)의 문장을 어떻게 쓰는 것이 맞는 말일까요? 다음에서 보듯 '꾸중/꾸지람을 듣다'로 써야 맞는 말입니다.

> (2) ㄱ. 자정이 돼서야 귀가한 윤희는 아버지께 호되게 *꾸중/꾸지람을 들었다.
> ㄴ. A 군은 지난 9일 학교에서 지각해 선생님한테 *꾸중/꾸지람을 들었다.

요컨대, "소리를 높여 마구 꾸짖는 일."이라는 의미의 '야단'은 '꾸중' 혹은 '꾸지람'을 하는 사람의 입장에서 하는 쓰는 말이며, 행위자가 높임의 대상일 경우에는 쓰지 않는 것이 원칙입니다. 따라서 (1)과 같은 상황에서라면 '*야단을 맞다' 대신 '꾸중/꾸지람을 듣다'로 적어야 올바른 표현이라고 할 수 있습니다.

'있다가'와 '이따가'

어떤 심리학자는 평생 동안 훈련되지 않는 두 가지 감정이 있으니, 그것은 '외로움'과 '지루함'이라고 하였습니다. 아무리 떨쳐내려 해도 단단하게 달라붙어 평생을 그림자처럼 따라다니는 게 있다면 그것은 바로 견고한 '고독'과 사는 것이 시들해졌을 때 찾아오는 '권태감' 같은 감정이라는 것이지요.

우선 '외로움'에 대해서 말할 것 같으면, 그것은 어느 순간 섬광처럼 나타났다가 사라지는 매우 특별한 감정이 아니어서, 우리의 일상 곳곳에서 언제든 쉽게 침투해 들어올 수 있는 것이라고 할 것입니다. 정현종 시인의 시 <어디 들러서>에서 그러한 사실을 확인할 수 있지요.

거기 좀 가 있다가
어디 들러서
애들 있는 데 좀 가 있다가……
이런 말들은 당장 쓸쓸하다.
어디도 쓸쓸하고
좀도,
있다가와 갔다가도

많이 쓸쓸하다.
가고 오고가 다
하늘처럼 벌판처럼
가이 없이……

　늙은 부부만 뎅그러니 남아 살고 있는 집에서 아내는 어느 날 주섬주섬 가방을 챙겨 출타할 준비를 합니다. 그녀가 남편에게 남긴 말은 "거기 좀 가 있다가, 어디 들러서, 애들 있는 데 좀 가 있다가……"였겠지요. 바로 그 순간 남편의 가슴에 쏴하니 밀려오는 것은 쓸쓸함……. '어디도', '좀도', '있다가와 갔다가도', '가고 오고가 다', '하늘처럼 벌판처럼', '가이 없이' 쓸쓸한 것이라고 하였으니, 고독은 먼 곳이 아니라 가장 가까운 곳에서 언제든 튀어나올 수 있는 용수철 같은 것인지도 모를 일입니다.
　흥미로운 것은 바로 '있다가'입니다. "거기 좀 가 있다가"나 "애들 있는 데 좀 가 있다가"에 공통으로 쓰인 '있다가'는 '이따가'라는 단어와 구별해서 써야 하기 때문입니다. 그렇다면, '있다가'와 '이따가'는 어떠한 차이가 있는 단어일까요?
　먼저 두 단어는 품사가 서로 다른 것이 특징입니다. '있다가'는 동사로, '이따가'는 부사로 쓰이고 있기 때문이지요. 두 단어의 의미는 어떠할까요?

(1) ㄱ. 오징어는 전진과 후퇴만 아는 직진성 어류로 낮에는 100~200m 깊이에 있다가 밤이 되면 얕은 수면으로 올라와 소형 어류를 잡아먹는다.
　　ㄴ. 동치미는 이따가 입가심할 때나 먹고 곰국 물을 먼저 떠먹어야지. ≪박완서, 도시의 흉년≫

(1ㄱ)에 쓰인 '있다가'는 동사 '있다'의 어간 '있-'에 연결 어미 '-다가'

가 결합한 형태로, "사람이나 동물이 어느 곳에서 떠나거나 벗어나지 아니하고 머물다."라는 뜻으로 쓰이고 있습니다. 이와는 달리 (1ㄴ)의 '이따가'는 "조금 지난 뒤에."라는 의미로 쓰인 부사입니다. 이러한 의미를 토대로 할 때, '있다가'는 주로 일정한 장소와, '이따가'는 주로 시간 표현과 관련하여 쓰인다고 보시면 될 것입니다.

그러나 의미상의 차이에 의해 쉽게 구별할 수 있는 것처럼 보이다가도 두 단어 가운데 어떤 것을 써야 할지 혼동되는 경우도 없지 않습니다. 다음과 같은 경우가 그러한 사례입니다.

(2) ㄱ. 10분만 있다가 출발할게.
ㄴ. 택배가 1시간 있다가 온대.

위에서 언급한 것처럼, '있다가'는 주로 장소와 관련하여 쓰이는 말입니다. 그러나 (2)의 경우처럼 장소가 아닌 시간 표현과 함께 쓰인 경우, '이따가'를 써야 하는 건 아닌지 혼동이 될 수도 있습니다. 그러나 (2ㄱ)의 경우, 10분만 머물다가 출발한다는 뜻을 나타내므로, '*이따가'가 아닌, '있다가'를 쓰는 것이 맞습니다. 또한, (2ㄴ)의 경우처럼 "조금 지난 뒤에."라는 의미가 아닌 "얼마의 시간이 경과하다."라는 의미로 쓰일 때에도 '있다가'를 써야 하니, (1ㄴ)의 사례에서와 같은 '이따가'의 의미를 분명히 아는 것이 요점이라고 할 것입니다.

'있다가'와 '이따가'의 용법에 대해 한 가지를 더 언급하자면, 두 단어는 똑같이 준말형이 존재한다는 것이 특징입니다. 따라서 '있다가'는 '있다'로, '이따가'는 '이따'로 줄여 쓸 수 있다는 것도 기억해 두시는 것이 좋을 듯합니다.

'아쉽다'와 '서운하다/섭섭하다'

영원한 젊음과 생명을 의미한다는 을미년 청양의 해를 벅찬 감동으로 맞이하였던 것이 바로 엊그제인 듯한데, 2015년 한 해도 어느덧 며칠밖에 남지 않았습니다. 28일~31일, 이제 나흘 남은 시간이란 마치 우수리로 남은 잔돈처럼 느껴지고 마음은 벌써 병신년 붉은 원숭이의 해로 달려가고 있다는 것이지요.

어쨌든 한 해가 가는 일은 매양 우리의 마음속에 '아쉬움'과 '서운함' 또는 '섭섭함'을 적잖게 남겨 놓는 일이기도 해서 마지막 해넘이의 시각이면 수많은 생각들이 교차하기도 할 것입니다. 지는 해와 함께 영영 묻어 버리고 싶은 일도 있겠지만, 쉽게 묻어 버릴 수는 없을 만큼 아쉽고, 서운하고, 섭섭하기까지 한 일들이 없지 않기 때문이라고 하겠지요.

문제는 우리의 마음속 깊은 곳에 남게 될 '아쉬움'과 '서운함/섭섭함'의 원인이 같지 않다는 것입니다. 우리말 형용사 '아쉽다'와 '서운하다/섭섭하다'는 "기대에 미치지 못하여 실망스럽고 미련이 남다."라는 뜻을 공통적으로 가지고 있으면서도 구체적인 용법에는 차이가 있기 때문이지요 우선 '아쉽다'는 주로 실망 또는 미련의 원인이 화자 자신의 행동이나 상황 때문에 생긴 일에 대하여 쓰는 것이 일반적입니다.

(1) ㄱ. 임원 승진의 기쁨보다 공부를 소홀히 해 전체를 보는 눈이 부족한 것
이 못내 아쉬웠다.
ㄴ. 내 스스로도 이 날 득점력은 좋았지만 야투율이 50%도 안 돼 아쉬
웠다.

이러한 문장들에서 '아쉽다'는 말하는 이가 자신의 행동이나 관련된 상황에 대해 만족스럽지 못한 것을 표현하는 데 쓰인 것입니다. 이와는 달리 실망스러운 느낌과 감정이 다른 사람이나 상황 때문에 생긴 것이라고 한다면, '서운하다'나 '섭섭하다'가 쓰이는 것이 자연스럽습니다.

(2) ㄱ. 박인비가 커리어 그랜드 슬램에 대한 논란에 서운함을 표현했다
ㄴ. 이후 김정민의 장모는 제작진과의 인터뷰에서 "사위가 우리 딸이랑
결혼한 지 10년이 넘었는데, 아직도 내 식성에 대해서 모르고 있어
조금은 섭섭하다."라고 말해 눈길을 끌었다.

위 문장들을 보면 (2ㄱ)에서는 '서운함'의 원인이 '커리어 그랜드 슬램에 대한 논란'에 있으며, (2ㄴ)에서는 '섭섭함'의 원인이 장모의 식성을 알아차리지 못하는 사위의 무심함에 있음을 알 수 있습니다. 따라서 '서운하다'나 '섭섭하다'는 화자 자신의 행동이나 상황보다는 다른 사람의 행동이나 상황에 그 원인이 있는 경우에 사용하는 것이 특징입니다.

한편, '아쉽다'는 말하는 이가 자신의 행동이나 관련된 상황에 대해 만족스럽지 못한 것을 표현하는 것 외에, 무언가가 필요할 때 그것이 없거나 모자라서 안타깝고 만족스럽지 못한 경우에도 사용됩니다. 다음이 그 예이지요

> (3) ㄱ. 그는 어려서부터 아쉬운 게 없이 살아온 사람이다.
> ㄴ. 선수들은 열심히 해줬는데, 외국 선수들의 활약이 아쉬웠다.

요컨대, 자신의 행동이나 상황에 대해 만족스럽지 못하거나, 무언가가 필요할 때 그것이 없거나 모자라서 안타깝고 만족스럽지 못한 경우에는 '아쉽다'를, 실망스러운 느낌과 감정이 다른 사람이나 그와 관련된 상황 때문에 생기는 경우에는 '서운하다/섭섭하다'를 사용한다고 보시면 됩니다. 그러나 올해 마지막 해넘이의 순간에는 어떤 '아쉬움'도, '서운함'과 '섭섭함'도 남김없이 지워버리고, 새로운 한 해에 대한 기대와 희망의 샘물을 오롯이 길어 올릴 수 있기를 바라는 마음 간절합니다.

'예쁘다'와 '이쁘다'

붉은 원숭이의 해, 열정과 지혜를 상징하는 만큼 새해에 대한 우리들의 기대도 적지 않은 듯합니다. 그러나 전 세계적인 경제 침체가 예견되는 가운데 대학의 안위를 위협하는 구조 조정 압박도 만만치 않으니 마음이 편치 않습니다. 아무쪼록 손오공 같은 원숭이의 묘법과 지혜를 빌려서라도 우리가 나아가야 할 길을 잘 찾아낼 수 있기를 염원합니다.

늘 그렇듯이, 해가 바뀌면 다양한 제도의 변화가 새롭게 모색되곤 합니다. 올해도 예외는 아니어서 과세와 세제, 법원, 법무, 검찰 등 여러 분야에서 변화된 제도가 속속 발표되고 있습니다.

보신각 제야의 종소리가 온 누리에 울려 펴지던 바로 그 순간, 우리의 ≪표준국어대사전≫에도 작은 변화가 있었습니다. '마실, 이쁘다, 찰지다, 고프다' 등 네 항목이 복수 표준어로 인정되고, '푸르르다, 꼬리연, 의론(議論), 이크, 잎새' 등 다섯 개 항목이 별도의 표준어로 인정되는 한편, '말아, 말아라, 말아요'처럼 '말다'에 '-아(라)'가 결합할 때 'ㄹ'이 탈락하지 않는 활용형과 '노랗네, 동그랗네, 조그맣네'처럼 'ㅎ-불규칙 용언'에 어미 '-네'가 결합할 때 'ㅎ'이 탈락하지 않는 활용형 등의 항목이 표준형으로 인정되어 2016년 1월 1일 자로 ≪표준국어대사전≫에 반영된 것이 그것입니다.

우선 복수 표준어로 인정된 네 개의 항목 '마실, 이쁘다, 찰지다, -고프다' 등부터 살펴보면, 이들은 '마을, 예쁘다, 차지다, -고 싶다' 등 기존의 표준어형과 함께 복수 표준어로서의 지위를 얻은 것이 특징입니다. 새롭게 표준어의 지위를 얻게 된 '마실'은 기존의 표준어 '마을'이 지니고 있던 두 가지 의미, 곧 '이웃에 놀러 다니는 일'과 '여러 집이 모여 사는 곳'이라는 의미 가운데 '이웃에 놀러 다니는 일'이라는 의미의 표준어로 인정된 것입니다. 그동안 '이웃에 놀러 다니는 일' 또는 '이웃에 놀러 다니다'라는 뜻의 표준어는 '마을'과 '마을(을) 가다'였습니다. 그 결과 '마실' 또는 '마실(을) 가다'는 표준어가 아닌 방언으로서의 지위에 가지고 있다가 이번을 기회로 복수 표준어로 인정을 받은 것입니다. 따라서 다음 문장들에서 보듯, '마을/마실', '마을 가다/마실 가다'가 표준어로 자유롭게 선택될 수 있다고 보시면 됩니다.

(1) ㄱ. 김바우의 방에는 늘 밤이 이슥도록 마을 나온 사람들로 왁자지껄했고, 웃음소리와 고성이 그치지 않았다. ≪김원일, 불의 제전≫
ㄴ. 할아버지와 할머니는 아마도 사람이 그리워 마실을 갔을 것이다.

'예쁘다'와 함께 복수표준어로 인정을 받은 '이쁘다'는 어떤 면에서 상당히 파격적인 언어 정책의 도입이라고 할 수 있을 듯합니다. '이쁘다'는 일정한 지역의 방언형이라기보다 발음상의 변이 또는 오류라고 해 오던 것을 표준어로 인정한 것이기 때문입니다. '이쁘다' 외에 '이쁘장스럽다, 이쁘장스레, 이쁘장하다, 이쁘디이쁘다' 등도 표준어로 인정받게 되었으니, 국민 언어생활의 편의를 높이려는 취지하에 이루어진 이번 조치는 상당히 환영할 만할 일이라고 할 것입니다.

　한편, 반죽이나 밥, 떡 등의 끈기가 많은 것을 의미하는 '찰지다'는 '차지다'의 원말로 인정을 받아 표준어가 된 것입니다. 이전에는 '차지다'만을 표준어로 삼았다가 '찰지다'의 사용 빈도가 적지 않다는 것을 감안하여, '찰지다'를 '차지다'의 원말로 인정한 것이지요. 따라서 '차진' 흙이나 밥 대신 '찰진' 흙이나 밥이 가능하게 되었으니 이 또한 환영할 만한 조치라고 할 것입니다.

　끝으로, '-고프다'는 '-고 싶다'가 줄어든 말로 풀이되어 표준어로 인정을 받은 것입니다. 이와 같은 언어적 사실에 기대어 보면, 한국의 대표적인 가곡 '가고파'만 하더라도 그동안 표준어가 아닌 비표준어로서의 지위를 가지고 있었음을 알 수 있습니다. 그러나 '-고 싶다'의 준말로 '-고프다'가 인정을 받게 되는 순간, '가고파'는 비표준어라는 불명예를 벗어 던질 수 있게 되었으니, 여러 모로 반가운 소식이 아닐 수 없습니다. 이러한 조치는 모두 탁상공론이 아닌 국민의 실제 언어생활을 토대로, 하나의 표준어가 아닌 둘 이상의 표준어가 얼마든지 가능할 수 있다는 유연한 사고에서 비롯된 것이기 때문입니다.

'푸르다'와 '푸르르다'

1960년대에 출생하여 1980년대에 대학생활을 했고 1990년대에 30대였던 사람들, 일명 '386세대'의 정체입니다. 20여 년의 세월이 흘렀으니, 그들은 이제 하늘의 뜻을 헤아려야 하는 지천명(知天命)의 나이에 이르러 있겠지만, 1980년대 신군부 세력이 정권을 장악하고 광주민주화운동을 무력으로 진압하던 암울했던 시기에서부터 1987년 6월 항쟁에 이르기까지 온몸으로 민주화를 위해 싸웠던 진보와 개혁의 선봉자들이었으니, 쉽게 잊어서는 안 되는 세대라고 할 것입니다.

흥미로운 사실은 대중문화에 관한 한 '386세대'는 자신들을 대변할 대중문화를 만들어 내지 못한 주변인들로서 <솔아 푸르른 솔아>나 <광야에서>와 같은 몇몇 운동권 가요를 따라 부르는 데 그치고 말았다는 것입니다. 이 가운데 특히 <솔아 푸르른 솔아>는 1986년 당시 연세대 학생이었던 안치환이 작사·작곡한 곡으로, 민중가요 수용자들에게는 물론 일반 대중에게까지 널리 사랑을 받았던 곡이었지요.

문제는 '푸르른 솔'이었습니다. "솔아 솔아 푸르른 솔아 / 샛바람에 떨지 마라 / 창살 아래 네가 묶인 곳 / 살아서 만나리라"는 절정부의 첫 구절에 등장하는 '푸르른 솔'을 두고 "'푸르른 솔'은 없다."라는 식의 지적이 적지 않았던 것이지요.

그러나 지난해 12월 15일, 국립국어원의 <표준어 추가 사정안>이 발표되면서, '푸르른 솔'에 대한 시비는 이제 의미 없는 일이 되고 말았습니다. '푸르른'의 기본형 '푸르르다'가 새로이 표준어의 자격을 얻었기 때문입니다.

비표준어라는 오명에도 불구하고 '푸르르다'는 그동안 상당히 다양한 맥락에서 사용되어 왔습니다. 다음이 그 예입니다.

(1) ㄱ. 찬 서리 눈보라에 절개 외려 푸르르고 / 바람이 절로 이는 소나무 굽은 가지 / 이제 막 백학(白鶴) 한 쌍이 앉아 깃을 접는다 〈김상옥, 백자부(白磁賦)〉

　　ㄴ. 눈이 부시게 푸르른 날은 / 그리운 사람을 그리워하자 〈서정주, 푸르른 날〉

(2) ㄱ. 우리나라 의료의 푸르르고 울창한 미래를 위한 깊고 든든한 뿌리가 될 수 있기를 간절하게 소망한다. 〈의협신문, 2013. 5. 20.〉

　　ㄴ. 티저 영상은 스톱모션 촬영 기법을 활용해 푸르르고 화창한 봄날을 전하고 있다. 〈노컷뉴스, 2014. 5. 15.〉

위의 예들 가운데 (1)은 문학 작품에서, (2)는 신문 기사에서 '푸르르다'의 활용형들이 사용되어 왔음을 보여 주고 있습니다. 이러한 예들에서 쓰인 '푸르르다'는 '푸르다'를 강조하는 말이라는 의미를 갖고 있습니다.

한편, '푸르르다'와 '푸르다'는 활용과 관련하여 한 가지 특기할 만한 사실이 있습니다. '푸르르다'의 어간 '푸르르-'는 '으' 탈락을 보이는 반면,

'푸르다'의 어간 '푸르-'는 '러' 불규칙 활용을 한다는 것입니다. 따라서 이 두 형태는 '-어, -어서, -었-'과 같은 모음 어미와의 결합에서는 활용형이 구별되지 않는다고 할 수 있는바, 결과적으로 '푸르르다'와 '푸르다'는 자음 어미와의 결합에서만 차이를 보이는 것이 특징입니다.

(3) ㄱ. 군포시가 식목일을 앞두고 도시를 더 푸르고 화려하게 가꾸고자 도시의 산책 명소인 골프장 둘레길 구간에 철쭉 8천 본을 심었다.
ㄴ. 적도의 태양은 뜨거웠고 강변의 열대림은 푸르렀다. ('러' 불규칙 활용)
(4) ㄱ. 강원도 춘천에는 소양강댐과 청평사 등의 자연이 깃든 가볼 만한 곳이 많아서 지금처럼 사방이 푸르르고 햇살 좋은 날에는 많은 이들이 주말 여행코스로 찾는 곳이다.
ㄴ. 밤하늘은 한 점 티 없는 결로 푸르렀다. ('으' 탈락)

여기에서 보듯이, (3ㄱ)과 (4ㄱ)의 사례에서처럼 자음 어미 앞에서는 어간 '푸르-'와 '푸르르-'가 구별되지만, (3ㄴ)과 (4ㄴ)에서처럼 모음 어미 앞에서는 '푸르렀다'만 실현되어, 차이를 보이지 않습니다. 그러나 이러한 결과의 도출 과정에서는 차이를 보여, (3ㄴ)에서는 '러' 불규칙 활용을, (4ㄴ)에서는 '으' 탈락을 보이는 만큼 '푸르르다'의 신분 변동과 함께 기억해야 할 또 하나의 언어적 사실이라고 할 것입니다.

'마요'와 '말아요'

지난 토요일, <응답하라 1988>, 일명 '응팔'이 평균 시청률 19.6%를 기록하며 대단원의 막을 내렸습니다. 기성세대와 신세대가 모두 공감하는 가족, 이웃사촌, 친구란 시대 보편적인 키워드를 끌어냄으로써 세대 공감을 이룬 것, '응팔'의 성공 원인은 여기에서 찾을 수 있을 것입니다.

'응팔'이 이루어 낸 세대 공감의 키워드 가운데 또 한 가지 빼놓을 수 없는 것은 바로 음악이었습니다. 아날로그 시대의 음악, 30년 전 가수들의 명곡을 오늘날의 가수가 리메이크해 총 11곡의 OST곡을 발표하였던바, 부모와 자식이 교감하는, 세대를 관통한 음악들이 생겨난 것이지요

'응팔' 덕분에 시대를 역주행한 노래들 가운데 20회 마지막까지 테마곡처럼 흘러나왔던 노래가 한 곡 있었습니다. <그대여 아무 걱정하지 말아요>가 그것입니다. 원래는 가수 전인권이 작사 작곡한 곡으로, 그의 4집 앨범 ≪전인권과 안 싸우는 사람들≫에 타이틀곡으로 담긴 노래였는데, 인기 가수 이적이 편곡하여 부름으로써 신세대들의 감성을 일깨우는 데 전혀 부족함이 없었다고 할 것입니다.

세상 모든 사람들에게 따뜻한 위로를 주는 메시지를 담은 노래로 많이

알려져 있던 곡이었던 만큼 쌍문동 가족의 지친 삶을 위로하는 배경음악이 되었다고 할 수 있는 <그대여 아무 걱정하지 말아요>를 우리의 국어 정책과 관련하여 살펴보면, 흥미로운 언어적 사실이 개입되어 있습니다. 종래에는 '말아요'가 비표준형이었으나 최근에 이루어진 '제3차 표준어 추가 사정'의 결과 표준형으로 자리를 잡게 된 것이 그것입니다.

동사 뒤에서 '-지 말다' 구성으로 쓰여, 앞말이 뜻하는 행동을 하지 못하게 함을 나타내는 보조 동사로 쓰이는 '말다'는 종래에 다음과 같은 방식으로 어미변화, 곧 활용을 하였습니다.

(1) ㄱ. 책임지지 못할 말은 하지 말자.
    ㄴ. 겨울 제주도 여행 그냥 가지 말고 할인 받고 가라 전해라.
(2) ㄱ. 어린이들은 절대 따라 하지 마시오.
    ㄴ. 연탄재 함부로 차지 마라.

(1)에서는 '말다'의 어간 말음 'ㄹ'이 탈락하지 않지만, (2)에서는 'ㄹ'이 탈락하여 실현되지 않는데, 이러한 현상이 '말다'에서 나타나는 'ㄹ' 탈락 현상의 특징이었습니다. 문제는 (2ㄱ)의 환경에서 실현된 '말다'의 'ㄹ' 탈락 현상은 '갈다, 길다, 날다, 둥글다, 만들다, 살다, 잘다' 등 어간 말음이 'ㄹ'인 동사나 형용사와 차이가 없지만, (2ㄴ)의 경우처럼 명령형에서 나타나는 'ㄹ' 탈락 현상은 '말다'에서만 나타나는 특수한 현상이었다는 것입니다. 따라서 '말다'는 종래에 (2ㄴ)에 쓰인 '마라'를 비롯하여 '마, 마요'와 같은 명령형만 올바른 활용형으로 보고, '말아라, 말아, 말아요'는 틀리다고 보았습니다. 그러나 2015년 12월 15일에 이루어진 <제3차 표준어 추가 사정>의 결과, '말다'에 명령형어미 '-아', '-아라', '-아요' 등이 결합할

때는 어간 끝의 'ㄹ'이 탈락하기도 하고 탈락하지 않기도 한다고 보아, '말 아라, 말아, 말아요' 또한 올바른 활용형에 포함하였습니다. 이와 같은 언어 정책의 변화가 의미하는 바를 하나의 표로 정리하면 다음과 같습니다.

기존 표준형	추가 표준형	용례
마	말아	내가 하는 말 농담으로 듣지 마/말아.
마라	말아라	얘야, 아무리 바빠도 제사는 잊지 마라/말아라.
마요	말아요	아유, 말도 마요/말아요.

결과적으로 <그대여 아무 걱정하지 말아요>의 '말아요'는 그동안 비표준형의 지위에 있다가 이제는 표준형의 지위를 얻게 되었습니다. 따라서 이제는 '걱정하지 말아요'를 아무런 걱정 없이 사용할 수 있는 때가 되었습니다. 이러한 언어 정책의 변화와 함께 이 시대를 살아가는 사람들의 걱정과 우울도 말끔히 사라져 버리는 변화가 이루어질 수 있다면 얼마나 좋을까 하는 기대를 해 봅니다.

'하야네'와 '하얗네'

　슈퍼 엘니뇨의 효력을 철석같이 믿었더니만, 요 며칠, 그러한 믿음이 무색하리만치 동장군의 위력이 거셌습니다. 얼마 만인지 헤아리기도 어려울 만큼 매서운 한파가 하늘과 땅을 얼어붙게 하였으니, 몸도 마음도 함께 얼어붙는 듯했지요

그럼에도 불구하고 이 한파가 그런 대로 견딜 만하다고 여길 수 있었던 것은 아마도 간밤에 내린 눈 때문이 아니었을까 합니다. 신경림의 <겨울밤>이 전하는 메시지처럼 지난밤 푹푹 내린 백설의 향연으로 우리의 마음이 눈처럼 깨끗해진 덕분이기도 하겠지요

우리들 / 깨끗해지라고 / 함박눈 하얗게 / 내려 쌓이고 //
우리들 / 튼튼해지라고 / 겨울바람 / 밤새껏 / 창문을 흔들더니 //
새벽하늘에 / 초록별 / 다닥다닥 붙었다 //
우리들 / 가슴에 아름다운 꿈 / 지니라고 //

　　　　　　　　　　　　　　　　　—신경림, <겨울밤> 전문

흥미로운 사실은 우리가 하얀 눈을 보며 짧게 내뱉는 영탄(詠歎)을 담은 "정말 하야네(요).'와 "정말 하얗네(요)."와 같은 문장의 선택에는 지난해 이루어진 표준어 정책의 변화가 개입되어 있다는 것입니다. 전자가 기존의 표준형을 담고 있다면, 후자는 2015년 12월 15일에 추가 사정이 이루어진 결과 나타난 새로운 표준형을 담고 있는 것이지요.

'ㅎ'을 말음으로 하는 우리말 형용사들 가운데는 모음 어미와 결합하거나, 종결 어미 '-네'와 결합하는 환경에서 말음 'ㅎ'이 탈락하는 경우가 있는데, 이러한 현상을 가리켜 'ㅎ' 탈락이라고 합니다. 다음이 그 예입니다.

(1) ㄱ. 그가 이번 주 선택한 주제는 눈 내리는 하얀 겨울밤에 듣고 싶은 음악이다.
　　ㄴ. "나보고 좌파라니. 나는 속옷도 다 파란 사람인데. 내가 좌파라고 할 수 없잖아."라고 정치색을 드러내 웃음을 자아냈다
(2) ㄱ. 온 세상이 하야네(요).
　　ㄴ. 오늘 하늘이 정말 파라네(요).

'하얗다'나 '파랗다'처럼 'ㅎ'을 말음으로 하는 형용사들은 (1)의 사례와 같은 모음 어미 앞이나, (2)의 예에서와 같이 종결어미 '-네' 앞에서 탈락합니다. 이와 같은 탈락은 어간의 음절수가 2음절 이상인 형용사의 경우에만 이루어지며, 어간이 1음절인 경우나 형용사가 아닌 동사일 때는 탈락하지 않는 것이 특징입니다.

(3) ㄱ. 우리 아이 시력 관리법과 함께 시력에 좋은 음식이 덩달아 눈길을 끌고 있다.
　　ㄴ. 휴양림 산림욕장 정말 좋네요

(4) ㄱ. 이에 서울과 맞닿은 수도권 그린벨트가 주목을 받는 모양새다.

　　ㄴ. 저기 능선이 벌써 훤하게 하늘과 맞닿네요.

(3)에서는 '좋다'의, (4)에서는 '맞닿다'의 활용 양상을 확인할 수 있는데, '좋다'는 어간의 음절수가 1음절이라는 점에서, '맞닿다'는 음절수가 2음절이긴 하지만 동사라는 점에서 'ㅎ'이 탈락하지 않는 모습을 보이고 있습니다. 따라서 'ㅎ' 탈락은 '하얗다', '파랗다'를 비롯하여, '그렇다, 노랗다, 동그랗다, 뿌옇다, 어떻다, 조그맣다, 커다랗다' 등등 어간의 음절수가 2음절 이상인 형용사에서만 이루어진다고 할 수 있습니다.

문제는 (2)와 같은 환경, 즉 말음 'ㅎ'이 종결 어미 '-네' 앞에 놓이는 경우에는 탈락하지 않는 것도 표준형의 범주에 포함하기로 했다는 것입니다. 결과적으로, (2)의 문장들은 다음과 같이 활용할 수 있으며, 이러한 활용형이 새로운 표준형으로서의 자격을 부여받아 2016년 1월 1일부터 ≪표준국어대사전≫에 반영되어 있습니다.

(2)' ㄱ. 온 세상이 하얗네(요).

　　 ㄴ. 오늘 하늘이 정말 파랗네(요).

요컨대 지난번 편지에서 다룬 '말다'의 명령형에서 나타나는 'ㄹ' 탈락과 함께 '-네' 앞에서의 'ㅎ' 탈락 현상은 복수의 표준형을 인정한다는 점에서 함께 묶어 생각해야 하는 현상입니다. 이러한 현상은 물론 2015년 12월 15일 자에 이루어진 '제3차 표준어 추가 사정'의 결과라는 것을 기억하셨으면 합니다.

'강추위'와 '강(强)추위'

지난 초겨울만 하더라도 우리는 유례없이 따뜻한 겨울에 안도하며, 아기 예수를 본 듯 '엘니뇨' 혹은 '슈퍼 엘니뇨'를 반기었습니다. 그러나 "그해 겨울은 따뜻했네."는 마치 영화 속의 한 장면처럼 지나가 버리고, 어느새 폭설과 한파가 지배하는 엄동설한이 우리들 앞에 놓여 있습니다.

문제는 따뜻한 겨울도, 추운 겨울도 모두 지구 온난화가 원인이 되어 나타난 겨울의 양면(兩面)이라는 것입니다. 그리하여 이제 인류가 감당하고 견디어야 할 겨울은 마치 야누스처럼 두 얼굴을 하리라는 것을 부인하기 어려울 듯합니다.

흥미로운 사실은 동장군의 위력이 거세질 때마다 단골처럼 등장하는 우리말 '강추위' 또한 두 얼굴의 모습을 하고 있다는 것입니다. '강추위'를 구성하는 요소인 접두사 '강-'이 고유어인지 한자어인지에 따라 상이한 의미를 지니기 때문입니다. 이러한 말이 뜻하는 것이 무엇인지를 분명히 하기 위해 '강추위'의 구성 방식과 의미를 제시하면 다음과 같습니다.

구성 방식	의미
강+추위 (고유어)	눈도 오지 않고 바람도 불지 않으면서 몹시 매운 추위. 예 겨울 날씨가 눈발이라곤 거의 비치지 않은 채 마른하늘에 강추위로만 일관되는 걸 보고 사람들은 다음 농사가 흉년이 들 조짐이라고 은근히들 걱정했었다. ≪윤흥길, 완장≫
강(强)+추위 (혼종어)	눈이 오고 매운바람이 부는 심한 추위. 예 다음 주 초부터 전국에 눈보라를 동반한 강추위가 몰아닥칠 것으로 보인다.

위의 표를 보면 파생어에 해당하는 '강추위'는 순수한 우리말로 이루어진 고유어인지 아니면 한자어가 섞인 혼종어인지에 따라 그 의미가 두 가지로 달라지는 것을 알 수 있습니다. 이 가운데 고유어 '강추위'의 구성 요소인 접두사 '강-'은 그 의미가 다양해서 다음과 같은 여러 가지 의미가 있음이 특징입니다.

의미	용례
다른 것이 섞이지 않고 그것만으로 이루어진.	강굴, 강소주, 강술, 강참숯, 강풀
'마른' 또는 '물기가 없는'.	강기침, 강모, 강서리
억지스러운.	강울음, 강호령

여기에서 보듯, 고유어 접두사 '강'은 모두 세 가지 의미가 있습니다. 제시한 단어들 가운데 '강소주'와 '강술'은 "안주 없이 마시는 소주."와 "안주 없이 마시는 술."이라는 뜻을 각각 지니는데, 흔히들 '*깡소주', '*깡술'이라고 함으로써 오류를 범하는 경우가 적지 않은 듯합니다. 다음이 그 예

이지요

(1) ㄱ. 주정뱅이들은 이제 안주를 더 달랠 단계를 지나 *깡소주를 마시고 있었다. *깡소주가 그들의 가슴에 불을 붙인 것처럼 서로의 말소리가 불꽃처럼 활기 있어 졌다. ≪박완서, 서 있는 여자≫

ㄴ. 다이어트를 이유로 탄수화물 섭취를 배제한 채 이른바 '*깡술'을 반복해 마시는 이들이라면 건강에 적신호가 켜진 셈이니 깊이 새겨야 한다.

모르긴 해도 '*깡소주'나 '*깡술'은 악착같이 버티는 오기, 곧 '깡'으로 혹은 '깡다구'로 먹는다는 뜻으로 만든 말일 수 있습니다. 그러나 우리의 표준어 정책에서는 '강소주'와 '강술'에 고유어 접두사 '강-'의 의미가 고스란히 담겨 있다고 보고 있으니, 당분간은 '강소주'와 '강술'에 대한 기억을 유지해 주시는 것이 어떨까 합니다.

'약관(弱冠)'과 '묘령(妙齡)'

　　신입생 오리엔테이션 소식이 들려오는 걸 보니 이제 대학은 긴 겨울잠에서 깨어나 새봄을 맞을 준비를 해야 할 때가 된 듯합니다. 우리 대학은 이번 신입생 OT에 'CU ST★AR', 즉 학생들(S)의 재능(T)을 살려주고 적극적(A)인 대학 생활을 유도하여 인생의 새로운 전기(R)를 마련할 수 있도록 도움을 준다는 의미를 담았다고 하니, 우리의 새내기들이 자신들의 앞날을 활짝 열 수 있는 준비를 제대로 할 수 있기를 바라는 마음입니다.

　　벌써 한 세기가 다 되어가는 오래 전 이야기이긴 하지만, 소설가이자 수필가였던 민태원 선생은 그의 작품 <청춘예찬>에서 "인생에 따뜻한 봄바람을 불어 보내는 것은 청춘의 끓는 피다. 청춘의 피가 뜨거운지라, 인간의 동산에는 사랑의 풀이 돋고, 이상(理想)의 꽃이 피고, 희망(希望)의 놀이 뜨고, 열락(悅樂)의 새가 운다."라고 하였습니다. 굳이 이러한 예찬론을 빌리지 않더라도 새내기라는 말은 우리의 가슴을 설레게 하는 데 조금도 부족함이 없는 말입니다. 그들은 이제 막 하얀 도화지 한 장을 받아 들고 무엇을 그려 나갈까 무한한 가능성의 꿈을 새로이 꾸는 고작 스무 살의 젊은이들이기 때문입니다.

　흥미로운 사실은 스무 살 안팎의 나이를 가리키는 우리말 단어가 남과 여, 곧 성별에 따라 분화되어 있다는 것입니다. '약관(弱冠)'과 '묘령(妙齡)'이 바로 그것이지요.

　(1) ㄱ. 스물 한 살 약관의 나이에 애플을 창업하고 아무도 상상하지 못하는 일들을 스티브 잡스는 해냈다.
　　　ㄴ. 이제 스물 한 살의 묘령의 나이에 불과한 그녀가 공인회계사를 준비하게 된 계기가 궁금했다.

　(1ㄱ)에서 쓰인 '약관'은 공자가 ≪예기≫ '곡례편(曲禮篇)'에서 남자는 스무 살에 관례(冠禮)를 한다고 한 데서 비롯된 말입니다. 남자가 스무 살이 되면 어른이 된다는 의미로 상투를 틀고 갓을 쓰게 하는 의례(儀禮)에 해당하는 관례를 치렀다는 것이지요. 다만, 관례를 하긴 하되, 신체가 완전히 성숙되지는 아니하였으므로, 앞에 약하다는 뜻의 한자 '弱(약)'을 써서 '약관(弱冠)'이라고 하였습니다.

　그렇다면 '묘령(妙齡)'의 뜻은 무엇일까요? 한자어 '妙(묘)'의 새김으로 '젊다'나 '아름답다'라는 뜻이 있는 것으로 미루어, '묘령(妙齡)'은 스무 살 안팎의 꽃다운 나이, 곧 '방년(芳年)'에 이른 여인의 나이를 가리키는 말입니다. 결과적으로 '묘령(妙齡)'이나 '방년(芳年)' 또는 '방령(芳齡)'은 모두 같은 뜻으로 쓰이는 말이라고 할 수 있습니다.

　문제는 '묘령(妙齡)'이나 '방년(芳年)'의 의미를 정확히 인지하지 못한 데서 비롯된 오류가 적지 않다는 것입니다. 다음이 그러한 예이지요.

(2) ㄱ. 402동 *묘령의 여자분이 빈대떡을 하사해 주셨습니다.

ㄴ. 오늘 여의도 벚꽃 축제에 놀러온 칸초님과 어떤 *묘령의 여인을 만났
습니다.

ㄷ. 우리 일행의 태항산 트레킹을 안내한 가이드는 *방년 27세의 꽃다운
청년이었다.

맥락으로 미루어 보건대, (2ㄱ, ㄴ)에서 쓰인 '*묘령'은 스무 살 안팎의
꽃다운 나이가 아니라 나이를 가늠하긴 어렵다는 뜻으로 쓰인 말이라는
점에서 명백한 오류입니다. (2ㄷ) 또한 27세의, 그것도 여성이 아닌 남성을
두고 쓴 말이라는 점에서 잘못 쓰인 말이라고 할 수 있습니다.

요컨대 우리의 새내기들에게 '약관'과 '묘령'의 나이, 곧 스무 살의 의미
를 제대로 전하기 위해서는 이러한 단어들이 지닌 원래의 의미를 제대로
새겨주려는 노력이 있어야 할 것입니다. 순수한 열정과 무한한 가능성을
지닌 새내기들, 그들에게는 '약관'과 '묘령'의 나이가 특권일 수 있기 때문
이겠지요

'재자(才子)'와 '재원(才媛)'

줄줄이 딸만 낳다가 마지막으로 아들을 하나 얻은 집안에서 흔히 있었던 일화 가운데 하나는 아들이 손위의 누이들을 일컬어 "언니, 언니!" 하며 따라다닐 때마다 누이들이 애써서 '언니'가 아니라 '누나'임을 힘주어 강조하던 일이라고 할 것입니다. 물론 아들만 있다가 늦둥이로 하나 얻은 고명딸의 경우도 그와 비슷한 에피소드가 얼마든지 있었을 것입니다. 오라비들더러 "형, 형!" 하고 부를 때마다 온 가족이 나서서 '형'이 아니라 '오빠'임을 분명히 하려 했을 테니 말이지요.

생물학적 차원의 염색체가 다르듯, 남녀가 사용하는 말이 다르거나 남녀를 대상으로 하는 말이 차이를 보이는 현상은 우리말에서뿐만 아니라 지구상의 모든 언어에서 나타나는 보편적인 현상입니다. 일본어의 경우는 우리말의 경우보다 그 정도가 훨씬 심해서, '아버지'와 같은 호칭은 물론이거니와 '맛있다'나 '먹다'와 같은 동사에서도 남녀 간의 차이를 보이기도 합니다. 즉, 여성은 '아버지'를 일컬어 'おとうさん(오토상)'이라고 하는 반면, 남성은 "おやじ(오야지)'라고 하며, '맛있다'와 '먹다'에 대해서도 여성들은 'おいしい(오이시이)', 'たべる(다베류)'라고 하는 것과 달리 남성들은 각각

'うまい(우마이)', 'くう(구우)'라고 하는 것이지요

지난번 편지에서 다루었던 '약관'과 '묘령' 혹은 '방년'이 20대의 나이를 성별에 따라 달리 칭하는 데 사용되는 것과 마찬가지로 '재자(才子)'와 '재원(才媛)'이라는 말 또한 성별에 따라 달리 사용해야 하는 말입니다. 우선 다음 예를 보시지요

> (1) ㄱ. 한눈에 부필의 앞날을 알아본 안수가 범중엄에게 이 낙양 재자가 혼인을 했느냐고 물었다.
> ㄴ. 큰딸 엘리너는 분별력이 뛰어난 재원이고 둘째딸 마리안은 감수성이 뛰어난 미인이며, 셋째딸 마거릿은 아직 어린 소녀이다.

위 문장들에서 사용된 '재자(才子)'와 '재원(才媛)'은 '재주가 뛰어난 젊은 이'를 가리키는 말이되, 전자가 남성에 대해 쓰는 말인 반면, 후자는 여성에 대해 쓰는 말이라는 차이가 있습니다. 따라서 결혼 적령기에 이른 젊은 이를 두고 그들의 재주를 칭송하여 훌륭한 신랑신부감이라는 말을 하고자 할 때, 신랑감에 대해서는 '재자(才子)'를, 신부감에 대해서는 '재원(才媛)'을 쓰는 것이 올바른 우리말입니다.

다만, 세월의 변화와 함께 사용하는 단어들 또한 변화를 겪어 오늘날에 이르러선 '재자'라는 단어는 사용 빈도가 극히 낮은 것이 특징입니다. 그러나 '재원'이라는 말은 여전히 비교적 자주 사용되고 있다고 할 수 있는데, 문제는 '재원'을 여성이 아닌 남성에 대해서도 쓰는 경우가 적지 않다는 것입니다.

(2) ㄱ. 그는 오히려 모험가 협회에서도 안심하고 정문의 경비를 전적으로 맡
길 만큼 뛰어난 *재원이었다.

ㄴ. 김 씨의 아들은 프랑스 유명 요리학교 출신 *재원으로 현재 한국에서
프랑스 요리사로 활동하고 있다

문맥으로 미루어 볼 때 위의 예에서 쓰인 '재원'은 여성이 아닌 남성을
가리키는 말이라는 점에서 잘못 쓰인 것입니다. 이와 같은 언어적 사실을
비롯하여 성별의 차이에 따라 단어를 구별하여 쓰는 우리말의 예로는 또
어떤 것들이 있는지 생각해 보는 기회가 되었으면 하는 마음입니다.

'의론'과 '의논'

③ 의원은 제1항(재적의원 3분의 1 이상 서명)에
따른 요구서가 제출된 때에는
해당 안건에 대하여 무제한 토론을 할 수 있다.

국회법 제106조의2(무제한 토론의 실시 등)

'필리버스터(filibuster)', 곧 무제한 토론을 통한 합법적 의사진행 방해 행위라는 의미를 지닌 말이 네티즌을 비롯한 전 국민의 뜨거운 관심의 대상이 되고 있습니다. '필리버스터'라는 단어는 스페인어에서 유래한 것으로, 원래는 16세기에 서인도에 있는 스페인 식민지와 함선을 공격하는 해적 또는 약탈자를 의미하였습니다. 그러다가 1854년 미국 상원에서 캔자스와 네브래스카 주를 신설하는 내용의 법안을 막기 위해 반대파 의원들이 의사 진행을 방해하면서부터 '필리버스터'는 "의회에서 다수당이 수적 우세로 법안이나 정책을 통과시키는 것을 막기 위해 소수당이 표결을 방해하는 행위."라는 정치적 의미로 사용되기 시작하였습니다.

주지하는 바와 같이, 국회에서 진행 중인 이번 '필리버스터'의 발단은 이른바 <국민보호와 공공안전을 위한 테러방지법>, 줄여서 '테러방지법'이 가지고 있는 일부 독소 조항에 있습니다. 정부 여당이 주장하는 바와 같이 정보 수집권의 주체를 국정원으로 적시할 경우, 모든 국가 권력이 국정원 산하로 들어오게 되고, 테러 방지를 이유로 정당, 단체, 나아가 각 개인의 사생활 및 비밀들을 수집할 수 있게 됨에 따라 '테러방지법'은 '대테러용'이 아닌 '대국민용'이 될 가능성이 없지 않다는 것이지요.

문제는 이번 '필러버스터'는 그 성격상 '토론'이라기보다 다분히 '의론(議論)'의 성격을 지니고 있다는 것입니다. 기존의 세계 기록인 58시간을 훨씬 넘어섬으로써 세계 역사상 가장 긴 기록을 보유하게 된 만큼 야당의원들의 릴레이식 문제 제기는 '의론(議論)' 차원에서 이루어지고 있는 일이라고 보는 것이 더 적절할 수 있다는 것이지요. 따라서 이번 편지에서는 2015년 12월 15일 자로 새로이 표준어의 대열에 합류한 '의론(議論)'의 의미를 기존 단어 '의논(議論)'과의 차이를 통해 살펴보는 데 관심을 두기로 하겠습니다.

우선 《표준국어대사전》을 토대로 '의론'과 '의논'의 의미를 제시하면 다음과 같습니다.

구분	의미
의론	어떤 사안에 대하여 각자의 의견을 제기함. 또는 그런 의견. 예 문영 장군은 조정의 의론을 무시하고라도 구원병을 몰래 보내어 돕는 것이 좋겠다고 건의하였다. 《홍효민, 신라 통일》
의논	어떤 일에 대하여 서로 의견을 주고받음. 예 그는 한마디 의논도 없이 제멋대로 결정했다

이러한 사전의 의미를 통해서 볼 때, 국정원에 정보 수집권을 부여할 경우, 결과적으로 권력 남용 및 인권 침해가 얼마든지 예견될 수 있다는 입장에서 진행 중인 야당의원들의 문제 제기는 '의론'의 수준에서 이루어지고 있는 합법적인 의정 활동 가운데 하나라고 할 것입니다. 새로운 표준어 사정이 이루어지기 전까지는 '의론'을 '의논'의 오용이라고만 치부해 오다가, 최근에 들어서야 '의론'이 '의논'과는 다른 별개의 의미를 지니는 것으

로 인정하였으니 어쩌면 이러한 사태를 미리 내다보고 이루어진 일이 아닐까 합니다.

만일 어떠한 문제가 정말로 치명적인 결함을 가지고 있다면 문제의 본질과 핵심을 벗어나지 않는 수준의 문제 제기가 끊임없이 이루어질 수 있어야 건강한 의회이자 국가라고 할 것입니다. 이러한 의미에서 중국의 인문학자 렁청진(冷成金)의 저서 ≪병가 인간학≫의 다음과 같은 대목은 야당의 '필리버스터'가 얼마든지 그 정당성을 확보할 수 있는 것임을 잘 말하여 준다고 할 것입니다.

> 의론을 제기한 사람들은 무조건 목을 쳤다. 결국 의론은 잦아들었지만 더 이상 조정을 찾는 제후들이 없었다. 여왕 34년, 통치는 갈수록 엄하고 잔인해졌지만 민중은 더 이상 입을 열 수 없었다. 서로 얼굴을 마주치면 눈빛으로 삶의 고통을 하소연할 뿐이었다. 여왕이 흐뭇한 표정으로 소공에게 말했다. "내가 백성들의 의론을 잠재웠소 더 이상 감히 입을 여는 자들이 없단 말이오

'가르치다'와 '가리키다'

'교학상장(教學相長)'이라는 말이 있습니다. 스승은 학생을 가르침으로써, 제자는 스승에게 배움으로써 성장한다는 뜻을 지닌 말이지요. 이 말은 원래 중국 오경(五經)의 하나인 ≪예기(禮記)≫의 '학기(學記)' 편에 나오는 말입니다. "좋은 안주가 있다고 하더라도 먹어 보아야만 그 맛을 알 수 있다. 또한 지극한 진리가 있다고 해도 배우지 않으면 그것이 왜 좋은지 알지 못한다. 따라서 배워 본 이후에 자기의 부족함을 알 수 있으며, 가르친 후에야 비로소 어려움을 알게 된다. 그러기에 가르치고 배우면서 더불어 성장한다고 하는 것이다."라는 대목이 그것입니다.

지난주에 개강하여 이번 주부터는 본격적인 강의가 전개되어야 할 시점에 이르렀으니 많은 교수님들이 가르치는 일의 어려움에 대해 생각하고 있으리라 생각합니다. 무언가를 100% 아는 일, 대상의 실체를 정확히 파악하는 일은 늘 쉽지 않은 일이어서 처음에는 아주 막연하거나 어렴풋하기만 하다가 어느 날 문득, 때로는 가르치면서 깨닫게 되는 일도 적지 않기 때문이라고 할 수 있기 때문이겠지요.

문제는 '가르치는 일'과 관련된 우리말 동사 '가르치다'가 '*가르키다'로 잘못 쓰이는 경우가 적지 않다는 것입니다. 다음이 그 예입니다.

(1) ㄱ. 이날 찬미 어머니는 머리 감기는 법을 *가르키다 얼굴이 가까이 있자
"너무 가까이 붙는다. 민망하다."라며 그를 밀었다.
ㄴ. "학생들에게 역사를 잘 *가르켜야 나라가 바로 섭니다."처럼 말하는
예도 흔히 보게 되는데, 세상에 '*가르키다'라는 말은 없습니다.

여기에서 쓰인 '*가르키다'는 모두 '가르치다'를 잘못 쓴 예들입니다. 그
렇다면 이와 같이 '가르치다'가 '*가르키다'로 잘못 쓰이는 이유는 무엇일
까요? 이미 눈치를 채셨겠지만, '가르치다'와 그 형태가 유사한 '가리키다'
와의 뒤섞임 현상이 그 이유라고 할 수 있습니다.

주지하는 바와 같이, '가르치다'는 "지식이나 기능, 이치 따위를 깨닫게
하거나 익히게 하다."를, '가리키다'는 "손가락 따위로 어떤 방향이나 대상
을 집어서 보이거나 말하거나 알리다."를 주된 의미로 갖고 있습니다. 따라
서 우리말 동사 목록에는 형태는 비슷하지만 그 의미 영역이 전혀 다른 별
개의 단어인 '가르치다'와 '가리키다'가 포함되어 있겠지요.

인간의 언어 습득 이론을 잠깐 빌리자면 형태나 의미가 유사한 단어들
은 머릿속에 저장될 때 서로 가까운 곳에 저장되는 경향이 있다고 합니
다. 그리하여 우리가 말을 하기 위해 어떤 단어를 꺼낼 때, 말하려는 단어
를 정확하게 꺼내지 못하고 잘못 꺼내거나 혼동을 하게 되는 경우가 종종
있는바, 이러한 경향은 발화 실수(slips of tongue)의 한 형태라고 할 수 있습
니다.

결론적으로 말하자면, '*가르키다'는 '가르치다'와 '가리키다'의 어간, 곧
'가르치-'와 '가리키-'가 뒤섞여 만들어진 발화 실수에 해당합니다. '가르
치-'의 일부분인 '가르-'에 '가리키-'의 '-키-'가 결합하는 방식으로 만들
어진 것이라고 할 수 있겠지요. '*가르키다'가 '가르치다'는 물론 '가리키

다'를 대신하여 잘못 쓰이고 있는 것이 그 증거라고 할 수 있습니다.

(2) ㄱ. 유민상은 이 빵 저 빵을 *가르키다 신경질 나 김지민 손을 잡아챘다.
   ㄴ. 사람들은 동에 번쩍, 서에 번쩍 하는 그를 *가르켜 현대판 홍길동이
      라고 했다.

요컨대, 예문 (1)은 '가르치다'를, 예문 (2)는 '가리키다'를 대체하여 '*가르키다'가 잘못 쓰이고 있음을 보여주고 있습니다. (1ㄴ)에서 확인할 수 있는 바와 같이, 세상에 '*가르키다'라고 하는 말은 없다고 하니, '가르치다'와 '가리키다'를 꺼낼 때 본래 의미에 따라 정확하게 꺼내는 일에 좀 더 신중을 기해야 하는 까닭이 여기에 있다고 할 것입니다.

'글귀'와 '시구(詩句)'

3월도 어느덧 중순에 들어섰습니다. 꽃을 시샘하는 추위가 가끔씩 진을 치기도 하겠지만, 우수도 경칩도 다 지난 뒤이니 '정녕 봄이로구나!' 하는 생각을 하더라도 전혀 틀린 것은 아닐 것입니다. 겨우내 움츠러들었던 몸과 마음이 활기를 얻어 살아 움직이고픈 때이니만큼 3월의 이미지를 담은 '글귀'나 '시구(詩句)'를 찾아보고 싶은 충동이 생길 수도 있으리라 생각합니다. 아동문학가 오순택의 시 <3월>도 그렇게 해서 만났습니다.

> 겨울 내내
> 어디 있나 했는데
> 목련 꽃망울 속에서
> 토옥
> 튀어나오더라고요

양지 바른 곳에서라면 어린 꽃봉오리 속에서 봄이 먼저 토옥 튀어나왔을 것이고, 지금은 언제쯤 등불을 켜듯 환히 피어나야 하는 걸까 목련의

궁리가 한창 진행 중일 것입니다. 머잖아 우리에게도 신호를 보내오겠지요

홍미로운 사실은 동일한 한자 '句'를 '글귀'에서는 '귀'로, '시구'에서는 '구'로 읽고 써야 한다는 것입니다. 이 단어들이 실제 문맥에서는 어떻게 쓰이는지 제시하면 다음과 같습니다.

(1) ㄱ. 저자가 지금까지 살아오면서 자신에게 감명을 준 글귀와 그것에 대한 자신의 생각을 담아낸 것으로, 위대한 성현들의 순수한 정신을 만끽할 수 있다

ㄴ. "내가 그의 이름을 불러 주었을 때/ 그는 나에게로 와서/ 꽃이 되었다"라는 김춘수 시인의 시구처럼 우리가 올레라는 이름을 불러 주었을 때 올레는 우리에게로 와서 길이 되었다.

이러한 사례를 통해서 알 수 있는 바와 같이, '글의 구나 절'을 가리키는 우리말은 '글귀'인 반면, '시의 구절'은 '시구'입니다. 말하자면 '글'에는 '귀'가 있는 반면, '시'에는 '귀'가 없다는 것이지요. 그렇다면 이와 같은 발음과 표기의 차이는 어디에서 비롯된 것일까요? 이는 바로 우리말에 들어와 쓰이는 한자 '句'가 경험한 발음의 변화 때문입니다. 즉, 한자 '句'의 원래 발음은 [귀]였으나, 오늘날엔 이중모음의 단모음화로 인하여 [귀]가 아닌 [구]로 발음되고 있다는 것이지요. 물론 이러한 변화에는 예외가 있으니, '글귀'에서만큼은 변화하기 이전의 발음이 그대로 유지되고 있는 것이 그것입니다. "예외 없는 법칙은 없다."라는 것을 보여주기 위해서인지도 모르지요.

결론적으로 '시구(詩句)'를 '*싯귀'로 적는다든지, '구절(句節)'을 '*귀절'로 적는 것은 모두 오류입니다. 물론 '시구'를 '*싯구'로 적는 것 역시 오류형

인바, 이는 '시구'라는 단어는 사이시옷을 적어서는 안 되는 단어이기 때문입니다. 다음이 그 예입니다.

(2) ㄱ. 강을 따라 걷다 보면 시인이 아니더라도 간단한 *싯귀 한 구절은 나올 정도의 비경은 끝이 없다.
ㄴ. 김창숙이 읊은 *싯구 또한 ≪매천집≫ 제44권 [병오고(丙午稿 : 1906)]의 <병풍그림에 제하다(題屛畫)>에 나오는 것으로서 당(唐)나라가 망할 때 대표적인 귀족들인 최씨, 노씨들이 양(梁)나라에 붙은 것을 풍자한 내용이다.
ㄷ. 이어지는 *귀절 "나의 집 비록 누추하지만 덕이 싸고도니 어찌 향기롭다 않으랴? 공자도 군자의 집이라면 꾀죄죄함이 어이 있을까 하셨다.

'말귀'와 '글귀'

　우리는 가끔 "왜 이렇게 내 말귀를 못 알아듣는 거지?"라고 하는 질문을 누군가에게 던지면서, 그 사람과는 도대체 말이 안 통해서 못 살겠다는 태도를 보이곤 합니다. 서로 뜻이 통하여 오해가 없는 상태, 곧 소통이 그만큼 어렵기 때문일 것입니다.

　소통이 어려운 본질적 이유는 내가 아무리 정확하게 설명한다고 하더라도 상대방이 자신의 필터, 즉 자신의 지식과 경험, 수준, 사람됨, 인격, 가치관, 신념, 의도, 입장 등 자신의 삶을 통해 세상을 받아들이는 경우가 많기 때문입니다. 따라서 원활한 소통의 출발점은 내가 어떤 말을 하더라도 상대방과 입장이 다르면 서로 다른 해석을 할 수밖에 없다는 것을 이해하는 것이라고 할 수 있습니다. 그러므로 말로써 영위해 가는 우리의 삶의 모든 순간에서 "왜 이렇게 내 말귀를 못 알아듣는 거지?"라는 불평을 늘어놓기보다는 상대방이 내 말을 어떻게 이해하고 받아들였는지를 확인하는 데 더 많은 관심을 가져야 할 것입니다.

　문제는 '말귀'라는 단어입니다. 이 단어는 지난번 편지에서 언급하였던 '글귀'와 마찬가지로 '귀'를 구성요소로 하고 있는바, 두 개의 '귀'가 같은 것인지 아니면 전혀 다른 '귀'인지를 확인해야 한다는 것이지요. 결론부터 말씀드리면 두 '귀'는 공통점과 차이점이 있습니다. 따라서 이번 편지에서는 '말귀'와 '글귀'를 구성하는 요소인 '귀'의 의미를 구별하는 데 관심을 두려 합니다.

우선 두 단어의 사전적 의미는 어떠한지 제시하기로 하겠습니다.

단어	의미
말귀	① 말이 뜻하는 내용. ② 남이 하는 말의 뜻을 알아듣는 총기.
글귀	③ 글을 듣고 이해하는 능력. ④ 글의 구나 절.

위의 표를 통해 알 수 있듯이, '말귀'와 '글귀'는 각각 두 가지 의미가 있습니다. 이러한 의미를 구성하는 데 사용되는 '귀'는 크게 두 가지 종류로 구분할 수 있는데, '①~③'의 의미에서 쓰인 '귀'는 "사람이나 동물의 머리 양옆에서 듣는 기능을 하는 감각 기관."을 가리키는 고유어 '귀'에서 파생되어 나온 것이라고 한다면, ④의 의미로 쓰인 '귀'는 지난번 편지에서 언급하였던 한자어 '句'의 원음이라고 할 수 있으니, '말귀'와 '글귀'에는 두 종류의 '귀'가 있다는 것이지요. 이와 같은 차이를 분명히 하기 위해 두 단어의 용례를 제시하면 다음과 같습니다.

(1) ㄱ. 제가 자꾸 사람 말귀를 잘 못 알아듣는다고 여자 친구가 자주 화를 냅니다.
ㄴ. 말귀가 터졌어야 남의 말을 알아듣지.
(2) ㄱ. 불과 일곱 살 때 글귀가 트인 그는 후에 큰 학자가 되었다.
ㄴ. 이 글은 저자가 지금까지 살아오면서 자신에게 감명을 준 글귀와 그 것에 대한 자신의 생각을 담아낸 것으로, 위대한 성현들의 순수한 정 신을 만끽할 수 있다

요컨대, (1)의 예와 (2ㄱ)에서 쓰인 '귀'는 고유어 '귀'를 구성요소로 하는 것이라고 한다면 (2ㄴ)에서 쓰인 '귀'는 한자어이니 이와 같은 공통점과 차이를 잘 알아차릴 수 있을 때 '말귀'와 '글귀'가 밝다고 할 수 있을 듯합니다. 물론 이러한 기본적인 이해 능력 외에 다른 사람들과 뜻이 통하여 오해가 없도록 만드는 소통 능력을 갖추는 것이 더 중요하다고 할 수 있는 바, 우리의 '말귀'와 '글귀'를 밝게 하는 데 더 많은 노력을 할 수 있었으면 하는 마음입니다.

'한가운데'와 '한 동네'

세상을 떠나고 없는 사람이지만, 살아 있는 이들이 잊지 않고 오래오래 기억해 주는 것, 영원불멸의 삶이란 이렇게 주어지는 게 아닐까 합니다. 이와 같은 관점에서 우리 대학의 2대 미술관 가운데 하나인 '김보현 & 실비아올드 미술관'에서 <삶의 한 가운데-푸른 얼굴展>이라는 이름의 '김보현 추모 2주기 테마기획전'을 연 것은 유한한 삶을 영원하도록 만드는 데 기여하고 있다는 점에서 매우 의미 있는 일이라고 할 것입니다. 불로장생을 꿈꾸었던 진시황조차도 고작 49세의 나이로 생을 마감할 수밖에 없었던 것을 보면 더더욱 그렇다고 할 수 있겠지요.

'푸른 얼굴'이라, 조금은 그로테스크한 빛깔의 얼굴이 삶에 대한 작가의 명상적 자세와 깊이를 보여주는 한편, 낯선 미국 땅에서 이방인으로 살아갈 수밖에 없었던 삶의 파란을 그대로 보여주는 것은 아닐까 짐작해 보는 동안, 저의 눈은 내내 '삶의 *한 가운데'에 머물러 있었습니다. 모르긴 해도 우리의 미술관에서 '*한 가운데'와 '한가운데'를 두고 깊은 고민을 하지는 않았을까 하는 생각이 들었기 때문입니다.

눈치가 빠른 분들이라면 이미 짐작을 하셨겠지만, '*한 가운데'는 '한가운데'의 형식으로 붙여 써야 하는 하나의 단어입니다. 우리말 화자들의 언어 사용에서 이와 같은 오류가 적지 않게 나타나는 것은 '한'이 접두사로서 후행 요소와 반드시 붙여 써야 하는 경우가 있는가 하면, 접두사가 아닌 관형사로서 띄어 써야 하는 경우가 있기 때문입니다.

'한가운데'의 예처럼 '한'이 접두사로 쓰여 후행 요소와 반드시 붙여 써야 하는 경우, '한'의 의미는 두 가지로 나타나는 것이 특징입니다. 그 의미와 용례를 제시하면 다음과 같습니다.

의미	사례
'큰'의 뜻을 더함.	한걱정/한길/한시름.
'정확한' 또는 '한창인'의 뜻을 더함.	한가운데/한겨울/한낮/한밤중/한복판/한잠.

그렇다면 '한'이 접두사가 아닌 관형사여서 띄어 써야 하는 경우, 그 의미는 어떠할까요? 다음에서 보듯이, 관형사 '한'의 의미는 매우 복잡해서 다음과 같은 무려 네 가지 의미로 쓰이는 것이 특징입니다.

의미	용례
((일부 단위를 나타내는 말 앞에 쓰여)) 그 수량이 하나임을 나타내는 말.	한 사람/책 한 권/말 한 마리/노래 한 곡/국 한 그릇/한 가닥 빛도 없는 지하실/한 가지만 더 물어보자./그는 한 달 월급을 모두 도박에 탕진했다.
'어떤'의 뜻을 나타내는 말.	옛날 강원도의 한 마을에 효자가 살고 있었다./이번 사건에 대해 검찰의 한 고위 관리는 다음과 같이 말했다.
'같은'의 뜻을 나타내는 말.	한 경기장/한 동네/전교생이 한 교실에 모여 특강을 들었다./동생과 나는 한 이불을 덮고 잔다.

의미	용례
((수량을 나타내는 말 앞에 쓰여)) '대략'의 뜻을 나타내는 말.	한 20분쯤 걸었다./한 30명의 학생들이 앉아 있다./초봉은 한 100만 원 정도 된다.

요컨대, 접두사로 쓰인 '한'과 접두사가 아닌 관형사로 쓰인 '한'의 의미 영역은 상당한 차이를 보입니다. 따라서 '한가운데'는 띄어 써서는 안 되는 단어인 반면, '한 마을'이나 '한 동네'의 경우, '한'이 '어떤'이나 '같은'의 의미를 지니는 관형사인 만큼 띄어 써야 합니다. 그리하여 오래된 가요 "갑돌이와 갑순이는 한 마을에 살았더래요"와 같은 경우 분명히 띄어 써야 하지만, 무릇 누군가의 '삶의 한가운데'를 비추는 자리라면 띄어 써서는 안 된다는 것을 기억하셨으면 합니다.

'동백'과 '생강나무'

　지난 주말, 화엄사가 숨겨 놓은 야생매화, 일명 '야매'를 보여 주겠다며 우리들 교수 산우회 일행을 대웅전 뒤쪽 길상암까지 인도한 문화 해설사는 암자 가까이에 빽빽이 들어선 동백나무의 꽃들을 보며 '동백(冬柏)'은 한 계절에 두 번씩 꽃을 피우는 법이라는 설명을 곁들였습니다. 아니나 다를까 나무에서 떨어진 동백꽃이 그대로 땅에서도 선명한 붉은 빛으로 피어 있었으니 "나무에서 한 번, 땅에서 한 번"이라는 설명이 전혀 근거가 없는 것은 아니라는 생각이 들었습니다.

　'동백(冬柏)'은 남도의 봄을 알리는 대표적인 꽃이라는 점에서 뭇 사람들의 사랑을 받아 왔습니다. 그리하여 성급한 사람들은 한겨울에도 거문도의 동백숲이나 오동도의 동백섬으로 '동백(冬柏)'을 맞으러 가곤 합니다. 그 이름처럼 겨울부터 피는 꽃이니 눈 속에 피는 설중매와 함께 봄을 기다리는 사람들의 마음을 사로잡는 데 조금도 부족함이 없는 꽃이 바로 동백꽃이라고 할 수 있기 때문일 것입니다.

　그러나 '동백(冬柏)'을 향한 우리의 사랑이 김유정의 소설 〈동백꽃〉에까지 뻗쳐오르게 된다면 문제가 아닐 수 없습니다. 문제의 소설에 등장하는 <동백꽃>은 남도 땅에서 말하는 '동백(冬栢)'이 아니라 봄이면 산골짜기에 노랗게 피어나는 '생강나무'의 꽃을 가리키기 때문이지요.

우리의 기억을 잘 더듬어 보면 소설 <동백꽃>은 다음과 같은 사건으로 대단원의 막을 내립니다.

> 뭣에 떠다 밀렸는지 나의 어깨를 짚은 채 그대로 퍽 쓰러진다. 그 바람에 나의 몸뚱이도 겹쳐서 쓰러지며 한창 퍼드러진 노란 동백꽃 속으로 푹 파묻혀 버렸다. 알싸한 그리고 향긋한 그 냄새에 나는 땅이 꺼지는 듯이 온 정신이 고만 아찔하였다.

17세의 사춘기 소년소녀인 '점순이'와 '나'를 주인공으로 하는 이 소설은 향토색 짙은 농촌의 배경 속에서 인생의 봄을 맞이하여 성장하여 가는 두 사람의 애정을 해학적으로 그린 김유정의 대표작입니다. 시대를 초월한 문학성과 해학, 탁월한 언어 감각의 영원한 청년작가라는 평가를 받고 있는 작가이고 보면, <동백꽃> 또한 전혀 오염되지 않은 토속적 자연의 아름다움, 이른바 향토적 서정성을 그대로 드러내고 있다고 할 수 있습니다.

문제는 '노란 동백꽃', 곧 '알싸한 그리고 향긋한 냄새를 풍기는' 꽃의 정체입니다. '동백(冬栢)'에 대한 우리의 지식을 다 동원하여도 코 속이나 혀끝이 알알할 만큼 알싸한, 거기에 향긋한 꽃내음을 풍기는 노란 동백꽃을 만나기는 쉽지 않은 일이기 때문입니다.

문제의 답은 소설의 무대이자 김유정의 고향인 '강원도 춘천시 신동면 실레마을'에서 찾아야 합니다. 우리가 말하는 '동백(冬栢)'은 주로 남도의 섬에서 자생하는 것을 특징으로 하며, 육지에서는 충청남도 서천군 서면 마량리의 것이 가장 북쪽에 분포하는 북방한계선임을 근거로 할 때, 춘천의 실레마을에 노랗게 핀 '동백꽃'은 '동백(冬柏)'일 리가 만무하다는 것이지요.

요컨대, 김유정의 <동백꽃>은 남녘에서 올라온 봄소식이 강원도까지 번질 때, 산골짜기에 노랗게 피어 봄이 왔음을 알리는 '생강나무꽃'을 가리킵니다. '생강나무'라는 이름은 꽃이나 잎, 새로 잘라 낸 가지에서 알싸한 생강 냄새가 나는 데서 기원한 것입니다. 이러한 속성을 지닌 '생강나무'를 일컬어 '동백'이라고 하는 까닭은 그 열매에서 짠 기름으로 여인네들의 머릿결을 가꾸는 데 사용하였기 때문입니다. 남도의 여인네들이 '동백(冬柏)'의 열매에서 머릿기름을 취하였다고 하면, 추운 곳의 여인들은 '생강나무' 열매에서 그 기름을 취하였는바, '생강나무'를 '개동백나무' 혹은 '동백나무'라고 부르기도 하였습니다. 그리하여 김유정은 '생강나무꽃' 대신 이에 대한 강원도 방언형인 '동백꽃'을 택하였던 것이지요.

김유정의 <동백꽃>이 '생강나무꽃' 가리킨다는 사실과 함께 분명히 해야 할 일이 또 한 가지 있습니다. '생강나무꽃'이 강원도 산골짜기는 물론 전국의 산하를 노랗게 물들이는 봄의 전령이면서, 비슷한 시기에 피는 '산수유'와 흡사하여 이 두 가지를 구별하기가 쉽지 않은 일이라는 것입니다.

최근 춘천의 '김유정 문학촌'에서는 김유정 서거 79주기를 맞아 천재 소설가 김유정을 다시 읽으려는 다양한 시도가 이루어지고 있습니다. 김유정의 <동백꽃>을 다시 읽는 한편 '생강나무꽃'과 '산수유꽃'을 다시 읽는 작업도 필요하다고 할 수 있는바, 다음 번 편지에서 이러한 문제를 다루기로 하겠습니다.

'산수유'와 '생강나무'

전남 구례군 산동면 위안리, 일명 '산수유 마을'에서는 봄이면 아찔한 현기증을 일으킬 만큼 노오란 산수유꽃이 지천으로 피어 상춘객들을 불러 모은다는 사실을 알기 훨씬 오랜 전부터 우리는 '산수유'를 만나 왔습니다. 기억의 창고를 가만가만 더듬어 보면 그것은 노란 꽃이 아니라 붉은 열매와의 조우였음을 알아차릴 수 있을 터, 고등학교 국어 교과서에 실려 있던 김종길 시인의

<성탄제>에서였다고 보면 정확하다고 할 수 있겠지요

어두운 방 안엔
바알간 숯불이 피고,

외로이 늙으신 할머니가
애처로이 잦아드는 어린 목숨을 지키고 계시었다.

이윽고 눈 속을
아버지가 약(藥)을 가지고 돌아오시었다.

아, 아버지가 눈을 헤치고 따 오신
　그 붉은 산수유 열매―.

　열병에 시달리는 아들을 위해 눈 속을 헤치고 붉은 산수유 열매를 구해
오신 아버지의 뜨거운 사랑을 기억하는 아들. 이러한 기억이 살아 있는 한
아들은 차가운 세상의 풍파를 견딜 수 있는 힘을 언제든 충전할 수 있으리
라 생각합니다. 아버지의 희생, 혈관을 따스하게 데우는 육친애를 잊지 못
하기 때문이라고 할 수 있겠지요.

　문제는 봄이면 노란 봄소식을, 가을이면 알알이 익은 열매의 소식을 전
하는 나무가 비단 '산수유'만은 아니라는 것입니다. '산수유'처럼 요란스럽
지는 않더라도 봄이 오는 산골짜기마다 노랗게 피어 노란 봄소식을 전하
다가 가을이면 단단한 검은색 열매를 맺는 나무가 있으니 그것이 바로 '생
강나무'입니다.

　지난번 편지에서 밝힌 대로 김유정의 고향 춘천에서는 '생강나무'를 '동
백'이라고도 부릅니다. 그것은 '생강나무' 열매로 짠 기름이 여인네들의 머
릿결을 가꾸는 데 쓰이는 남도의 동백기름과 같은 역할을 한다고 보아 '생
강나무'를 '개동백나무' 또는 '동백나무'라고 한 데서 비롯된 것이었지요.

　그렇다면 '산수유'와 '생강나무'는 어떤 차이가 있을까요? 두 나무는 모
두 그 구별이 쉽지 않을 만큼 비슷한 모양의 노란 꽃을 3, 4월에 피움으로
써 새봄을 알리는 전령의 역할을 한다
는 공통점이 있지만, 우선 '산수유'는
층층나무과에, '생강나무'는 녹나무과
에 속한다는 차이점이 있습니다. 또한
'산수유'는 산이나 들 혹은 마을 어디
에서나 흔히 볼 수 있는 반면, '생강나

무'는 주로 산에서 자생하는 것이 특징입니다. 물론 이러한 차이만으로 두 나무의 정체를 파악하기 쉽지 않다면, 찬찬히 꽃송이들을 들여다보아야 합니다. 꽃자루가 길게 뻗어 나와 그 끝에 봉오리가 맺혀 있으면서 꽃자루 부분이 온통 노란색이라면 '산수유'라고 할 수 있는 반면, 꽃자루 부분이 짧아 가지에 덕지덕지 붙어 있고 꽃자루 부분 또한 푸르스름한 녹색을 띠고 있으면 '생강나무'가 분명하다고 할 수 있기 때문이지요.

두 번의 편지에서 살펴본 바와 같이, 자연물 가운데는 같은 듯하면서도 정작은 다른 종에 속하여 서로 구별을 해야 하는 것들이 적지 않습니다. 모름지기 그러한 구별은 대상에 대한 관심을 갖고 오래오래 또 깊이 있게 들여다보아야만 가능하다고 할 수 있는바, 우리말에 대해서도 애정 어린 관심을 계속해서 가져 주실 수 있기를 바라는 마음입니다.

'식구'와 '가족'

혼자 밥을 먹는 사람들, 일명 '혼밥족'이 늘고 있다고 합니다. 1인 가구 500만 시대에 접어들었다고 하니, 혼자 밥을 먹어야 하는 사람들이 그만큼 늘 수밖에 없는 것이 사실이겠지만, 한 통계에 따르면 성인 가운데 72%가 '자발적 혼밥족'으로서 여러 가지 이유로 혼자서 밥 먹는 것을 개의치 않는다고 하니 자못 놀라운 일이 아닐 수 없습니다. 이에 따라 소형 가전이 인기를 끌고, 편의점에는 '혼밥족'을 위한 도시락이 날개 돋듯 팔린다고 하니 혼자서는 절대로 밥을 먹을 수 없다고 생각하는 사람들 눈으로 보면 이해하기가 쉽지 않은 세상이라고 할 수 있을 듯합니다.

우리들 한국인은 밥이란 모름지기 함께 어울려 먹어야 하는 것이라는 생각을 했던 것으로 보입니다. '가족'이라는 말이 일본어에서 들어오기 전까지는 '식구'라는 말이 그 자리를 대신할 정도였으니 함께 밥을 먹는 일이 매우 중요하게 생각되었다고 할 수 있겠지요.

흥미로운 사실은 동일한 한자문화권에 속하는 한·중·일 세 나라가 전통적으로 각기 다른 한자어를 택하여 영어로 말하자면 이른바 '패밀리(family)'를 표상하였다는 것입니다. 우리나라에서는 '식구(食口)'를, 일본에서는 '가족(家族)'을, 중국에서는 '가인(家人)'을 각각 선택했던 것이지요.

그러나 오늘날 우리말에서는 '식구'와 '가족'이 각기 다른 의미 영역을 차지하며 사용되고 있습니다. 본래는 동일한 지시 대상을 갖고 있던 단어들이었으나 차용이 이루어지면서 두 단어가 각기 다른 의미 영역을 차지하는 것으로 의미 분화가 이루어지게 된 것이 그 원인이라고 할 수 있지요

그렇다면 '식구'와 '가족'의 의미는 어떻게 다를까요? ≪표준국어대사전≫에서는 두 단어를 다음과 같이 정의하고 있음이 특징입니다.

단어	의미
식구	함께 살면서 끼니를 같이하는 사람.
가족	부부를 중심으로 한, 친족 관계에 있는 사람들의 집단. 또는 그 구성원. 혼인, 혈연, 입양 등으로 이루어진다.

이러한 정의에 따르면, '식구'와 '가족'은 친족 관계의 여부에 따른 차이를 보이는 단어들임을 알 수 있습니다. '식구'는 친족 관계가 아니더라도 한집에서 살면서 끼니를 같이하는 경우에 쓸 수 있는 말이라고 한다면, '가족'은 혼인이나 혈연, 입양 등에 의해 친족 관계가 성립하는 사람들끼리 쓸 수 있는 말이라는 것이지요.

이 밖에도 '식구'와 '가족'은 비교적 여러 가지 의미 차이를 보입니다. '식구'는 주로 일상적인 상황에서, 구성원 한 사람 한 사람을 가리키는 경우에 쓴다고 하면, '가족'은 전문적인 영역에서, 집합의 개념으로 쓰인다는 것이 그것입니다.

(1) ㄱ. 14일 방송된 KBS 2 <태양의 후예>에서는 유시진(송중기)이 해성병원 식구들에게 귀신으로 오해받는 장면이 그려졌다.

ㄴ. <응답하라 1988>에서 성균네 네 식구가 모이는 현장은 실제 가족과 같은 화기애애한 분위기로 이미 정평이 나있는 상황이다.

(2) ㄱ. 전통적인 가부장 중심의 가족 제도는 핵가족 제도로 변화하였다.

ㄴ. ≪네가 잠든 밤, 엄마는 꿈을 꾼다≫에서 저자는 동창 친구 혹은 옆집 엄마에게 감추고 싶었을 가족의 일상과 꿈 스토리를 민낯으로 공개하며 이 시대 30대 여자들이 추구해야 할 진정한 꿈의 가치를 묻는다.

이와 같은 사례를 통해 알 수 있는 바와 같이, '식구'와 '가족'은 각기 다른 의미 영역을 가지고 있어 분명하게 구별해서 써야 합니다. 그러나 (2ㄴ)과 같은 경우, '가족'을 '식구들'로 바꿔 쓰더라도 큰 문제가 없는 것을 보면, 원래의 우리말 어휘가 가지고 있는 의미 영역이 바로 그러한 것이었기 때문이 아닐까 합니다.

'조팝나무'와 '이팝나무'

해마다 요맘때면 체육관에서 병원으로 올라가는 쪽 언덕에 흰 꽃이 지천으로 핍니다. '조팝'이라는 이름을 지닌 나무의 꽃이지요 마치 함박눈이 내린 듯 탐스러운 송이를 이루며 피어난 꽃이 다홍빛 철쭉과 대조를 이루니 오가는 이들의 발길을 멈추게 하고도 남음이 있다 할 것입니다. 병원 쪽에 있으니 환자며 그 가족들 또한 눈부신 흰 꽃의 향연에 잠시 삶의 시름을 잊을 수도 있지 않을까 합니다.

그 이름만으로 쉽게 짐작할 수 있듯이, '조팝나무'는 꽃 모양이 좁쌀을 튀겨 놓은 듯하다고 해서 생겨난 말입니다. '조밥나무'라고도 하는 것을 보면, '조밥'처럼 생긴 꽃이라고도 할 수 있겠지요 '조밥' 혹은 '좁쌀밥'을 북한에서는 '조팝'이라고 하니, '조밥'의 변이형(variants)으로 '조팝'이 쓰인 것이라고 할 수 있을 것입니다.

흥미로운 사실은 '조팝나무'의 개화와 비슷한 시기에 흰 쌀밥을 고봉으로 담아 놓은 듯한 모습으로 피어 뭇 사람들의 시선을 붙드는 꽃이 있다는 것입니다. 도심의 가로수로도 흔히 보이는 '이팝나무'가 바로 그것입니다.

'이팝나무'의 어원이 무엇인지를 알기 위해서는 '이밥' 또는 '입쌀밥'이라는 단어를 먼저 떠올릴 필요가 있습니다. '이밥에 고깃국', 이는 한때 극심한 식량난에 시달렸던 북한 주민들에게 가장 절실한 것이었습니다. '이밥'이란 "멥쌀을 보리쌀 따위의 잡곡이나 찹쌀에 상대하여 이르는 말."이니 아무 것도 섞이지 않은 순수한 흰 쌀을 가리키는 말입니다. '이밥'과 '이팝'의 관계는 '조밥'과 '조팝'의 관계와 유사한바, '이팝나무'의 어원은 '이밥', 곧 흰 쌀밥과 관련지어 보는 것이 가장 적절하다고 할 것입니다.

물론 '이팝나무'의 어원에 대해서는 또 다른 설이 있기도 합니다. 첫째는 입하(立夏) 무렵에 꽃이 피므로 '입하'가 '이팝'으로 변음하였다는 것이고, 둘째는 이 꽃이 만발하면 벼농사가 잘되어 쌀밥을 먹게 되는 데서 '이팝'이라 부르게 되었다는 것입니다. '이팝나무'에 치성을 드리면 그해에 풍년이 든다 하여 받드는 민속신앙이 생겨난 것도 바로 이것 때문이지요.

'조밥' 모양으로 피는 꽃 '조팝나무'가 1~2m 정도의 낙엽 관목(灌木)에 속하는 데 반하여 '이팝나무'는 무려 20m 정도까지 자라는 교목(喬木), 즉 큰키나무에 속합니다. 그리하여 전국의 여러 곳에서 천연기념물로 지정하여 보호하고 있지요. 천연기념물 제36호인 전라남도 순천시 승주읍 평중리의 '이팝나무'만 하더라도 400년이 넘는 수령을 자랑한다고 하니 그 크기가 어느 정도일지 쉽게 짐작할 수 있습니다.

문제는 '조밥~조팝', '이밥~이팝'의 변이를 어떻게 설명해야 하는지가 마땅치 않다는 것입니다. 다만 '조팝'은 근거가 없지 않습니다. 이러한 단어가 형성되는 과정을 역사적으로 보면 우리말 '조'가 'ㅎ'을 말음으로 하는 이른바 'ㅎ 종성 체언'이었으므로, '조ㅎ+밥'의 구조에서 '밥'이 '팝'으로 변화할 가능성이 없지 않기 때문입니다. 그러나 '이팝'은 그러한 역사적 사실과 무관합니다. 따라서 '조팝'에 근거한 언어적 유추(linguistic analogy)가 '이팝'을 가능하게 한 것으로 볼 수 있을 것입니다.

꽃의 개화를 잘 들여다보면 그것은 사실 색채의 변화라고 해야 할 듯합니다. 노랑에서 분홍, 분홍에서 다홍, 다홍에서 하양, 이렇게 꽃들은 시간의 흐름에 따라 조금씩 조금씩 변신을 꾀하고 있습니다. 무릇 세상에는 한 가지 꽃만 있는 것이 아니니 옳더라도 굳어지지 말 것, 아마도 꽃들은 우리에게 이런 이야기를 건네고 싶은 게 아닐까 합니다.

'서러움'과 '설움'

5월입니다. 온갖 꽃들이 지고 난 자리에 새로이 돋아난 연둣빛 새잎들이 날로 싱그러움을 더해 가며 푸르러지는 때인즉 계절의 여왕 5월에 거는 우리들의 기대는 적지 않으리라 생각합니다. 일찍이 <신록예찬>이라는 수필에서 이양하 교수가 그려 내었던 5월도 그러했거니와, 시인 목필균이 <4월이 떠나고 나면>이라는 제목의 시에서 그리고 있는 5월도 바로 신록의 싱그러움과 푸르름에 대한 기대 이상은 아니었다고 해도 틀린 말은 아니겠지요. <4월이 떠나고 나면>의 다음과 같은 대목이 바로 그 증거라고 할 수 있습니다.

꽃들아, 4월의 아름다운 꽃들아.
지거라, 한 잎 남김없이 다 지거라,
가슴에 만발했던 시름들
너와 함께 다 떠나버리게

지다 보면
다시 피어날 날이 가까이 오고
피다보면 질 날이 더 가까워지는 것
새순 돋아 무성해질 푸르름
네가 간다 한들 설움뿐이겠느냐

꽃이 피어선 지고, 그 자리에 새순이 돋아 무성해지는 자연스러운 순환이니 '서러움'이나 '설움'이 아닌 새로운 기다림과 설렘이 우리의 가슴을 채울 수 있을 터, 이것이 5월이 지닌 생명력이요 위력이 아닐까 합니다. 그러므로 봄꽃들이 한 잎 남김없이 다 지고 말더라도 '서러워하거나' '설워할' 일이 아니겠지요

흥미로운 사실은 우리말 단어에 명사 '서러움'과 '설움'이, 동사 '서러워하다'와 '설워하다'가 공존하고 있다는 것입니다. 그렇다면 이러한 단어 쌍들이 이른바 복수 표준어로서 공존할 수 있게 된 것은 어떠한 연유에서일까요? 우선 다음 표를 보시지요

품사	본말	준말
형용사	서럽다	섧다
명사	서러움	설움
동사	서러워하다	설워하다

위 표의 내용을 통해 알 수 있듯이, 형용사 '서럽다'의 준말은 '섧다'이며 두 단어 모두 표준어입니다. 이러한 형태에서 명사와 동사의 형성이 가능하게 되었는바, 본말로는 '서러움'과 '서러워하다'가, 준말로는 '설움'과 '설워하다'가 각각 쓰이고 있습니다. 구체적인 용례를 제시하면 다음과 같습니다.

(1) ㄱ. 그 먹먹하고 불편한 서러움의 감정이 불쑥 들이닥친 이물질 같은 어떤 것이 아니라 인간이 세상에 던져진 존재이기에 숙명처럼 받아들이고 살아내야 하는 쓰디 쓴 삶의 감정이라고 인정하게 된 것이다.

ㄴ. <슈퍼맨이 돌아왔다>의 이휘재 아들 이서준이 송소희의 편애에 서러워하는 모습을 보여 눈길을 끌었다.

(2) ㄱ. 우리 속담에 "이 설움 저 설움 해도 배고픈 설움이 제일"이란 말이 있다.

ㄴ. 그는 형님의 불우한 신세를 못내 설워하였다.

조금은 오래 된 기억들을 되살려 보노라면, <신록예찬>의 대목들이 새록새록 생각날 수 있을 것입니다. "신록을 대하고 있으면, 신록은 먼저 나의 눈을 씻고, 나의 머리를 씻고, 나의 가슴을 씻고, 다음에 나의 마음의 구석구석을 하나하나 씻어낸다. 그리고 나의 마음의 모든 티끌— 나의 모든 욕망(欲望)과 굴욕(屈辱)과 고통(苦痛)과 곤란(困難)이 하나하나 사라지는 다음 순간, 별과 바람과 하늘과 풀이 그의 기쁨과 노래를 가지고 나의 빈 머리에, 가슴에, 마음에 고이고이 들어앉는다."라는 대목도 그 하나이지요 그러니 오직 신록 하나만 가지고서라도 '서러움'도 '설움'도 다 비워내는 기쁨의 달 5월을 보내실 수 있기를 기원합니다.

'기연가미연가하다'와 '긴가민가하다'

무언가에 대해 확신이 없거나 정확하지 않을 때 사용하는 우리말 단어로 '긴가민가하다'가 있습니다. "그런지 그렇지 않은지 분명하지 않다."라는 뜻을 지닌 말이지요.

문제는 '긴가민가하다'가 모르는 말도 아닌데 그렇다고 잘 아는 것도 아닌 것 같은 느낌이 없지 않다는 것입니다. 이와 같이 우리가 일상적으로 사용하는 말 가운데는 정확한 개념이나 어원을 모르는 채 매우 막연하고도 피상적으로 사용하는 말들이 적지 않은데 그 가운데 하나가 바로 '긴가민가하다'가 아닐까 합니다.

'긴가민가하다'는 '긴가민가 + -하다'라는 구조로 이루어진 단어입니다. 그렇다면, 어기(語基, base)에 해당하는 '긴가민가'는 어디에서 온 말일까요? 결론부터 말씀드리면, '긴가민가'는 '기연가미연가'라는 단어를 어원으로 하고 있습니다. 따라서 '긴가민가'는 '기연가미연가'의 준말이라고 할 수 있지요.

'긴가민가'의 본말에 해당하는 '기연가미연가'는 '기연(其然) + -가 + 미연(未然) + -가'를 구성요소로 하는 말입니다. 따라서 이 말은 '그렇다'라는 의미를 지닌 한자어 '기연(其然)'과 '그렇지 않다'의 의미로 쓰이는 한자어 '미연(未然)' 뒤에 고유어 종결어미 '-가'가 각각 결합하여 만들어진 말이라고 할 것입니다.

　흥미로운 사실은 '기연가미연가'에서 비롯된 준말로는 '긴가민가' 외에 다른 한 가지가 더 있다는 것입니다. '기연미연'이 바로 그것입니다. 결과적으로 "그런지 그렇지 않은지 분명하지 않다."라는 뜻으로 쓰이는 우리말 단어에는 '기연가미연가하다', '긴가민가하다', '기연미연하다' 등 모두 세 가지가 있다고 할 수 있습니다.

　무릇 이 세상에 존재하는 모든 존재가 다른 존재들과 어떤 식으로든 관계를 맺고 있는 것과 마찬가지로 우리가 사용하는 단어들 또한 다른 어떤 단어들과 관계를 맺고 있다고 할 수 있습니다. '기연가미연가하다'를 본말로 '긴가민가하다'와 '기연미연하다'가 존재하는 것도 바로 그와 같은 관계를 보여주는 것이라고 할 것입니다. 이러한 단어들이 실제로 어떻게 쓰이는지를 제시하면 다음과 같습니다.

(1) ㄱ. 희미하게나마 언젠가 나를 보았었다는 눈길이었다. 하지만 기연가미
　　　연가한 눈길이어서 나는 안심하였다. 〈윤후명, 별보다 멀리〉
　　ㄴ. 항간에 떠도는 소문만 들었을 때는 소문이 하도 그럴싸해서 저도 긴
　　　가민가했었사온데, 제 눈으로 보고 나니 기가 막혀 말이 안 나올 지
　　　경이었사옵니다. 〈송기숙, 녹두 장군〉
　　ㄷ. 넓고도 더운 가슴을 지닌 어머니 같은 심정이 되어 아직도 기연미연
　　　하는 사내를 향해서 재차 엉뚱한 소리를 했다. 〈윤흥길, 완장〉

　이상에서 사용된 세 단어의 의미는 동일하되, (1ㄱ)의 '기연가미연가하

다'는 본말로, (1ㄴ, ㄷ)의 '긴가민가하다'와 '기연미연하다'는 준말로 각각 쓰이고 있음이 특징입니다. 그럼에도 불구하고 우리의 어휘력이 오로지 '긴가민가하다' 하나에만 머물러 있다면 그것으로 충분하다고 보기는 어렵다고 할 수 있을 것입니다. 따라서 국어사전 속에 존재하는 단어들 간의 관계에 대해 좀 더 깊은 관심을 가지셨으면 하는 마음입니다.

'지새우다'와 '지새다'

한국의 민주화 운동을 상징하는 대표적인 노래이자 한국 대중음악을 세계적인 수준에 올려놓은 곡이라고 하면, 많은 한국인들이 <아침 이슬>을 떠올리게 될 것입니다. 구조적으로 잘 짜인 화성과 선율, 한 청년의 실존적 고뇌와 결단을 담은 가사 이미지의 일관적 전개 등을 요소로 하는 작품의 완성도 덕분에 1970년대는 김민기의 <아침 이슬>로 시작되었다는 극찬까지 받았을 정도였으니, <아침 이슬>은 그 시대 젊은이들은 물론 전 국민의 애창곡이 되기에 충분한 곡이었다고 할 수 있었지요

주지하는 바와 같이, <아침 이슬>의 전반부는 다음과 같은 가사로 시작됩니다.

긴 밤 지새우고 풀잎마다 맺힌
진주보다 더 고운 아침 이슬처럼
내 맘에 설움이 알알이 맺힐 때
아침 동산에 올라 작은 미소를 배운다.

밤에서 새벽을 거쳐 아침을 맞는 시간의 변화, 어두운 고뇌의 공간에서 아침 이슬이 맺힌 동산으로의 공간 변화를 통해 주인공의 심리적 흐름이 탁월하게 형상화되어 있는 이 가사에서 우리의 주목을 끄는 단어는 바로 밑줄 친 '지새우고'입니다. 기본형 '지새우다'는 '지새다'와는 의미가 전혀 다른 단어이기 때문입니다.

그렇다면, '지새우다'와 '지새다'의 의미는 어떠한 차이가 있을까요? 다음은 ≪표준국어대사전≫에 제시된 두 단어의 의미입니다.

단어	의미	비고
지새우다	고스란히 새우다.	'새우다'와 관련.
지새다	달빛이 사라지면서 밤이 새다.	'새다'와 관련.

여기에서 보듯이, '지새우다'는 "고스란히 새우다."의 의미를, '지새다'는 "달빛이 사라지면서 밤이 새다."라는 의미를 지니고 있어, 서로 바꾸어 쓸 수 없는 단어들임을 알 수 있습니다. 또한, '지새우다'는 '새우다'와, '지새다'는 '새다'와 관련이 있다고 할 수 있는바, 그 의미 및 용례를 제시하면 다음과 같습니다.

단어	의미	용례
새우다	한숨도 자지 아니하고 밤을 지내다.	몇 밤을 뜬눈으로 새웠다.
새다	날이 밝아 오다.	어느덧 날이 새는지 창문이 뿌옇게 밝아 온다.

이와 같은 기술을 바탕으로 할 때, '지새우다'와 '새우다'는 어떤 식으로든 밤에 잠을 자지 아니하는 것과 관련되어 있다고 하면, '지새다'와 '새다'

는 날이 밝는 것과 관련이 있다고 할 수 있습니다. 따라서 '지새우다'나 '새우다'를 써야 할 맥락에서 '새우다'나 '새다'를 쓰고 있는 다음 사례들은 명백한 오류임을 분명히 해야 합니다.

(1) ㄱ. 강 씨는 새벽까지 아이들 걱정에 뜬 눈으로 *지새다 깜빡 잠이 들었었다.
ㄴ. 현재 A씨는 단 한 푼도 배당을 받지 못한 채 쫓겨날 상황에 처해 하루하루를 뜬눈으로 *지새고 있다.
(2) ㄱ. 밤 *새지 말란 말이야!
ㄴ. 밤을 *새고 며칠을 잠을 설치면 술에 취한 것과 같은 증상이 발생할 수 있다.

위의 예들 가운데 (1)의 '*지새다'와 '*지새고'는 각각 '지새우다', '지새우고'로 (2)의 '*새지'와 '*새고'는 '새우지', '새우고'로 적어야 맞습니다. 요컨대 '지새우다'와 '새우다', '지새다'와 '새다'는 그 의미 영역에 차이가 있어 엄격하게 구별을 해서 써야 하는 단어들입니다. 긴 밤을 '지새우거나' '새울' 일은 아니겠지만, 단어 하나하나의 개념과 용법을 분명히 하고자 할 때 세상이 좀 더 밝아질 수 있으리라는 믿음을 가지시면 어떨까 합니다.

'경신'과 '갱신'

최근 들어 30도를 웃도는 때 이른 무더위가 우리를 무척이나 당황스럽게 하고 있습니다. 오월의 싱그러움을 만끽하기도 전에 선풍기와 에어컨 앞에서 폭염과 싸워야 할 지경이 되었으니 '오월 맞아?' 하는 생각이 들 정도였지요.

문제는 예년보다 일찍이 찾아온 무더위가 비단 우리나라만의 현상은 아니라는 것입니다. 인도 북서부의 라자스탄 주 조드푸르 지역 팔로디 마을에서는 지난 19일, 최고 기온이 51℃나 되어 지금까지 최고였던 1956년 50.6℃를 경신하는 엄청난 폭염이 덮치기도 하였습니다. 무더위로 인한 사망자 수만 300명이 넘는다고 하니 환경과 기후 변화가 그 어느 때보다도 많은 관심의 대상이 될 수밖에 없는 때에 살고 있음을 실감케 하는 듯합니다.

우리의 관심을 끄는 또 한 가지는 '50.6℃의 경신'입니다. 이러한 문맥에서 쓰인 '경신'은 동일한 한자어 '更新'에서 기원하였으되 발음상 차이를 보이는 '갱신'과는 어떠한 의미 차이가 있는지 규명해야 하는 것으로 보이기 때문입니다. 결론부터 말씀드리면, '경신'과 '갱신'의 의미는 공통 영역과 서로 다른 차이를 보이는 고유 영역으로 구분할 수 있습니다. 이와 같은 언어적 사실을 확인하기 위하여 먼저 '경신'의 사전적 의미를 제시하면 다음과 같습니다.

의미	예문	비고
1) 이미 있던 것을 고쳐 새롭게 함.	• 노사 간에 단체 협상 경신 문제를 놓고 협상을 벌였다.	갱신(更新)과 바꿔 쓸 수 있음.
2) 기록경기 따위에서, 종전의 기록을 깨뜨림.	• 마라톤 세계 기록 경신.	
3) 어떤 분야의 종전 최고치나 최저치를 깨뜨림.	• 주가가 반등세를 보이며 연중 최고치 경신이 가능할 것으로 보인다.	

이러한 사전의 정의로써 알 수 있는 바와 같이, '경신'의 의미는 세 가지입니다. 이러한 의미들 가운데 첫째 의미, 즉 "이미 있던 것을 고쳐 새롭게 함."은 '갱신'과 바꿔 쓸 수 있다고 했으니 예컨대, "노사 간에 단체 협상 경신 문제를 놓고 협상을 벌였다."라는 문장은 "노사 간에 단체 협상 갱신 문제를 놓고 협상을 벌였다."로 고쳐 쓸 수 있음이 특징입니다. 그렇다면, '경신'과 차이를 보이는 '갱신'의 고유 의미는 무엇일까요? 다음을 보기로 하시지요.

의미	예문	비고
1) 『법률』 법률관계의 존속 기간이 끝났을 때 그 기간을 연장하는 일.	• 이날 캄보디아 이주노동자들 약 594명 이상이 여권 갱신 및 발급을 받았다.	
2) 『컴퓨터』 기존의 내용을 변동된 사실에 따라 변경·추가·삭제하는 일.	• 전라남도는 항공 영상을 최신 자료로 갱신해 도민 및 공무원의 행정 업무에 활용토록 할 계획이라고 밝혔다.	'다시 고침'으로 순화.

이상의 기술로 확인할 수 있는 언어적 사실은 '경신'과 '갱신'을 함께 쓸

수 있는 공통 영역은 "이미 있던 것을 고쳐 새롭게 함."이라는 의미로 쓰인 경우에 한정되며, 나머지 경우에는 고유한 의미에 따라 각각 구별해서 써야 한다는 것입니다. 다음 사례를 보기로 하시지요

(1) ㄱ. 김영수는 서현 선배를 맹렬히 추격하고 있었는데 기록 *갱신을 하지 못하고 얼마 전에 후배 PD를 받았다.
   ㄴ. 최근 국제 유가가 연일 연중 최고치를 *갱신하며 상승세를 이어가고 있다.
(2) ㄱ. 건설부는 오는 26일로 건설업면허 유효기간이 만료되는 441개 건설업체 중 367개에 대해 건설업 면허를 *경신해 주었으며 나머지 업체는 심사 중이다.
   ㄴ. 상품 상장에 드는 시스템 *경신비를 낮춰 저비용으로 다양한 상품을 상장할 수 있도록 한다.

위의 예들 가운데 (1)은 '경신'을 '*갱신'으로, (2)는 '갱신'을 '*경신'으로 잘못 쓴 사례에 속합니다. 이와 같은 오류는 두 단어의 의미 영역을 제대로 인지하지 못한 데서 비롯된 것입니다. 이러한 문제는 약간의 시간을 들여 천천히 음미하다 보면 해결될 수 있는 것이라고 할 수 있으니 바쁜 일상 중간 중간에 그러한 시간이 조금이나마 확보될 수 있기를 바라는 마음입니다.

'나이 듦'과 '*나이듬'

호모 헌드레드(homo hundred) 시대, 곧 100세 시대 운운하며 장수 시대에 대한 기대를 새롭게 하였던 것이 바로 엊그제인 듯한데, 이제는 120세 시대가 멀지 않았다고 합니다. 과연 인간의 수명은 어느 정도까지 연장될 수 있는 것일까 놀랍지 않을 수 없습니다.

흥미로운 사실은 최근 UN이 전 세계 인류의 체질과 평균 수명에 대한 측정 결과를 토대로 사람의 연령 단계를 0세~17세 '미성년자', 18세~65세 '청년', 66세~79세 '중년', 80세~99세 '노년', 100세 이후 '장수노인' 등 모두 5단계로 구분하였다는 것입니다. 이러한 구분에 따르면, 인생의 청년기는 20대가 아니라 60대 중반이 되어야 끝나는 것이라고 할 수 있으니, 인생의 반환점을 도는 시기라고 할 수 있는 중년기와 노년기를 어떻게 보내야 할 것인가에 대한 준비가 그 어느 때보다 중요한 시대에 살고 있다고 할 것입니다. 근래 들어 ≪나이 듦의 행복≫이라든지, ≪나이 듦의 즐거움≫, ≪나이 듦이 고맙다≫ 등등과 같은 제목의 책들이 눈길을 끌고 있는 것도 바로 이와 같은 연유에서라고 하겠지요. 지나온 세월을 더듬어 보는 한편으로 적지 않게 남은 시간을 어떻게 꾸려 나가는 것이 현명한 삶인가에 대한 답을 제시하는 책들이라고 할 것입니다.

문제는 이와 같은 현상과 관련하여 쓰이고 있는 '나이 듦'의 용법입니다. '이렇게 쓰는 것이 맞는 것일까, *나이듦이나 *나이듬이라고 써야 하는 것은 아닐까?'라는 자문(自問)이 없지 않으리라 생각하기 때문입니다. 다음과 같은 문장이 그 예라고 할 수 있습니다.

(1) ㄱ. 이번 작가 초청은 '즐거운 인생, *나이듦에 대하여'란 주제로 저자의 인생이야기와 책 속 내용을 중심으로 독자를 만날 예정이다.
ㄴ. 아무리 성형을 하고 아무리 과학의 힘을 빌려 애를 써도, 얼굴에 주름이 지고 *나이듬의 티가 나는 건 막을 수 없다.

이와 같은 언어적 사실들에 비추어 볼 때, 나이를 먹는 일과 관련된 우리말 표현으로 '나이 듦'을 비롯하여 '*나이듦'이나 '*나이듬' 등 세 가지가 함께 쓰이고 있다고 할 수 있습니다. 눈치가 빠른 분들께서는 이미 파악을 하셨겠지만, '*나이듦'이나 '*나이듬'은 올바른 우리말 표현이 아닙니다.

첫째, '*나이듦'이 가능하기 위해서는 이러한 명사형에 대응되는 우리말 동사 '*나이들다'가 있어야 하는데, 우리말에는 아직 이와 같은 동사가 존재하지 않습니다. 그 대신 '나이(가) 들다'라는 표현이 아직도 쓰이고 있는데, 다음이 그 예입니다.

(2) ㄱ. 나이가 들어 보이는 피부의 대명사 바로 기미!
ㄴ. 나이 들어 보이는 검버섯, 없앨 수 있을까?

이러한 예로써 알 수 있는 바와 같이, 우리말에는 '*나이들다'라는 동사가 없습니다. 따라서 '나이(가) 들다'라는 표현에서 '나이(가) 듦'이라는 명사 표현이 쓰이게 된 것이라고 할 것입니다.

둘째, '*나이듬'은 두 가지 면에서 오류를 보이고 있습니다. 한 단어가 아닌 것을 붙여 쓴 것과 '들다'의 어간 '들–'의 명사형을 '듦'이 아닌 '듬'으로 쓴 것이 그것입니다. 주지하는 바와 같이, 어간의 끝음이 'ㄹ'인 우리말 동사, 다시 말해 '갈다, 길다, 만들다, 베풀다' 등의 명사형들은 각각 '갊, 긺, 만듦, 베풂' 등으로 써야 하는바, '*나이듬'은 '나이 듦'으로 표기해야 올바른 표기인 것이지요.

구약 속에 등장하는 '므두셀라'는 노아(Noah)의 할아버지로 무려 969세까지 살았다고 합니다. 노화와 장수를 연구하는 학문을 '므두셀라학'이라고 부르는 까닭은 바로 이것 때문입니다. 이러한 사실을 바탕으로 하면 100세를 뛰어넘는 120세의 수명은 너무도 당연한 것이라고 할 수 있습니다. '나이 들어 감' 혹은 '나이 듦'을 즐겁고 행복하게 받아들여야 하는 이유도 바로 여기에 있다고 할 것입니다.

'아삼륙'과 '*아삼육'

살다 보면, 모르는 말도 아닌데 그렇다고 아는 말도 아니라고 해야 할 말과 부딪치는 경우가 종종 있습니다. 필자에겐 '아삼륙'이라는 단어가 꼭 그렇습니다. 그리하여 어떤 이의 입에서 "그 두 사람은 아삼륙이야"라는 말이 나올 때 어떠한 판단을 해야 할는지 잠시 머뭇거리곤 합니다. 두 사람이 천생연분인 것처럼 잘 맞는다는 것인지, 물 위의 기름처럼 맞지 않는다는 것인지 헷갈리는 경우가 종종 있기 때문입니다.

물론 문제 해결의 방법이 없지는 않습니다. 대비되는 두 사람의 성향이나 성품을 헤아려 보노라면 '아삼륙'은 두 사람이 하늘이 정하여 준 연분인 것처럼 잘 들어맞는 경우에 쓰는 말이라는 짐작을 쉽게 할 수 있는 것이지요.

주지하는 바와 같이, '아삼륙'은 중국에서 기원한 실내 오락인 마작(麻雀)에서 기원한 말입니다. 마작은 네 사람의 경기자가 글씨나 숫자가 새겨진 136개의 패를 가지고 짝을 맞추며 진행하는데, 그 패가 화투나 트럼프에 비해 독특한 분위기를 지녔을 뿐만 아니라 놀이의 승패가 우연과 기술의 적절한 조화에 의해서 이루어지고 부정을 저지르기 어려운 점 등의 매력 때문에 오늘날에도 널리 행해지고 있는 놀이라고 할 수 있습니다.

그렇다면 '아삼륙'이란 어떤 의미의 말일까요? 이는 마작에서 쓰는 골패의 쌍진아·쌍장삼·쌍준륙의 세 쌍을 가리키는데, 이를 쌍비연이라고 하여 끗수를 세 곱으로 칩니다. 이와 같은 의미를 원의미로 하는 '아삼륙'은 우리말에서 "서로 꼭 맞는 짝을 비유적으로 이르는 말."로 사용되면서, "그 두 사람은 아삼륙이야!" 식으로 자주 쓰이고 있습니다.

문제는 다음의 사례에서 보듯 '아삼륙'이 흔히 '*아삼육'으로 잘못 사용되고 있다는 것입니다. 다음이 그 전형적인 사례들입니다.

(1) ㄱ. 이에 더해 자본과 국가권력은 뇌물과 특혜를 주고받으면서 '*아삼육'이 됐고 이는 국가 정치권력을 사유화하는 계기가 됐다.
ㄴ. 조세호는 과거 방송에서 "휴대폰 속 1500여 명의 인맥 관리를 '*아삼육-공인-개그맨-살다보면'으로 폴더를 나눠 차등 관리를 한다."라며 "유재석은 최고 절친 아삼육 분류에 들어간다."라고 밝힌 바 있다.

위의 사례에서 사용된 '*아삼육'은 '아삼륙'으로 적어야 올바른 표기입니다. 이와 같은 표기 원칙은 우리말에서 나타나는 이른바 두음 법칙의 적용 범위와 관련이 있습니다. 즉, '아삼륙'의 어원은 한자어 '二三六'인바, 이를 분리가 불가능한 하나의 단어로 보고 '六'의 표기를 본음인 '륙'으로 적도록 함으로써 '아삼륙'으로 표기하고 있는 것입니다. 이러한 표기 원칙을 보여주는 또 다른 사례로는 다음과 같은 것들이 있습니다.

(2) ㄱ. 해파랑길은 부산 오륙도에서 시작해 강원도 고성까지 770㎞로 이어
지는 동해안 걷기 여행길로 해변길과 숲길, 마을길, 해안도로 등이 끊
어지지 않고 이어진 걷기 여행길이다.

ㄴ. 봄과 여름 동안은 생선을 잡고 해초를 뜯느라고 비린내가 포구에 넘
치고, 5월의 황석어젓과 7월의 새우젓이 풀릴 때는 오륙십 척의 배가
몰려들어 화장들이 내뿜는 연기로 포구의 하늘은 암회색의 바다였다.

위의 사례를 통해서 알 수 있듯이, '아삼륙'을 비롯하여, '오륙도(五六島)',
'오륙십(五六十)' 등의 단어들에 나타나는 '六'은 '육'이 아닌 '륙'으로 적는
것이 두음 법칙 관련 표기 원칙입니다. 이와 같은 원칙은 '십육(十六)'이나
'이십육(二十六)' 같은 숫자의 표기에서는 두음 법칙이 적용된다는 사실에
비추어 볼 때 비교적 특수한 사례에 속한다고 할 수 있습니다.

흥미로운 것은 '아삼륙'이라는 단어가 오늘날 이른바 '절친'의 의미로만
쓰이고 있지 않다는 것입니다. 두 사람이 어떤 일이든 함께하지 못할 일이
없는 것처럼 보일 때 사용되는 것처럼 보이기 때문입니다. 과유불급이라는
말처럼 모든 일이 지나치면 안 된다는 것을 '아삼륙'을 통해서도 배울 수
있었으면 합니다.

'난이도'와 '난도'

기말고사 기간이다 보니 주말에도 교정이 학생들의 발걸음으로 가득 차 있었습니다. 이 기간만큼은 이른 아침부터 늦은 밤까지 생각에 족한 듯한 표정의 학생들을 어디서든 볼 수 있으니 제대로 된 상아탑의 모습이 이런 것이겠거니 짐작해 보는 기분이 가히 나쁘지 않았습니다.

이 기간, 생각에 족한 표정을 짓는 이들이 학생들만은 아닐 것입니다. 많은 교수님들께서 문제의 '난이도'를 조절해 가며, 때로는 '난도'가 매우 높은 멋진 문제도 한번 내 봐야지 하는 포부를 내보이시며 깊은 생각에 잠기시기도 하리라는 것이지요.

'난이도'와 '난도', 이 두 단어는 시험 문항의 수준과 관련하여 자주 쓰이는 표현입니다. 문제는 많은 분들이 두 단어의 구체적인 의미를 제대로 파악하지 않은 채 사용하고 있는 것처럼 보인다는 것입니다. 그렇다면 이 단어들의 구체적인 의미는 무엇일까요? 다음은 ≪표준국어대사전≫에 제시된 두 단어의 의미와 예문입니다.

단어	의미	예문
난이도(難易度)	어려움과 쉬움의 정도	시험 문제의 난이도를 조정하기가 쉽지 않다.
난도(難度)	어려움의 정도	난도가 높다.

이와 같은 사전의 정의를 통해 알 수 있는 바와 같이, '난이도'는 "어려움과 쉬움의 정도"를 통틀어 가리키는 말이라고 한다면, '난도'는 "어려움의 정도"만을 가리키는 말입니다. 사전에 제시된 문장이 아니더라도 다음 사례에서도 보듯이 두 단어는 시험 문항의 수준과 관련하여 흔히 쓰이는 말이라고 할 수 있습니다.

> (1) ㄱ. 이 책의 모든 문항은 토익 출제 기관인 ETS가 정기 시험과 동일한 유형 및 난이도로 개발하여 정기 시험과 100% 동일한 질과 난이도를 자랑한다.
> ㄴ. 이날 모의평가 문항이 공개되자 주요 입시 업체들은 "기존 수능, 모의평가와 달리 비문학 지문이 길어 난도가 높다."라고 분석했다.

주의해야 할 언어적 사실은 두 단어는 기본적인 의미 차이 외에 매우 중요한 용법상의 차이를 보인다는 것입니다. 만일 어떠한 문항이 매우 어려운 수준의 것일 경우, '난도가 높다/낮다'라고 하거나 '고난도이다'라는 표현은 가능하지만, '*난이도가 높다/낮다'나, '*고난이도이다'라는 표현은 쓸 수 없다는 것이 그것입니다. "어려움의 정도"만을 가리키는 '난도'는 그 수준이 높거나 낮다고 할 수 있지만, 양쪽을 다 가리키는 '난이도'에 대해서는 그러한 표현을 쓸 수 없기 때문이지요. 따라서 '난이도'를 다음과 같은 맥락에서 쓰는 것은 모두 오류임을 분명히 해야 합니다.

(2) ㄱ. 순간에 모든 집중력을 쏟아 부어야 하는 마무리투수에게 한 번의 공
　　수 교대 시간을 거쳐야 하는 포 아웃 세이브는 *난이도가 높다.
　ㄴ. 지난해 수능은 너무 *낮은 난이도 탓에 단 한 문제만을 틀리고도 주
　　요 과목에서 2등급을 받은 학생들이 속출했다.
　ㄷ. 팔 이식 수술은 전 세계적으로 20여 건만 성공 사례가 있을 정도로
　　*고난이도 수술이다.

　요컨대, '난이도'는 조정이나 조절의 대상일 뿐 '높다'나 '낮다'와 같은
형용사와는 함께 쓰일 수가 없습니다. 그 대신 '난도'는 그러한 표현이 가
능하다고 할 수 있으니, 단어의 의미를 제대로 헤아려 정확하게 쓰려는 노
력을 해야 할 것입니다.

'교정'과 '캠퍼스'

"국문과라면 아름다운 말들을 많이 알고 있으시겠네요?"라고 말을 건네는 분 앞에서 필자는 잠시 머쓱할 수밖에 없었습니다. 아무리 머리를 굴려보아도 셀 수 있는 단어의 개수가 몇 안 되었기 때문이었습니다.

그러나 아름다운 우리말 단어 가운데 결코 빼놓아서는 안 되는 단어를 하나 고르라고 한다면, 쉽게 답을 찾을 수 있었을 것입니다. 언제부턴가 가장 아름다운 한국어 단어를 하나 고르라고 하면 '교정'을 택하리라는 생각을 해 두었기 때문입니다.

사전적으로야 단순히 "학교 마당이나 운동장."을 가리키는 말에 지나지 않지만, 초등학교 때부터 대학까지, 그리고 대학에 몸을 담고 있는 오늘날에 이르기까지 '교정'이란 '교정'은 모두 저의 눈길과 발길, 그리하여 제 삶의 자취를 가장 많이 보유하고 있는 곳이라고 해도 과언이 아닙니다. 우리 대학 본관 앞에서만 하더라도 저의 눈길은 참으로 오랫동안 아름드리 히말라야시다와 플라타너스, 산수유, 동백, 목련, 태산목, 은목서와 금목서 등등 철따라 꽃을 피우고 부름켜와 나이테를 늘리는 나무들을 키우고 있는 '교정'에 머물러 있었습니다. 따라서 '교정'이라는 단어는 생각만 해도 가슴 한구석이 따뜻해지는 단어라고 할 것입니다.

흥미로운 사실은 언제부터인가 '교정'이라는 한자어 외에 '캠퍼스'라는 외래어 단어가 함께 사용되기 시작하였다는 것입니다. 지난 4월 5일엔가는 <'녹색 교정 구축' 강동대 그린 캠퍼스 선정>이라는 제하의 신문기사까지 있었을 정도이니 '교정'이라는 한자어 외에 '캠퍼스'라는 단어가 특히 우리 와 같은 대학인들에게는 가장 일상적으로 접하는 단어라고 할 수 있는 것 이지요. 그렇다면, 두 단어의 의미 범주는 같을까요, 다를까요? 다음은 ≪표준국어대사전≫에 실려 있는 두 단어의 의미입니다.

단어	의미	비고
교정	학교 마당이나 운동장.	
캠퍼스	대학이나 그 밖의 학교의 교정 또는 구내.	

이와 같은 사전의 정의에 따르면, '교정'과 '캠퍼스'는 두 가지 면에서 차이를 보입니다. 우선 '교정'은 단순히 "학교 마당이나 운동장."을 가리키 므로 학교 급별에 차이를 두지 않는다고 한다면, '캠퍼스'는 주로 대학의 교정을 가리킨다는 점에서 지시 대상이 제한적이라고 할 수 있습니다. 또 한 '캠퍼스'에는 "학교 마당이나 운동장."의 의미 외에 '구내'라는 뜻도 가 지고 있다는 점에서 '교정'과 구별됩니다. 두 단어의 이와 같은 의미 차이 를 실제 문장에서 찾으면 다음과 같습니다.

(1) ㄱ. 강경중 4H와 녹색 동아리 회원들은 최근 교정 곳곳에 200여 그루에
　　 달하는 해바라기 묘종을 심었다.

ㄴ. 그린캠퍼스는 정부의 녹색 성장 정책을 대학 운영에 반영해 관련 인재를 양성하거나 온실가스 감축을 위한 녹색 교정을 만든 대학에 재정·기술을 지원하는 사업이다.

(2) ㄱ. 19일 방송된 SBS '동물농장'에 한 대학교 캠퍼스에 살고 있는 물까치에 대한 이야기가 소개됐다.

ㄴ. 건국대학교는 올해 개교 70 주년을 맞아 1940~1980년대 캠퍼스 모습과 대학 생활을 현재의 모습을 비교하는 사진을 발굴해 오는 9월 30일까지 서울 광진구 능동로 건국대 캠퍼스 내 박물관에서 <건국의 과거와 미래, 그 찬란한 빛> 특별기획전에서 선보인다.

우리 대학 또한 건국대학교와 마찬가지로 올해 개교 70 주년을 맞이하여 여러 가지 기념사업을 활발하게 펼치고 있는 만큼 우리 지역은 물론 온 나라에 가장 멋진 '교정'의 모습을 선보일 수 있도록 노력해야 할 것입니다. 그러나 요 며칠 사이 근거 없는 비방과 억지 논리로 가득 찬 붉은 현수막이 '캠퍼스' 곳곳에서 펄럭이고 있어 구성원들의 마음을 심히 불편하게 하고 있습니다. '웅비하는 대학'이 아니라 '끝없이 추락하고 있는 대학'을 만들고 있지는 않은지 자성의 시간이 필요한 때가 아닐까 합니다.

'안개비'와 '는개'

장마입니다. 그리하여 당분간은 우산을 단단히 챙겨야 하리라 생각합니다. 장마 때 내리는 비, 곧 '장맛비' 때문이라고 할 수 있겠지요.

무릇 '장맛비'라면 '억수'같이 쏟아지는 '장대비'일 때가 많겠지만, 그렇다고 언제나 세차게, 또 굵고 거세게 내리는 것만은 아닐 것입니다. 하늘에 구멍이 난 것이 아닌 이상은 때로는 아주 조용히, 가늘고 성기게 비가 내릴 때도 있을 것이므로……

흥미로운 사실은 우리말 고유어에 비와 관련되는 어휘의 수가 적지 않다는 것입니다. 언제 내리는 비인지, 어느 정도나 지속되는지, 어느 정도의 굵기와 세기로 내리는 비인지에 따라 사용하는 비의 명칭이 상당히 다양하게 분화되어 있기 때문입니다.

주지하는 바와 같이, '장맛비'는 "장마 때에 오는 비."를 가리키는 말입니다. 이와 같이 언제 내리는 비인지를 가리키는 단어로는 '봄비, 여름비, 가을비, 겨울비, 밤비, 모종비, 목비' 같은 단어들이 있습니다. 이 가운데 '모종비'는 "모종하기에 알맞은 때에 오는 비."를, '목비'는 "모낼 무렵에 한목 오는 비."를 뜻하는 말이니, 벼농사를 위해 없어서는 안 될 귀한 비를 가리키는 단어들이라고 할 것입니다.

한편, 지속성의 여부, 곧 계속해서 내리는지, 아니면 오다가 그치는 비인 지를 가리키는 단어로는 '여우비'나 '웃비', '먼지잼' 등의 단어들이 사용되 고 있습니다. '여우비'란 "볕이 나 있는 날 잠깐 오다가 그치는 비."를 뜻 하는 반면, '웃비'는 "좍좍 내리다 잠깐 그쳤으나 아직 비가 올 듯한 기색 은 있는 비"를, '먼지잼'은 "겨우 먼지나 일지 않을 정도로 조금 오다 마는 비."를 각각 의미하니, 비의 종류를 가리키는 우리말 어휘는 점입가경이라 고 해도 틀린 말이 아닐 것입니다.

비의 종류와 관련되는 어휘가 보여주는 점입가경의 모습은 비의 굵기와 세기에 따른 어휘의 분화에서 찾을 수 있다고 보는 것이 더 정확한 말일 수 있습니다. 다음이 그 증거입니다.

단어	의미	비고
안개비	내리는 빗줄기가 매우 가늘어서 안개처럼 부옇게 보이는 비.	
는개	안개비보다 조금 굵고 이슬비보다 조금 가는 비	
이슬비	아주 가늘게 내리는 비. '는개'보다 굵고 '가랑비'보다는 가늚.	
가랑비	가늘게 내리는 비. 이슬비보다는 좀 굵음. '세우(細雨)'와 같음.	
보슬비	바람이 없는 날 가늘고 성기게 조용히 내리는 비.	
부슬비	부슬부슬 내리는 비.	
채찍비	채찍을 내리치듯이 굵고 세차게 쏟아져 내리는 비	
장대비	장대처럼 굵고 거세게 좍좍 내리는 비.	'작달비'라 고도 함.
억수	물을 퍼붓듯이 세차게 내리는 비.	

이와 같은 어휘들의 분화에서 확인할 수 있는 흥미로운 사실은 예컨대 '안개비'와 '이슬비' 사이에 '는개'가 있다면, '는개'와 '가랑비' 사이에 '이

슬비'가 있다는 것입니다. '억수같이 쏟아지다'라는 표현 속에 사용된 '억수'가 '장대비'보다 세찬 비를 가리키는 말이라는 것 또한 놓쳐서는 안 될 재미있는 언어적 사실이라고 할 것입니다.

　시작은 있었지만, 그 끝은 언제일지 가늠하기가 쉽지 않은 것이 이번 장마라고 합니다. 그러니 이번 장마는 아주 길고 지루한 장마가 될 수도 있을 것입니다. 그러나 생각하기에 따라서는 장마가 꼭 따분하고 싫증나는 것만은 아닐 수 있습니다. 커피와 음악, 맛있는 부침개가 가장 어울리는 시기가 바로 이때라고 할 수 있기 때문입니다. 여기에 내리는 빗줄기의 굵기와 세기에 부합하는 우리말 고유어 어휘를 찾아내는 재미까지 더한다면, 문자 그대로 더할 나위 없이 좋은 때가 바로 이때라고 할 것입니다.

'눈살'과 '*눈쌀'

　　다른 나라에서는 쉽게 찾아볼 수 없는 우리나라만의 독특한 문화 가운데 하나로 일명 '초보 운전 스티커'라는 것이 있습니다. 이 스티커는 원래 "면허를 딴 사람은 6개월 동안 자동차에 가로 30cm·세로 10cm의 초보 운전자 표지를 부착해야 한다."라는 규정에 따른 것이었습니다. 그러나 1999년부터는 스티커 규격에 대한 제한이 없어지고 운전자 자신의 고안에 의해 자유롭게 만들 수 있게 되면서 기발한 아이디어의 스티커들이 선을 보이게 되었지요.

　　문제는 최근 들어 "실력은 초보, 건들면 람보", "R아서 P하슈", "초보인데 어쩌라고", "차주 성격 있음", "열 받으면 내려서 니가 내 차 운전해!" 등 같은 자극적 내용의 문구를 만들어 붙이는 것이 유행하면서 운전자들의 '눈살'을 찌푸리도록 만드는 일이 적지 않다는 것입니다. 자극적인 내용의 스티커들이 뒤차 운전자들을 욱하게 만드는 경우도 적지 않다는 것을 보면, 그 수위가 자못 걱정스러울 정도인 듯합니다.

　　흥미로운 것은 '눈살을 찌푸리다'라는 표현입니다. 이러한 표현과 관련하여 우리는 '눈살'의 의미와 함께 발음은 분명히 [눈쌀]임에도 불구하고,

'눈살'이라고 표기해야 하는 까닭은 무엇인가를 살펴볼 필요가 있다고 할 것입니다.

우선 '눈살'이란 "두 눈썹 사이에 잡히는 주름."이라는 의미를 지니고 있습니다. 그리하여 '눈살을 찌푸리다' 외에 '눈살을 펴다'나 '눈살을 모으다'와 같은 표현이 가능하다고 할 수 있지요.

그렇다면, '눈살'의 표기 원칙은 무엇일까요? 문제를 해결하기 위해서는 '눈살'의 구조를 분석할 필요가 있습니다. 한국어를 모어로 하는 사람이라면 누구나 쉽게 짐작할 수 있는 것처럼 '눈살'은 '눈'과 '살'의 결합, 곧 '눈'과 '살'을 구성 요소로 형성된 합성어입니다. '눈살'의 구성 요소 가운데 후자인 '살'은 주로 합성어에 쓰여 "주름이나 구김으로 생기는 금."이라는 의미를 지니고 있습니다. '눈살' 이외에 '구김살, 주름살, 이맛살' 같은 단어들 역시 '살'을 구성요소로 하는 합성어들입니다.

'눈살'의 표기 원칙은 이 단어가 바로 합성어라는 사실과 관련이 있습니다. '눈살'을 구성하는 요소 하나하나가 별개의 의미를 지닌 어휘형태소라고 할 수 있는바, 발음과 무관하게 형태소의 원형을 밝혀 적어야 한다는 것이 현행 <한글 맞춤법>의 표기 원칙 가운데 하나이므로 원형 그대로 '눈살'로 적어야 하는 것이지요. 따라서 다음에서 보듯 '눈살'을 소리 나는 대로 '*눈쌀'로 적는 것은 올바른 표기가 아닙니다.

(1) ㄱ. '물총 축제'에 참가한 일부 참가자들의 배려심 없는 모습이 *눈쌀을 찌푸리게 만들고 있다.

ㄴ. 이 날 대정부 질문에서는 의원 간 고성과 삿대질을 주고받는 볼썽사나운 장면이 연출돼 보는 이의 *눈쌀을 찌푸리게 했다.

이러한 표기 오류의 출처는 물론 인터넷 신문 기사들입니다. 글을 쓰는 일을 전문으로 하는 이들조차도 '눈살'의 표기 원칙을 정확하게 인지하지 못하고 있음을 보여주는 사례라고 할 수 있습니다. '눈살'과 동일한 표기 원칙을 따르는 것으로, "눈에서 나오는 진득진득한 액. 또는 그것이 말라붙은 것."을 의미하는 단어 또한 '*눈꼽'이 아니라 '눈곱'으로 적어야 하니 참고하시면 좋을 듯합니다.

'뜬금'과 '*뜽금'

우리 국민들 가운데 가끔 좀 '뜬금없는' 판단을 하는 분들이 있는데, '뜬금없다'는 말이 전라도 사투리라고 하는 것이 그것입니다. 이러한 억측과는 달리, '뜬금' 또는 '뜬금없다'는 우리의 전통적인 생활문화와 관련되는 단어로서 표준어의 자격을 지니고 있음이 특징입니다.

《표준국어대사전》에 따르면 '뜬금'은 "일정하지 않고 시세에 따라 달라지는 값."을 의미합니다. 이와 같은 '뜬금'의 의미를 이해하기 위해서는 먼저 전통적인 농경사회에서 매우 중요한 경제 지표 가운데 하나였던 쌀값이 어떻게 정해졌는지를 파악해야 합니다.

우리의 전통사회에는 '말감고'라는 직업을 갖고 있던 이들이 있었습니다. 곡식을 팔고 사는 시장판에서 되질하거나 마질하는 일을 직업으로 하던 사람들을 말하지요. '말감고'라는 단어는 '말[斗] + 감고(監考)'를 구성 요소로 하고 있으니, '말감고'는 '마질', 곧 "곡식이나 가루 따위를 말로 되어 헤아리는 일."과 관련되어 있음을 알 수 있습니다.

'말감고'의 역할 가운데 하나는 미곡시장에 나온 쌀의 가격을 정하는 것이었습니다. 그날그날 시장의 상황에 따라 달라지는 쌀값을 정해 놓아야

거래가 원만하게 이루어진다고 할 수 있는바, '말감고'는 시장의 상황을 고려하여 쌀값을 띄웠던 것이고, 그 결과 시세가인 '뜬금'이 정해졌던 것이지요

만일 '뜬금'이 정해지지 않으면 무슨 일이 일어났을까요? 거래의 기준이 정해지지 않음으로써 쌀을 팔고 살 수 없게 되었을 것이고, 혼란에 빠진 시장은 그야말로 '뜬금없는' 시장이 되었으리라는 것을 쉽게 예측할 수 있습니다. 판단의 근거인 시세, 곧 '뜬금'이 없으면 당황스럽기도 하고 황당하기도 했을 터, 이러한 어원에서 비롯된 '뜬금없다'는 오늘날 '갑작스럽고도 엉뚱하다' 또는 '황당하다' 정도의 의미로 쓰이고 있습니다. 다음이 그 예입니다.

(1) ㄱ. 하지만 이를 두고 정치권에서는 "왜 갑자기 뜬금없는 '기득권 공격' 얘기가 나오는지 모르겠다."는 반응이었다.
ㄴ. 누군가 갑작스럽고 엉뚱한 행동을 할 때 '뜬금없다'고 해요. '뜬금'이 대체 무엇이길래 없다고 하는 걸까요?

문제는 '뜬금없다'를 '*뜽금없다'로 잘못 쓰는 이들이 적지 않다는 것입니다. 다음 문장들에서 보듯, 인터넷 신문기사들에서 '*뜽금없다'나 '*뜽금없이' 등이 심심찮게 등장하는 것을 보면 일반인들이 '*뜽금없다'라고 쓰는 것은 크게 잘못된 일이 아니라고도 할 것입니다.

(2) ㄱ. 수줍던 상훈이 갑자기 볼룸댄서로 변신하는 게 다소 *뜽금없다.
ㄴ. "오늘은 넥타이를 잘 고른 것 같네요." 27일 정오 가까운 시간에 증권거래소 기자실을 찾은 황영기 삼성증권 사장은 기자간담회를 시작하며 *뜽금없이 한마디를 던졌다.

사실인즉, '*뜽금없다'는 '뜬금없다'를 발음하는 과정에서 나타나는 음성 동화를 그대로 표기에 반영한 결과입니다. 그러나 그러한 음성 동화의 결과는 표준 발음이 아니며, 결과적으로 표준어도 아닙니다. '뜬금'을 정해 놓지 않아 시장을 당황스럽고 황당하게 만들어서는 안 되듯, 표준형이 아닌 것을 사용함으로써 우리말과 글을 '뜬금없게' 만들지는 않으려는 생각을 좀 더 자주 해 보는 게 어떨까 합니다.

'핼쑥하다/해쓱하다'와 '*핼쓱하다'

    남녀노소를 막론하고 살과의 전쟁을 선포하고 있는 사람들이 적지 않은 시대에 살고 있다 보니, 갖가지 다이어트 비법들이 다 동원되는 가운데 최근 들어서는 점심과 저녁 사이에 식사를 하는 '딘치족'이 늘고 있다고 합니다. '딘치'란 디너(Dinner)와 런치(Lunch)의 합성어로 늦은 오후에 먹는 점심 겸 저녁을 의미하는 신조어입니다. 오후 6시 이후 아무 것도 먹지 않기 위해 점심을 거른 채 늦은 오후에 식사를 한다고 하니 결과적으로 하루에 두 끼만 먹는 사람들이 많아지고 있다는 것이지요. '딘치족'이 늘면서 식품업계 역시 이들을 겨냥한 제품을 속속 출시하고 있다는 소식이니, 앞으로는 매력적인 오후의 먹거리들을 기대해 봐도 좋으리라 생각합니다.

    문제는 다이어트가 지나치게 되면 건강을 해칠 수도 있다는 것입니다. 필자와 같은 식도락가로서는 쉽게 실행하기 어려운 일임에도 불구하고 많은 사람들이, 특히 젊은 여성들이 다이어트에 매달리는 일이 적지 않고, 요즘과 같은 여름철에는 그 정도가 훨씬 심하다고 할 수 있는바, 종국에는 얼굴에 핏기도 없고 파리한 모습으로 변하기 십상이라고 할 것입니다.

    흥미로운 사실은 "얼굴에 핏기가 없고 파리하다."라는 뜻을 지닌 우리말 단어는 흔히들 생각하듯 '*핼쓱하다'가 아니라 '핼쑥하다'라는 것입니다. 따라서 다음 문장들에서 쓰인 '*핼쓱하다'는 모두 비표준어가 쓰인 것이라는 점에서 주의를 해야 합니다.

(1) ㄱ. 가수 보아(19)는 예전의 보아가 아니었다. *헬쓱하다 싶을 정도로 얼굴이 갸름해졌고, 눈빛은 깊어졌다.

ㄴ. 그는 "드라마 <야왕> 출연할 때 49.5kg까지 감량한 적 있다."라고 말했고 이와 함께 *헬쓱한 얼굴과 메마른 몸매의 지금과 확연히 다른 당시 사진이 공개됐다.

위 문장들에서 쓰인 '*헬쓱하다'와 '*헬쓱한'은 각각 '헬쑥하다'와 '헬쑥한'으로 적어야 올바른 표준어입니다. 그럼에도 불구하고 우리는 그동안 단 한번의 의심도 없이 '*헬쓱하다' 형을 올바른 표준형으로 간주하는 오류를 적잖이 범해 왔던 듯합니다.

표준형 '헬쑥하다'의 쓰임과 관련해서는 또 한 가지 특기할 만한 언어적 사실이 있습니다. '헬쑥하다' 대신 '해쓱하다'를 쓸 수 있다는 것이 바로 그것입니다. 다음이 그 예들이지요.

(2) ㄱ. 전시 시작 후 9일이 흐른 29일 전시장에서 확인한 윤규는 흑백임에도 불구하고 핏기가 없다는 것이 느껴질 정도로 헬쑥한/해쓱한 모습이었다.

ㄴ. 최근 지방 순회의 막을 내린 연극 <아버지>, KBS TV의 드라마 <지성이면 감천> 출연 등 강행군이 막 끝나자마자 호된 병이 덮쳐 달포를 앓은 전무송 씨의 얼굴이 조금은 헬쑥하다/해쓱하다.

요컨대 '헬쑥하다', '해쓱하다', '*헬쓱하다' 등의 단어 가운데 우리의 언어 정책은 앞의 두 단어만을 표준어로 채택하고 있습니다. 따라서 이러한 단어들의 성격을 제대로 파악하여 이제부터라도 올바른 표준형을 정확히 알고 쓰려는 노력을 해야 할 것입니다.

'괜스레'와 '*괜시리'

　7월이 막을 내리면서 올 여름 장마 또한 드디어 대장정의 막을 내린 것 같습니다. 시원스럽게 내리는 빗줄기에 대한 기억이 별로 없는 것을 보면, 이번 장마는 마른장마였음에 틀림이 없었던 듯합니다.

　장마는 그렇게 지나갔지만, 그야말로 본격적인 찜통더위를 안겨 줄 8월이 시작되고 보니, 마음 한편에 커다란 걱정거리가 똬리를 틀고 있습니다. '어떻게 이 무더위를 견뎌내나?' 하는 생각 때문이겠지요.

　그 어느 해보다 더운 날씨, 불쾌지수 또한 높을 것으로 예보되고 있으니, 우리의 관심은 특별한 이유가 없이도, 그러니까 문자 그대로 말하자면 '괜스레' 또는 '공연스레' 높아질 수도 있는 불쾌지수를 어떻게 하면 낮출 수 있을 것인지 그 방법을 찾는 데 두어야 할 듯합니다.

　주지하는 바와 같이, 불쾌지수란 날씨에 따라 사람들이 불쾌감을 느끼는 정도를 기온과 습도를 이용해 나타낸 수치를 말합니다. 통계에 따르면 불쾌지수가 75 이상이면 50%의 사람이, 80 이상이면 대부분의 사람들이 불쾌감을 느낀다고 합니다. 문제는 '괜스레' 혹은 '공연스레' 높아지기도 하는 불쾌지수를 두고, '*괜시리'나 '*공연시리'와 같은 표현을 씀으로써 오류를 범하는 경우가 적지 않다는 것입니다. 다음이 그 예입니다.

(1) ㄱ. 오목한 밥공기에 해당하는 제2분화구 안에는 검붉은 화산층이 그대로 드러나 있어, *괜시리 화산 폭발의 뜨끈한 기운이 느껴지는 것같다.
ㄴ. 스치는 바람소리에도, 마당 하나 가득 피어 있는 들꽃을 보면서도 *공연시리 눈물이 난다.

이러한 문장들에서 쓰인 '*괜시리'나 '*공연시리'는 각각 '괜스레', '공연스레'로 적어야 올바른 표기입니다. '괜스레'와 '공연스레'는 "까닭이나 실속이 없는 데가 있다."라는 의미를 지니는 형용사 '괜스럽다'와 '공연스럽다'에서 파생된 부사어라는 특징을 지니고 있지요.

잘못 쓰인 것이긴 하지만, '*괜시리'나 '*공연시리'에 공통으로 쓰인 '-*시리'와 관련이 있는 것으로 보이는 어미로는 '-*게시리'를 들 수가 있는데, 이 또한 '-게끔'을 잘못 쓴 것이라는 점에서 주의를 요합니다. 우선 다음 예들을 보기로 하시지요.

(2) ㄱ. *귀찮게시리 파리가 달라붙어도 꼬리밖에 쓸 수가 없다.
ㄴ. "*짜증나게시리 왜 번호판을 뽑아 오라고 하는 거야?" 화를 못 참겠다는 듯이 아저씨가 창구에서 큰 소리로 외치고는 은행 출입문을 거세게 밀고 나갔다.

여기에서 쓰인 '*귀찮게시리'와 '*짜증나게시리'는 각각 '귀찮게끔', '짜증나게끔'으로 적어야 맞는 말입니다. 이러한 형태들에서 쓰인 '-게끔'은 연결어미로서 '-게'보다 강조된 의미를 나타내는 것이 특징입니다. 따라서 '귀찮게끔', '짜증나게끔'은 '귀찮게'나, '짜증나게'로 적어도 큰 문제는 없다고 할 수 있지요.

어떤 기상청 관계자는 "적당한 운동과 충분한 수면, 적절한 습도와 온도 유지, 꽉 조이는 옷 피하기 등이 불쾌지수를 낮추는 데 도움이 될 수 있다."라고 한 바 있습니다. 그러나 불쾌지수가 단순히 개인 차원의 문제가 아닐 때에는 주변 사람들이 더위를 느낄 겨를이 없도록, '따뜻한 배려'가 아닌 '매우 차갑고 시원스런 배려'를 한층 강도 높게 실천하는 것만이 최선이 아닐까 합니다.

'늦여름'과 '만하(晚夏)/계하(季夏)'

8월 7일, 오늘은 24절기 중 열세 번째 절기인 '입추(立秋)'입니다. '입추'란 문자 그대로 '가을에 들어서는 절기'라는 뜻을 지니고 있습니다. 바야흐로 가을의 시작을 알리는 절기에 접어들었으니, 아침저녁으로는 선선한 바람이 불고, 키가 큰 나무의 우듬지에서는 쓰르라미가 귀청이 따가울 정도로 울어 댈 것입니다. 어서 여름이 갔으면 좋겠다는 타전(打電)이라고 할 수 있겠지요 "입추 때는 벼 자라는 소리에 개가 짖는다."라는 속담이 있기도 하니 지금쯤 들녘에서는 벼들이 쑥쑥 자라면서 시나브로 이삭도 하나둘 패기 시작하리라 생각합니다.

그러나 아직 무더위가 한창이고, 남은 더위 또한 만만치 않으리라는 것을 모르지 않으니, '입추' 운운은 어쩌면 성급한 이야기일 수도 있습니다. 우리가 보내야 할 '늦여름' 혹은 '만하(晚夏)/계하(季夏)'의 기세가 누그러지기까지 상당한 시간을 필요로 하기 때문입니다.

생각해 보면, 여름이라는 터널은 그 기간이 사뭇 긴 듯합니다. '초여름'의 문턱을 지나, 초복, 중복의 더위가 기승을 부리는 '한여름'을 보내고 난

후에야 마지막 '늦여름'을 맞이할 수 있다는 것이 그 증거이지요

  흥미로운 사실은 우리의 '봄, 여름, 가을, 겨울', 사계절 모두 일정한 단계가 있어, 그 단계에 따라 다양한 명칭이 있다는 것입니다. 다음을 보기로 하시지요.

단계 사계	초기	중기	말기
봄	초봄/초춘(初春)/ 맹춘(孟春)	봄	늦봄/만춘(晚春)/ 계춘(季春)
여름	초여름/초하(初夏)/ 맹하(孟夏)	한여름/성하(盛夏)	늦여름/만하(晚夏)/ 계하(季夏)
가을	초가을/초추(初秋)/ 맹추(孟秋)	가을	늦가을/만추(晚秋)/ 계추(季秋)
겨울	초겨울/초동(初冬)/ 맹동(孟冬)	한겨울/성동(盛冬)	늦겨울/만동(晚冬)/ 계동(季冬)

  위의 표를 보면, 사계절 모두 세 단계로 나뉘며, 그 단계에 따른 명칭들이 다양하게 사용되고 있음을 알 수 있습니다. 이와 같은 명칭들의 존재와 관련하여 몇 가지 특기할 만한 언어적 사실이 있는바, 초기에는 '초(初)'와 '맹(孟)'이, 말기에는 '만(晚)'과 '계(季)'라는 한자가 각각의 단계를 의미하는 단어로 쓰이고 있다는 사실을 우선 지적할 수 있습니다. 이와 같은 언어적 사실을 이해하기 위해서는 이 한자들의 새김을 이해할 필요가 있습니다. 한자의 새김과 함께 그 용례를 다시 한번 제시하면 다음과 같습니다.

한자	새김	용례
초(初)	처음	초춘(初春), 초하(初夏), 초추(初秋), 초동(初冬)
맹(孟)	맏-, 처음	맹춘(孟春), 맹하(孟夏), 맹추(孟秋), 맹동(孟冬)
만(晚)	늦음, 끝	만춘(晚春), 만하(晚夏), 만추(晚秋), 만동(晚冬)
계(季)	끝	계춘(季春), 계하(季夏), 계추(季秋), 계동(季冬)

사계의 단계를 나타내는 명칭들의 용법과 관련하여 특기할 만한 두 번째 언어적 사실은 '여름'과 '겨울'의 경우 '한창'이라는 뜻을 지닌 접두사 '한-'이 결합하여 쓰이는 '한여름'과 '한겨울' 외에 '무성함'의 의미를 지닌 한자 '성(盛)'이 결합하여 쓰이는 '성하(盛夏), 성동(盛冬)' 등의 한자어가 함께 쓰인다는 것입니다. '봄'이나 '가을'에는 쓰이지 않는 '한-'이나 '성(盛)'이 '여름'과 '겨울'에만 쓰이는 것은 '봄가을'에는 나타나지 않는 '더위'나 '추위'가 한창 기승을 부리는 때가 바로 '한여름'과 '한겨울'이기 때문이라고 할 것입니다.

'늦여름' 또는 '만하(晚夏)/계하(季夏)' 사이로 틈입(闖入)한 절기 '입추'는 태양을 따라 도는 지구의 발걸음이 절대로 뒤로는 가지 않는다는 사실을 보여주는 것이라고 할 수 있습니다. 이와 같은 계절의 순환이야말로 모든 것이 순리대로, 절대로 거스를 수 없는 도도한 물결처럼 흘러가리라는 것을 다시 한번 깨닫게 해 주는 일이 아닐까 합니다.

'재스민'과 '*쟈스민/*쟈스민'

최근 들어 반려동물을 대신한 일명 반려식물이 관심을 모으고 있습니다. 개나 고양이 같은 동물들만 하더라도 돌보는 데 상당한 시간과 비용을 들여야 하는 만큼, 큰 부담이 없는 나무나 꽃을 들여 놓고 새잎이 돋아서 자라고 꽃을 피우기도 하는 모습을 보며 삶의 즐거움과 위안을 느끼는 사람들이 적지 않다는 것이지요. 아파트나 사무실에서라면 난(蘭)이나 선인장, 공기 정화에 좋다는 산세비에리아, 테이블 야자 등을 선호할 것이고, 넓은 마당이 있는 단독주택의 주인이라면 동백이나 단풍나무처럼 키가 큰 나무들과 함께 장미를 비롯한 화초들을 욕심껏 들여 놓고 싶어 하리라 생각합니다. 8월 요맘때라면 그 마당들에선 진홍빛 부겐빌레아와 백일홍이 끊임없이 피어선 지고, 순백의 드레스와 같은 빛을 자랑하는 '재스민' 또한 꽃망울을 터트릴 준비를 부지런히 하고 있겠지요.

주지하는 바와 같이, '재스민'은 '물푸레나뭇과 재스민속'의 식물을 통틀어 이르는 말입니다. 매혹적인 향 때문에 차나 향수를 떠올리는 분들이 적지 않을 수 있지만, '재스민'에선 혁명의 냄새가 난다고 하는 것이 더 옳은 얘기라고 것입니다. 23년간 독재를 해오던 튀니지의 벤 알리(Zine El-Abidine Ben Ali) 정권에 반대해 2010년 12월 시작된 튀니지의 민주화 혁명을 일컬어 '재스민 혁명'이라 하기 때문입니다. 튀니지에서 흔히 볼 수 있는 꽃이 바로 '재스민'이었는바, 서방 언론들이 그 이름을 따 '재스민 혁명'이라 칭하였던 것이지요.

문제는 '재스민'이 우리에게 어쩐지 낯설게 느껴진다는 것입니다. 그동안 '*자스민' 아니면 '*쟈스민'이 우리의 의식을 지배해 왔기 때문이라고 할 수 있습니다.

(1) ㄱ. 포천에 위치한 '허브 아일랜드'에서는 허브의 대표적인 식물인 *자스민과 로즈마리를 한껏 느낄 수 있다.
ㄴ. 따로 조직하지 않아도 깨어난 다수가 존재할 때 중동의 *쟈스민 혁명처럼 그 어떤 사소한 변수에 의해서 불이 번지게 되면 변화는 반드시 촉진될 것입니다.

이러한 문장들에서 사용된 '*자스민' 또는 '*쟈스민'은 '재스민'으로 적어야 올바른 표기입니다. 이와 같은 표기는 물론 원어 'jasmine'의 발음과 관련이 있습니다. 'jacket'이나 'jazz', 'jaguar' 같은 단어를 어원으로 하는 외래어 단어를 각각 '재킷', '재즈', '재규어' 등으로 적는 것과 동일한 원리에 따른 것이라고 할 수 있지요.

온 대지를 집어 삼킬 듯 펄펄 끓게 만들고 있는 올 여름 폭염은 우리들의 몸과 마음까지 지치게 하고 있습니다. 그렇게 몸과 마음이 지칠 때, '재스민' 같은 반려식물과 함께라면 싱싱한 생명력을 회복할 수 있지 않을까합니다. 눈부시게 흰 꽃과 함께 그 향 또한 일품이라고 할 수 있으니, 가을이 오는 어느 날 문득 화원 앞에 서 있다면, 한번쯤 '재스민' 앞에 발길을 멈춰 보시면 어떨까 합니다.

'예초기'와 '예취기'

도대체 끝이 날 것 같지 않은 늦더위의 기세 속에서도 계절은 쉼 없이 변화하고 있습니다. 바로 내일 모레가 처서이고, 가을의 풍요를 노래할 수 있는 추석 또한 20여 일 앞으로 다가오고 있으니, 이제는 밤낮없이 혹독하기만 했던 여름 더위가 물러가고, 아침저녁으로는 제법 시원한 바람이 불어오리라는 기대를 해도 좋을 듯합니다.

이맘때, 아이들이라면 그저 즐거운 마음으로 명절을 기다리기만 하면 될 것입니다. 추석빔, 맛있는 음식, 넉넉한 용돈, 그 어떤 것도 부족한 것이 없기 때문이겠지요 그러나 어른들은 달라서 지난여름 무더위 속에서 함부로 자라 버린 조상들 묘지의 풀들을 먼저 기억하리라 생각합니다. 그리하여 벌써부터 '벌초'라든지 '예초'와 같은 제법 골치 아픈 단어들이 뇌리를 점령하기 시작할 것입니다. 처서가 지난 뒤라면 더 이상 풀들도 자라지 않을 터, 추석 성묘(省墓)를 위해서는 '벌초'가 필요하다는 것을, 이를 위해서는 다름 아닌 '예초'를 해야 한다는 것을 어른들은 잘 알고 있기 때문이겠지요.

다 아는 얘기이겠지만, '벌초(伐草)'란 '무덤의 풀을 베어서 깨끗이 하다'라는 의미를 지닌 말입니다. 또한 '예초(刈草)'란 '풀을 베다'라는 뜻이 있습니다. 여기에 '기계'라는 뜻을 지닌 '기(機)'를 결합하면 '풀을 베는 데 쓰는 기계'를 뜻하는 '예초기'가 탄생하게 됩니다.

문제는 '예초기(刈草機)'와 함께 '예취기(刈取機)'라는 단어가 쓰이고 있다는 것입니다. 그렇다면 이 둘은 어떤 차이가 있을까요? 다음 문장들을 보기로 하시지요.

> (1) ㄱ. 기술센터 관계자는 "추석을 맞아 고향을 찾은 방문객을 위한 환경 정리와 벌초 등의 수요가 늘고 있어 예초기 사용법 주지를 위한 교육을 추진하게 됐다."라며 많은 참여를 당부했다.
> ㄴ. 예취기(刈取機)는 곡식이나 풀을 베는 기계다. 넓은 의미의 수확기계로 통상 작물 수확용 예취작업기를 총칭한다.

위 문장들을 통해 짐작할 수 있는 바와 같이, '예초기(刈草機)'가 풀을 베는 데만 한정되어 있다고 한다면, '예취기(刈取機)'는 곡식이나 풀 두 가지를 다 벨 수 있어 그 용도가 더 다양한 것이 특징입니다. 사실은 곡식 수확용으로 주로 쓰이던 '예취기'를 풀을 베는 데도 사용하다가, 풀을 베는 용도의 '예초기'가 뒤늦게 개발되었다고 보는 것이 더 옳은 얘기라고 할 것입니다.

어른이 되는 일, 여기에는 다루기가 녹록하지 않은 '예초기'를 큰 사고 없이 다룰 수 있는 기술을 습득하는 일도 포함된다고 할 수 있습니다. 물론 돈만 주면 얼마든지 해결할 수 있는 일이긴 하지만, 형제자매들이 함께 모여 묘지에 함부로 똬리를 튼 잡초는 없는지, 사나운 벌들이 깃들여 살고 있지는 않는지 확인하며 땀을 흘려 보는 것도 그다지 나쁜 일은 아닐 듯합니다. 나무그늘에 앉아 땀을 식히며 '예초기'와 '예취기'는 어떻게 다른 것인지 생각도 해 보면서 말이지요

'쇠털'과 '새털'

'구우일모(九牛一毛)'라는 말이 있습니다. 아홉 마리 소의 털 가운데 하나라는 뜻이니 참으로 하찮고 보잘 것 없는 것을 가리킬 때 쓰는 말입니다.

'구우일모'와 동일한 의미로 쓰이는 사자성어로는 '넓고 큰 바다 속의 좁쌀 한 알'이라는 뜻의 '창해일속(滄海一粟)'이 있습니다. 따라서 아주 많거나 넓은 것 가운데 있는 매우 하찮고 작은 것을 이르는 말로 '구우일모'나 '창해일속'이 있다고 보시면 됩니다.

흥미로운 것은 '소의 털'입니다. 만일 누군가에게 소 한 마리의 털이 몇 개나 되는지 세어 보라고 한다면 무슨 일이 일어날까요? '조리퐁' 개수는 셀 수 있어도 소의 털, 곧 '쇠털'을 셀 수는 없는 일이라며 항변이 적지 않으리라 생각합니다. 결과적으로 '쇠털'은 수효가 셀 수 없이 많음을 비유적으로 이르는 말로 쓰이는바, 다음과 같은 속담이 생겨난 것도 모두 그와 같은 비유와 관련이 있습니다.

속담	의미
쇠털 같은 날	쇠털같이 하고많은[허구한] 날.
쇠털같이 많다	수효가 셀 수 없이 많음을 비유적으로 이르는 말.
쇠털같이 하고많은[허구한] 날	헤아릴 수 없이 많은 나날을 비유적으로 이르는 말.

문제는 국어 화자들이 '쇠털'을 잘못 이해하여 '*새털'로 알고 사용하는 경우가 적지 않다는 것입니다. 다음이 그 예입니다.

(1) ㄱ. *새털같이 많은 날들 허송세월하고는 이제 부랴부랴 정보 수집 및 계획 세우느라 이 시간까지도 잠 못 이루고 있지 뭐예요?
ㄴ. 회사 동료들은 오늘 아니라도 같이 먹을 날이 *새털같이 많다.

위 문장들에서 쓰인 '*새털같이'는 '쇠털같이'로 적어야 올바른 말입니다. 이와 같은 오류는 '쇠털'의 발음이 '새털'과 잘 구별되지 않거나, '쇠털'이라는 단어가 '새털'에 비해 덜 익숙한 데서 비롯된 것이 아닐까 합니다. 그러나 '쇠털'과 '새털'은 엄연히 다른 말이니 구별해서 사용해야 할 것입니다.

한편, '소의 털'을 의미하는 우리말 단어로는 '쇠털'과 '소털'이 있어 복수 표준어를 형성합니다. 이러한 단어 쌍 외에도 '쇠~소'의 변이를 보이는 단어들로는 다음과 같은 것들이 있습니다.

쇠-	소-	비고
쇠간	소간	
쇠고기	소고기	

쇠-	소-	비고
쇠고삐	소고삐	
쇠고집	소고집	
쇠귀	소귀	쇠귀/소귀에 경 읽기
쇠머리	소머리	쇠머리/소머리 국밥
쇠백정	소백정	
쇠뿔	소뿔	쇠뿔/소뿔도 단김에 빼랬다.
쇠전	소전	

  여기에서 보듯이 '쇠~소'의 변이를 보이는 단어의 쌍들은 그 수가 적지 않습니다. 이와 같은 언어적 사실을 토대로 '쇠털'과 '소털'의 공존 양상을 이해하되, 이러한 단어 쌍이 '새털'과는 엄연히 다른 말임을 잘 기억하셨으면 합니다.

'반딧불'과 '반딧불이'

지난 8월 27일부터 이번 주말인 9월 4일까지 전라북도 무주에서는 올해로 20회째를 맞는 '무주 반딧불 축제'가 열렸습니다. <상생의 빛 세계로 뻗어나가다>라는 슬로건을 내걸고 이루어진 이번 축제는 환경 축제, 체험 축제, 소득 축제로서의 성격을 아우르면서 12만 명이나 되는 관객을 동원했다고 하니, 4년 연속 정부 지정 최우수 축제의 면모를 다시 한번 보여주었다고 할 수 있을 듯합니다.

'형설지공(螢雪之功)'이라는 고사 성어를 통해 짐작할 수 있듯이, 한때 '반딧불'은 어디서든 가난한 이들이 책을 읽을 때 없어서는 아니 될 불빛 역할을 하기도 했습니다. 그러나 오늘날엔 환경오염으로 인해 사라져 볼 수가 없고 전북 무주군 설천면 남대천 일대에서 천연기념물로 지정하여 보호하고 있는바, 축제장에 가서 오직 '반딧불이'가 밝히는 '반딧불'을 따라 가만가만 발걸음을 옮겨 보는 체험을 해 보는 것도 퍽이나 의미 있는 일이 아닐까 합니다.

흥미로운 사실은 우리말에서는 '반딧불'과 '반딧불이'를 구별하고 있다는 것입니다. 우선 '반딧불'은 '반딧불이'와 다르게 그 지시 대상이 두 가지라는 점에 주목을 할 필요가 있습니다. 다음을 보기로 하시지요

단어	지시 대상
반딧불₁	반딧불이의 꽁무니에서 나오는 빛.
반딧불₂	반딧불잇과의 딱정벌레. 몸의 길이는 1.2~1.8cm이며, 검은색이고 배의 뒤쪽 제2~제3 마디는 연한 황색으로 발광기가 있으며 머리의 뒷부분이 앞가슴 밑에 들어가 있다. 성충은 여름철 물가의 풀밭에서 사는데 밤에 반짝이며 날아다니고 수초에 알을 낳으며 애벌레는 맑은 물에서 산다. 한국, 일본 등지에 분포한다.

《표준국어대사전》에 제시된 이와 같은 정의에 따르면, '반딧불'은 '반딧불이'의 빛을 가리키기도 하고, '반딧불잇과의 딱정벌레' 자체를 가리키기도 합니다. 따라서 '반딧불'은 그 지시 대상이 두 가지임을 알 수 있습니다.

문제는 '반딧불이'입니다. 《표준국어대사전》의 정의를 다시 한번 빌리자면, '반딧불이'는 "반딧불잇과의 딱정벌레를 통틀어 이르는 말."이거나 "반딧불잇과의 딱정벌레."를 가리키는 말인바, 결과적으로 '반딧불이'는 벌레를 가리키는 데만 사용되고 있음이 특징입니다.

이와 같은 언어적 사실 외에 또 한 가지를 지적하면, "반딧불잇과의 딱정벌레."를 가리키는 '반딧불이'를 일컬어 '개똥벌레'라고도 한다는 것입니다. 결론적으로 앞에서 제시한 '반딧불2'는 '반딧불이' 또는 '개똥벌레'라고 할 수도 있는바, 세상에 태어나 겨우 2주 정도를 이슬만 먹고 살다가 알을 낳고 난 뒤에는 스스로 사멸(死滅)을 택하고 마는 생명체의 이름이 이리도 다양할 수 있음을 조금은 놀라워 하셔도 좋을 듯합니다.

'뭇국'과 '시래깃국'

까마득하게 먼 곳에 있는 줄로 알았던 추석이 그야말로 내일모레로 다가왔습니다. 올해는 유난히도 빨라서 마치 불청객처럼 찾아온 듯합니다. 그렇더라도 이 추석이 우리에게 정말로 반가운 까닭은 절대로 부인할 수 없는 사실 때문이 아닐까 합니다. 이젠 더 이상 계절이 무더운 여름으로 가지는 않으리라는 것이 바로 그것입니다.

가을은 우리에게 무엇이었을까? 아마도 살아온 세월에 따라 각기 다른 기억들이 우리를 지배하리라 생각합니다. 그러한 기억들 가운데는 역시 가을이 되어 익거나 튼실한 결실을 맺는 먹거리에 대한 것들도 적지 않을 것입니다. 아마도 지금쯤 논에서는 벼들이 하루가 다르게 여물고 있을 것이고, 단감이나 대추 또한 단맛을 조금이라도 더 얻기 위하여 낮에는 아직도 뜨겁기만 한 햇살을 피하지 않고 있겠지요.

필자에게 가을은 배추와 무가 자라는 계절이었습니다. 가을이 깊어가면서 두 가지는 밥상 위에 가장 자주 등장하는 푸성귀가 될 수 있었습니다. 무만 하더라도 깍두기를 담그는 데, 생채를 만드는 데 없어서는 안 될 재료였습니다. 무에 쇠고기를 넣고 끓이거나 무청을 말려 된장을 푼 쌀뜨물에 넣고 끓이는 국은 햅쌀밥에 가장 잘 어울리는 음식이었다는 것 또한 빼놓아서는 안 되겠지요.

흥미로운 사실은 무나 무청을 주재료로 하는 국의 이름이 흔히들 알고있는 바와 같이, '*무국'이나 '*시래기국'이 아니라는 것입니다. 따라서 다음 문장들에 등장하는 '*무국'과 '*시래기국'은 적어도 표준형은 아니라고할 수 있습니다.

(1) ㄱ. *소고기무국은 끓일수록 더 깊은 맛이 나니, 시간이 되면 넉넉히 끓여주시면 돼요.
ㄴ. 요맘때 먹기 좋은 국 종류를 꼽으라면 *시래기국이 좋죠.

결론부터 말씀드리면 위 문장들에서 사용된 '*무국'과 '*시래기국'은 각각 '뭇국', '시래깃국'으로 적어야 합니다. 물론 이러한 어휘에서 사용된 'ㅅ'은 이른바 합성명사에 삽입되는 사이시옷이라고 보시면 됩니다.

중요한 것은 '뭇국'과 '시래깃국'처럼 '재료 + 국'의 구조로 이루어진우리말 단어들의 경우, '재료'를 나타내는 단어가 모음으로 끝난다면 모두사이시옷이 삽입된다는 것입니다. 다음 단어 목록을 보기로 하시지요.

(2) 감잣국, 갈빗국, 두붓국, 만둣국, 뼈다귓국, 뱃국, 배춧국, 북엇국, 선짓국, 소고깃국, 오징엇국, 조갯국 ……

일부이긴 하지만, 이러한 단어들이 바로 한국 음식 문화의 정체를 알리는 것이니만큼 그 표기 원리를 체계적으로 이해해 두시는 것이 바람직하리라 생각합니다. 한 가지만 덧붙이자면, '시랫깃국'의 경우, 지역 차이가 적지 않다는 것입니다. 우리 지역만 하더라도 동부 지역에서는 '씨레깃국'을, 중서부 지역에서는 '실가릿국'을 사용하고 있으니 올가을에는 이러한 어휘들과의 재회를 통해 제대로 된 고향의 맛을 느껴 보셨으면 하는 마음입니다.

'누적'과 '축적'

누구나 다 아는 얘기일 수 있지만, 여성 목욕탕 사우나에는 참 많은 것들이 있습니다. 여성 목욕탕이니 여인네들이 많은 것은 기본이고, 얼음을 둥둥 띄운 냉커피에서부터 삶은 달걀에 이르기까지 먹거리도 정말 많습니다.

그러나 그 사우나에 여인네와 먹거리가 아무리 많다고 해도 그녀들이 쏟아내는 이야기에 비하면 말 그대로 새 발의 피라고 할 수 있습니다. 이야기의 소재란 참으로 무궁무진해서 세헤라제드가 샤리아 왕에게 들려준 천 하룻밤의 이야기, 곧 '천일야화(千一夜話)'가 무색할 정도라고 해도 과언이 아닙니다.

이번 추석 연휴 전날에는 때가 때이니만큼 자연스럽게 명절 관련 이야기가 중심 화제로 떠올랐습니다. 음식 장만에서부터 친지 방문, 시댁과 친정에 드리는 용돈 문제를 짚고 넘어가는가 싶더니, 이야기가 명절증후군에 머물렀습니다. 나이가 지긋한 아주머니 한 분은 여인네들에게 명절이 얼마나 큰 스트레스인지를 측정한 한 연구 결과, 남편이 6개월 동안 월급봉투를 안 가져다주는 것과 맞먹을 정도의 스트레스였다는 상당히 객관적인 정보까지 제시할 정도였지요.

어쨌든 명절증후군에 따른 스트레스 정도는 사람마다 다르겠지만, 결혼한 여성들이 시댁과 친정을 오가는 동안 느끼는 피로만큼은 별반 차이가 없을 듯싶습니다. 다행히 이번 추석은 5일간의 연휴였던 만큼 어느 정도 피로가 풀렸을 수도 있지만, 월요병이라는 것도 있으니 몸의 피로가 말끔히 가시기란 쉽지 않은 일일 것입니다. 그렇다면 우리의 몸에 쌓이기 쉬운 이 피로란 '누적(累積)'되는 것일까요, '축적(蓄積)'되는 것일까요? 우선 두 단어의 의미는 어떠한지 사전을 찾아 제시하면 다음과 같습니다.

단어	의미
누적(累積)	포개어 여러 번 쌓음. 또는 포개져 여러 번 쌓임.
축적(蓄積)	지식, 경험, 자금 따위를 모아서 쌓음. 또는 모아서 쌓은 것.

　사전이라는 것이 만능해결사는 아니겠지만, 이러한 사전의 정의만 가지고는 두 단어의 의미 차이를 가려내는 일이 쉽지 않은 듯합니다. 특히, '누적(累積)'의 경우는 '포개어 여러 번 쌓은 것'이나 '포개져 여러 번 쌓인 것'이 무엇인지 그 정체를 파악하기 어려운 것으로 보입니다.

　이러한 문제를 해결하기 위해서는 '축적(蓄積)'의 의미부터 면밀히 검토할 필요가 있습니다. 즉, '축적(蓄積)'이란 '지식, 경험, 자금 따위를 모아서 쌓음. 또는 모아서 쌓은 것.'을 가리킨다고 되어 있으니, 우리가 모아서 쌓을 수 있는 지식과 경험, 자금 따위의 특성에서 그 실마리를 찾을 수 있는 것이지요.

　결론부터 말씀드리면 '축적(蓄積)'은 어떠한 의지를 가지고 모으는 경우에 쓰는 말입니다. 지식이나 경험, 자금 등은 사람의 의식적인 내적 욕구에 의해 쌓이는 것이기 때문입니다. 그렇다면 '누적(累積)'의 의미는 무엇일까요? 이는 시간이 지남에 따라 자연적으로 쌓이는 경우에 쓰이는 말입니다. 두 단어의 의미 차이를 분명히 하기 위해 예문을 제시하면 다음과 같습니다.

(1) ㄱ. 싱가포르에서는 16일에도 14명의 신규 감염자가 확인되면서 누적 감염자 수가 369명으로 늘었다.
   ㄴ. 인류 역사는 돌, 파피루스, 종이 등 다양한 매체를 통해 전승된 기록의 축적을 통해 만들어지고 해석돼 왔다.

(1ㄱ)의 맥락에서 볼 때, '감염'은 자연적으로 쌓이는 것이지 의식적인 것일 수는 없으니, '누적'의 대상으로 적절하다고 할 것입니다. 그러나 (1ㄴ)의 '기록'은 누군가의 의지에 의해 이루어지는 일이라고 할 수 있으니 '축적'의 대상이 될 수 있습니다.

이상의 논의에 따르면 우리에게 찾아온 불청객 '피로'는 '누적'의 대상일 수는 있어도 '축적'의 대상은 아닌 듯합니다. '누적된' '피로'를 치유하는 데는 즐거운 하루가 최상의 묘약일 수 있을 터, 새로운 한 주를 그저 즐거운 마음으로 시작하실 수 있기를 바랍니다.

'사람'과 '인간'

 총장 선거가 끝난 직후이니 새로운 집행부에서 일할 이들은 과연 어떤 분들일까에 대한 관심을 숨기기란 쉽지 않은 일이었을 것입니다. 흥미로운 사실은 총장 당선자는 당연히 인선(人選)에 고심을 했을 터이고, 그러한 과정에서 그는 "'사람'을 찾았을까, '인간'을 찾았을까?"라는 질문을 해 보면, 그 답이 당연히 '*인간'이 아니라 '사람'이라는 것입니다. 그렇다면, 우리는 '사람'과 '인간'을 어떻게 구별하여 사용해 오고 있는 것일까요? 이번 편지에서는 바로 이러한 문제에 관심을 두고자 합니다.

 ≪표준국어대사전≫에 따르면 놀랍게도 '사람'은 열한 가지 의미를 지니는 다의어(多義語)입니다. 구체적인 의미를 하나의 표로 제시하면 다음과 같습니다.

'사람'의 의미

1) 생각을 하고 언어를 사용하며, 도구를 만들어 쓰고 사회를 이루어 사는 동물.
2) 어떤 지역이나 시기에 태어나거나 살고 있거나 살았던 자.
3) 일정한 자격이나 품격 등을 갖춘 이.
4) 인격에서 드러나는 됨됨이나 성질.
5) 상대편에게 자기 자신을 엄연한 인격체로서 가리키는 말.
6) 친근한 상대편을 가리키거나 부를 때 사용하는 말.
7) 자기 외의 남을 막연하게 이르는 말.
8) 뛰어난 인재나 인물.
9) 어떤 일을 시키거나 심부름을 할 일꾼이나 인원.
10) ((수량을 나타내는 말 뒤에 쓰여)) 1)을 세는 단위. 주로 고유어 수와 함께 쓴다.
11) 『법률』권리와 의무의 주체인 인격자. 자연인(自然人)과 법인(法人)을 포함한다.

이와 같은 다양한 의미 가운데 새로운 시대를 열어갈 '사람'은 바로 여덟 번째의 의미, 곧 "뛰어난 인재나 인물"을 가리킨다고 할 수 있습니다. 그렇다면 '인간'의 사전적 의미는 무엇일까요? '사람'에 비해 '인간'은 그 의미가 비교적 단순해서 다음과 같은 네 가지 뜻으로 쓰이고 있습니다.

'인간'의 의미

1) =사람 1)
2) 사람이 사는 세상.
3) =사람 3)
4) 마음에 달갑지 않거나 마땅치 않은 사람을 낮잡아 이르는 말.

이러한 '인간'의 의미들 가운데 두 가지는 '사람'과 동일한 의미로 쓰이는바, '인간'의 고유한 의미는 "사람이 사는 세상."을 가리키거나 "마음에

달갑지 않거나 마땅치 않은 사람을 낮잡아 이르는 말."로 쓰이는 것이 특징입니다. 구체적인 사례는 다음과 같습니다.

> (1) ㄱ. 할머님은 옥황상제의 분부를 받아 한 손에 번성 꽃, 한 손에 환생 꽃 들고 인간에 내려와 하루 천 명 잉태 주고, 하루 만 명 환생 주는 생불왕(生佛王)이었다. ≪현기영, 변방에 우짖는 새≫
> ㄴ. 그 인간하고는 상대도 하기 싫다.

요컨대 '사람'은 '인간'과 달리, 그 의미 범주가 다채롭습니다. 따라서 '사람'이 귀한 세상을 만들기 위해서는 그 의미만큼이나 다양한 구성원들의 목소리에 귀 기울이며 가장 낮은 자세로 일하려는 마음가짐 또는 자세가 필요하다고 봅니다. 모름지기 무엇이 중한지 아는 세상 또는 공동체가 건강하면서도 희망이 있는 공동체라고 할 수 있기 때문이겠지요

저자 강희숙

조선대학교 국어국문학과 교수

주요 저서

≪국어 정서법의 이해≫(2010, 단독)

≪사회언어학사전≫(2012, 공저)

≪우리말 편지≫(2014, 단독)

≪사회언어학 : 언어와 사회, 그리고 문화≫(2014, 공저)

≪언어와 금기≫(2015, 공저)

≪한국인 이름의 사회언어학≫(2016, 공저)

≪현대음운론 입문≫(1997, 공역)

≪언어 변이와 변화≫(1998, 공역)

다른 말과 틀린 말

초판 인쇄 2016년 12월 23일
초판 발행 2016년 12월 30일

저 자 강희숙
펴낸이 이대현
편 집 권분옥
디자인 홍성권
펴낸곳 도서출판 역락
　　　 서울시 서초구 동광로46길 6-6 문창빌딩 2층
　　　 전화 02-3409-2058(영업부), 2060(편집부)
　　　 팩시밀리 02-3409-2059
　　　 이메일 youkrack@hanmail.net
　　　 역락블로그 http://blog.naver.com/youkrack3888
　　　 등록 1999년 4월 19일 제303-2002-000014호
ISBN 979-11-5686-719-7 03710

* 책값은 표지에 있습니다.
* 파본은 구입처에서 교환해 드립니다.

이 도서의 국립중앙도서관 출판예정도서목록(CIP)은 서지정보유통지원시스템 홈페이지(http://seoji.nl.go.kr)와 국가자료공동목록시스템(http://www.nl.go.kr/kolisnet)에서 이용하실 수 있습니다.(CIP제어번호: CIP2016032422)